# 隈研吾 / マテリアル・ストラクチュアのディテール

**隈研吾建築都市設計事務所 編著**

文＝隈研吾

彰国社

| 論考 | 素材とは仕上げではない | 隈研吾 | ………………………………………… 4 |

| | 石の美術館 | 石 | 1996.5-2000.7 | …………………………… 16 |
| | 馬頭町広重美術館 | 木 | 1998.5-2000.3 | …………………………… 30 |
| | 那須歴史探訪館 | わら | 1999.1-2000.6 | …………………………… 50 |

| 対談 | 石の美術館・馬頭町広重美術館・那須歴史探訪館を巡って | 内藤廣＋隈研吾 | ……… 58 |

| | 水／ガラス | ガラス | 1992.7-1995.3 | …………………………… 68 |

| 論考 | 海が僕の建築を変えた | 隈研吾 | ………………………………………… 71 |

| | 幕張集合住宅 | PC | 1996.10-2000.3 | …………………………… 74 |
| | 高柳町陽の楽家 | 和紙 | 1998.2-2000.4 | …………………………… 78 |
| | 高崎駐車場 | PC | 1999.4-2001.3 | …………………………… 84 |
| | 銀山温泉共同浴場「しろがね湯」 | 木＋アクリル | 2000.11-2001.7 | …………… 90 |
| | 海／フィルター | レンガ | 2000.5-2001.3 | …………………………… 98 |
| | GREAT (BAMBOO) WALL | 竹 | 2000.12-2002.4 | ……………………… 106 |
| | PLASTIC HOUSE | プラスチック | 2000.8-2002.5 | ……………………… 116 |
| | 安養寺木造阿弥陀如来座像保存施設 | 版築ブロック | 2001.2-2002.10竣工予定 | ………… 124 |
| | 蓬莱古々比の湯 | プラスチック | 2000.3-2003.1竣工予定 | …………… 126 |
| | N美術館 | 石 | 2001.11-2005竣工予定 | ………………………… 128 |

| 収録作品データ …………………………………………………………………………… 132 |

ブックデザイン：坂 哲二

# 素材とは仕上げではない　　　隈研吾

　正直に言ってしまえば、素材というようなことに昔は関心がなかった。もっと直截に言ってしまえば、素材とか素材感といったものについて語ったり、それらを設計上のウリにしている建築家はじじ臭いしうさん臭いと思っていたし、そのような人たちのつくる素材感たっぷりの建築も暑苦しく、エセっぽく耐えられない感じがした。なぜそう感じていたのか。それについてもよく考えてみる必要がある。さらに、それがどうしてある日、『隈研吾／マテリアル・ストラクチュアのディテール』という本をつくるようになったのだろうか。

　ひとつのきっかけは、コンクリートの打放しの問題である。僕らが学生だった頃、安藤忠雄が「住吉の長屋」と呼ばれるコンクリート打放しの住宅を発表した。一言でいえば格好良かった。虚飾のない、贅肉のない本物に思えたのである。僕らは興奮しファンレターを書き、現物を見るために大阪まで旅をした。「よし、コンクリート打放しの小住宅でこの虚飾に満ちた腐った都市にくさびを打ち込み、社会に風穴をあけよう！」。僕のクラスメートを含む70年代末の若者たちは皆そう叫んで、いつの日か「小さな打放し」を実現する機会をうかがって牙を研いでいたのである。

　その中で僕は少し醒めていた。ひとつにはコンクリート打放しの箱という閉じた形式が、僕自身の身体的な感覚に合わなかったからである。その箱の中にいると息が詰まり、筋肉が拘束され、体温が奪われるように感じたのである。この感覚がどこから来たのかは正確にはわからない。僕自身が戦前につくられた木造の日本家屋で生まれ育ったということと、多少は関係があるかもしれない。もともと東京の大井で医者をしていた祖父が、週末の農作業のための小屋としてつくったその家は造りも簡素であったし、風通しも十分すぎるほどに良かった。しかも、祖父と父親がアルミサッシュの冷たくて無骨な質感を嫌って、増築、改築に際しても、木の枠でつくられた気密性能の低いサッシュしか用いなかった。視覚的に見ればコンクリート打放しは十分に美しかったのだが、その一方で、この開放的すぎるほどの我が家に慣らされた身体感覚は、いまひとつコンクリート打放しになじみきれずにいたのである。

　さらに僕を醒めさせたのは、コンクリート打放しは果たして本当に虚偽から遠い贅肉のない素材なのかという疑問である。安藤の住宅を見て疑問を感じたわけでは

ない。安藤のあとを追うようにして世の中に一気に広まった、コンクリート打放しの作品群の印象が贅肉そのものだったのである。当時は、打放しであることがその作品のすべてを正当化するような空気すらあった。一瞬にして打放しはそのような記号のひとつになったのである。そのような状況への批判として書いたのが、『10宅論』(1986年、築摩書房刊)という書物であった。ここでは、日本の現代住宅が外観や住み手のライフスタイルを基準として、10のスタイルに分類されている。「清里ペンション派」「料亭派」など、茶化したような名前が並んでいるが、分類すること自体に興味があったわけではない。10のスタイルのひとつとして、コンクリート打放しをデザイン上の特徴とする「アーキテクト派」が存在することを指摘したかっただけなのである。打放しがすでにスタイルのひとつとして記号化されていることを批判したい。実はこれこそがこの本を書き下ろした唯一の動機だったのである。

　いつの世にも、スタイルへの安住、記号への安住は起こりうる。建築とは、所詮は形態と素材とをパラメーターとして組み立てられた精緻な記号システムの別名に過ぎないという歴史家もいるだろう。富を示すのはこの形態、この素材(たとえば大理石貼)。ミュージアムのような文化レベルの高い建築を示すのはこの形態と素材というように、すべてはひとつのマトリックスの形で記述できるという説である。

　しかし、もしそうだとしたならば建築家ほど退屈な職業はないだろう。そして、建築を建てることほど退屈な行為はないだろう。すでに建てる前から結果はわかっているのであり、その十分に予測された効果を得るために膨大な労力、歳月、金銭が費やされるのである。にもかかわらず、建築は建てられ続けてきたわけであり、建築家という職業が見捨てられることはなかった。なぜならば、実際のところ建築とはそのような静的なマトリックスに納まりきるような、退屈な代物ではなかったからにほかならない。

　建築とは静的な記号システムどころではなく、まさにそのシステムに対するクリティシズム(批評)としてつくり続けられ、構想され続けてきたのである。記号システムへの批評、違反ということは、もっとわかりやすくいえば下剋上ということである。なぜなら、建築という記号システムは、社会を構成するヒエラルキー構造(貧富から学歴などのすべてのヒエラルキー)を物質へと自動的に投影したものにほかならないからである。だからこそ、人々は批評的建築をつくることを通じてヒエ

ラルキーを批評、社会を批評し、ときとして社会を「転覆」させることさえできるのである。それゆえ、建築は人々を惹きつける。ときとして建築のために金銭や労力ばかりでなく、人生そのものをさえも投げ出してしまうほどに。

とするならば、コンクリート打放しという記号への安住こそ最も警戒すべきことなのではないか。当時は、ここまではっきりと言語化できたわけではないが、そんなことを漠然と感じながら、コロンビア大学の客員研究員として滞在中のニューヨークの地で、日本の現実とは少し距離をおいた醒めたまなざしを持って『10宅論』を書いたのである。

では、いかにしたらコンクリート打放しという罠から抜け出すことができるのか。これに関して明確なヴィジョンがあったわけではない。いろいろと思考したけれども、簡単には道は見えなかった。それほど見事にコンクリート打放しとは「真実」で、虚飾を排した素材だったということでもある。

まず、コンクリート打放しとは丸裸の素材であって、その上に表層をまとわない。表層的とかうわべだけという批評のしようがないほどに、裸なのである。さらにそのすべての部分が構造的である。柱も、壁も、床も、すべてが建築本体を支える一次部材であって、脇役である二次部材は存在しない。だからここでも「贅肉批評」がしにくいのである。

しかし、実際にはコンクリート打放しほど曖昧な素材はほかにない。すべてが構造的であるように見えて、実はその大部分はすでに構造的には余剰であり、贅肉なのである。しかし、その区別がつきにくい。どこまでが構造で、どこからが贅肉であるかの境界が不明快である。にもかかわらず、打放しであるというだけですべてが構造的であるかのごとき錯覚を与えてしまい、批評のしようがない究極の真実であるかのごとき錯覚を与えてしまうのである。その意味において、コンクリート打放しとは批評行為を封じ込め、人を怠惰にし、建築家を怠惰にする建築の形式なのである。それは見事なまでに完成された建築様式であるということと同義でもある。しかし、それだからこそ、この完成された様式と素材にとどまってはいけない。この怠惰に踏みとどまってはいけない。それがとりあえずの80年代における僕の結論であった。

90年代に至って、この思いはさらに強まっていった。そのひとつの要因は、コンピューターグラフィックスの普及である。メディアはしばしば現実を先導する。現実がメディアを先導するのは当たり前の話だが、逆もまたしばしば真である。建

築も例外ではない。ルネサンスにおいては透視図法の登場が建築デザインの革命と並行し、19世紀においては写真という形式が新たな建築の形式と並行であった。1990年代は、CGという新しいメディアの普及によって記憶されるであろう。それ以降の建築はCG抜きに語ることはできない。CGが建築を表現する形式は、複雑なように見えながら実は極めて単純である。まず、モデリングと呼ばれる操作によって三次元空間の中にひとつの完結した物体（オブジェクト）を制作し、しかるのちにその物体の表層にテクスチャーを貼り付けていく（テクスチャー・マッピング）のである。完結した物体でさえあればいかなる形態の制作も自由であるし、テクスチャーの選択も無限に自由である。それがCGの世界でいうところの自由である。

　この作図方法は、現場打ちコンクリートの施工方法と酷似している。まず、型枠を用いたコンクリートの打設によって自由な形態を持つ閉じた物体を製作し、しかるのちにその物体の表層に仕上げの素材を自由に選択し、貼り付けていくのである。これは決していつの時代、どんな場所でも通用する普遍的な建築施工方法とは呼べない。20世紀という特定の技術的、社会的条件の中で、偶然にも一般化した施工方法である。この特殊な施工方法をモデルとして、今日のCGの制作方法が生み出されたのである。いつまでも建築がこのようにしてつくられていくこともないだろうし、いつまでもCGはこのようにして描かれるわけでもないだろう。

　極端な例えを用いるならば、同一寸法のレンガだけを用いて建築を施工した時代（レゴのようにしてものをつくる時代）は、別のCGを生み出したかもしれない。しかし、20世紀は現場打ちコンクリートの時代であり、モデリングとテクスチャー・マッピングをOSとするCGを生み出したのである。コンクリートでつくる建築に慣らされたわれわれから見ると、このCGの方法は極めて合理的で自然なものに思われた。施工方法とメディアとは、このようにして見事に共振したのである。

　しかし、この見事な共振によって逆にこのふたつの方法が共有する方法的特殊性、もっとわかりやすくいってしまえば、限界、癖、どうしても鼻につく臭いのようなものが浮き彫りにされるのである。少なくとも僕は、この90年代的CGの出現によって、「コンクリートという方法」をよりはっきりと意識するようになった。この世界そのものが、モデリングとテクスチャー・マッピングという貧しい方法によってつくられているのではないか。そのような方法的制約の中で、「自由」という幻想が与えられているだけに過ぎないという認識である。メディアはしばしば併走する建築的方法、形式を露呈させる。メディアが、それと併走するその対象物を

蒸留するからである。

　その蒸留の結果、コンクリート打放しもまた、この「コンクリートという方法」の内部にあるということが次第にはっきりと見えてきた。すなわち打放しは、テクスチャー・マッピングの図柄のひとつでしかなかったのである。

　「コンクリートという方法」は、基本的に素材、もっと正確にいえば物質というものを徹底的に軽視した形式であった。この方法の支配する世界において、素材とは表層に与えられるテクスチャー・マッピングの図柄でしかなく、たかだか厚さ20 mm 程度の薄さの衣装でしかない。ここでいう素材とは、コンクリートの表層に貼り付けられた仕上げ材料のことでしかないのである。そのような徹底した不自由の中で、いかに「素材重視」を唱えたところで何の意味もない。そんな「素材重視」は、「コンクリートという方法」そのものを少しも批評していない。そんな「素材重視」をいくら唱えたところで、「コンクリートという方法」は痛くも痒くもないからである。むしろ、その手の「素材重視」は、「コンクリートという方法」そのものを隠蔽するだけであり、その方法によってもたらされる徹底的な不自由、不健康を延命させるだけだからである。その際に用いられる「自然素材」とか、「地球環境にやさしい素材」といった美辞麗句の類いも僕は全く信用しない。それらはすべて、その裏にあるコンクリートを隠すためにしか機能しないからである。「環境にやさしい」とは、極めて相対的な概念である。測定フレームの設定の仕方次第で、ある素材（行為）は環境にやさしくもなるし、破壊的にもなりえるからである。たとえば、家庭で出たゴミを前の路上にばらまく人がいたとしよう。この建築の敷地というフレームを見たら、彼の行為はそのフレーム内部の環境をクリーンにするという意味で環境にやさしい行為ではあるが、当然のこと、路上までをも含む拡大したフレームの中で彼の行為は環境破壊である。この種の空間フレームの上にさらに時間フレームが加わる。環境にやさしいと言われていた素材（行為）が、実は長期的スパンで計測したときに著しい環境破壊であったことが判明するといった例は、枚挙にいとまがない。

　ゆえに、環境という言葉を使う際は徹底的に謙虚でなければならないし、徹底的に羞恥しなければならない。コンクリートの上に貼り付けられた、たかが20 mm の表層を「環境にやさしい」などと喧伝する気にはとてもならないのである。この羞恥を喪失したとき、素材はまたしても環境にやさしいか否かという静的で官僚的な評価システムの中のひとつのパラメータとして封じ込められるのである。建築

は、そのパラメータによって再び退屈なマトリックスへと堕落するしかないのである。様式という退屈なパラメータを脱したかに見える建築が、環境という退屈なパラメータの中にまた絡み取られようとしているのである。

　素材についてあれこれ考えた末に、たどり着いた結論は単純である。素材は仕上げ材ではないということ。それに尽きる。「コンクリートという方法」の圧倒的優位のもとで、素材という言葉がすでに仕上げ材というニュアンスを帯びてしまっているとしたら、素材という言葉には早めに見切りをつけて物質と言い換えたほうがよいかもしれない。

　必要なことは、構造（コンクリート）と素材（仕上げ材）という二分法からどれだけ離れることができるかである。そのような思考のフレームワークを離れた地平に立って、改めて物質を見返してみたいと考えた。そのとき、物質はもはや仕上げという領域に閉じ込められることなく、近代という時代が便宜的に産出した構造、仕上げという分節を知らず知らずのうちに解体し、それらを垂直に貫いてしまうはずなのである。その意味で、この本のタイトルに使った「マテリアル・ストラクチュア」というのは、なかなかうまくできた造語だと自分で思っている。なにしろマテリアルとストラクチュアとを貫いて、ひとつに接合してしまうのだから。そこで貫かれるのは構造と仕上げだけではない。空調工事、設備工事、電気工事というように日常的に呼び習わされている退屈な分節もまた貫かれ、その境界を問われる。たとえば、敷地の地面を掘ってその土で版築ブロックと呼ばれるブロックをつくり、それをひとつひとつ手で積み上げてつくる箱のような建築を計画した（安養寺木造阿弥陀如来座像収蔵施設）。その箱では、構造である土がそのまま仕上げでもあるから、構造と仕上げという分節は喪失し、しかも、温湿度がいかにして身体に対して現象するのかという「空調的」領域もまた、土という物質によって貫かれる。温湿度調整機能を持つ土そのものが、空調設備としても機能するからである。さらに付け加えるならば、それは貫かれているというよりも重なっているというべきかもしれない。貫かれているという言葉は垂直的でヒエラルキーのある重層性をイメージさせる。しかし、僕が理想とするのは、ヒエラルキーのない同一平面上でのぺたんこな重層なのである。身体はそのようなフラットな重層を望んでいる。フラットであるからこそ、身体は自由である。構造と設備のどちらが上位概念であるかなどと問うことの意味はない。あるいは構造がまず設定され、そのあとに設備設計が行われ、最後に仕上げ材が決定されるなどという馬鹿馬鹿しい「順序」もそこにはな

い。身体の前にはただ物質という具体性が現前するだけで、その奥に構造や設備などという抽象的図式を深読みする必要はないのである。

　しかし、だからといって構造的、設備的な検討を軽視するというわけではない。構造的、設備的な綿密な検討があって初めて、構造や設備といった概念的なものを目の前から消去することが可能となる。素直に物質という具体性に遭遇することができるのである。たとえば、「馬頭町広重美術館」(2000)では外壁は30 mm×60 mmというメンバーを持った木製のルーバーで構成されている。そのとき、外壁面に沿って出現する構造体をいかに処理するか。もし、ルーバーの脇に300 mm×300 mmのコンクリートの柱(コンクリートの柱としては、それでも極めて細いと呼べるものであるが)が立てば、われわれはそこに構造というひとつのジャンルが厳然と存在することを思い知らされる。30 mmのルーバーに対して、300 mmの柱はあまりに強い。空間は構造によって支配される。もっと正確にいえば、構造という概念的なものが空間を支配するのである。概念という抽象性が物質という具体性を抑圧し、われわれを物質から遠ざけるのである。抽象性が具体性を抑圧するという意味で、そのような状態を近代的状態と呼ぶことが可能である。本来、世界は具体的な存在であって、そこから思考によって抽象的な構図が浮上するのである。しかし、近代においては問題解決の効率性を求めるあまり、抽象的な構図を具体性の上位に置いた。具体性は抑圧され続け、それは物質が抑圧され続けてきたということと同義である。それこそが近代という時代の逆転であった。その逆転をいかに修復するか。そのためにこそ、すなわち構造をはじめとするさまざまな抽象性が、野放図に現実の具体的な世界に介入することを回避するためにこそ、もっとわかりやすく言ってしまえば、構造を消去するためにこそ構造的な検討は必要となる。「馬頭町広重美術館」においては、75 mm×150 mmというメンバーを持つ無垢の鉄骨柱を木製ルーバーに沿って3,500 mmのスパンで並べた。平面的に建物の中心部に位置する展示室の壁面をコンクリートでつくり、その壁に地震力を負担させることによって、柱のメンバーを75 mmにまで縮小させることが可能となった。構造が物質を抑圧しないだけのつつましさを獲得するために、構造的な綿密な検討が必要とされたのである。それは一見すれば極めてパラドキシカル(逆転)であるが、近代的な逆転を回避するためにわれわれはこの逆転を自らに課さなければならないのである。そして、これは単に構造というジャンルにおいてのみ通用する話ではない。すべてがジャンルによって分割され、それぞれのジャンルの中での抽象的

な思考法によって世界は抑圧されてきたのである。その抑圧からいかに逃れるか。これは極めて普遍的な問題なのである。

このような形で90年代には物質という具体性に出会いたくて、物質の可能性を突き詰めたくて、いろいろな場所を旅した。その結果、幾つかの興味深い物質に向かい合い、本気で物質と「共同」することができた。しかし、いま振り返って見ると、その出会いのきっかけはほとんど偶然と呼ぶべきほどのいい加減さである。自分から何らかのコンセプトに基づいて能動的に物質を捜したというよりは、物質が僕のほうに押しかけてきたといったほうが正確である。僕は、いつも受動的であった。物質が僕のほうに降りかかってくるのである。えっ、こんなものを使わなきゃいけないの。最初は、いつもそのような感じである。しばらくすると、その違和感が愛情へと転換する。その物質がかわいくて、かわいくて仕方なくなる。だからこそ既存の方法に縛られることなく、自分がいままで培ってきた方法に縛られることなく、物質に対して自由に、アマチュアのように振る舞えたのかもしれない。

たとえば、四万十川の源流の町、高知県梼原(ゆすはら)の「梼原町地域交流施設」(1994)では、杉という物質に初めて遭遇する。豊かな自然の中だから鉄とガラスで透明な建物をつくりたい。そんなことをのんきに考えながら山道を揺られて現地を訪れた。そこにあったのは日本の森の現実であった。杉、桧などの安い外国産材の自由化で国産材は買い手がつかず、梼原の杉の山も荒れていた。山の杉をたくさん使ってほしいと頼まれたとき、断る理由は何もないと思った。

とはいっても、木造の経験はほとんどない。しかも調べてみれば、杉は柔らかくて強度に問題があり、構造フレームは無骨にならざるをえない。四万十の渓谷、山の中に透明感のあるボックスをつくろうとしたときに、フレームの無骨さは致命的に思えた。そこで思いついたのが、スチールパイプと杉とをボルトで縫い合わせてつくる複合柱である。フレームはスリムになる。それ以上に、鉄と杉という不似合いな物質が、それぞれに力を出し合って建物を支えるところが好ましく思えた。

「石の美術館」(2000)では、石という物質に遭遇する。石もまた苦手な素材であった。はっきり言ってしまえば、苦手というよりあまり好きな素材ではなかった。いま、建築で使われている石は「コンクリートという方法」の中の仕上げ材というポジションにあまりにぴったりはまってしまっていて、身動きがとれないように感じたのである。わずか20 mm厚の石が見事に自然の温かさ、落ち着きなどのさまざまなものを表現してくれるのである。打放しに違和感を感じる人々も、石を貼ら

れただけでその違和感を忘れてしまう。しかし、実際にはコンクリートの重さ、厚苦しさはその上に貼り付けられた石によってさらに重層されているように感じられた。だから石は苦手であり、あまり使いたくはなかったのである。

　しかし、なんとクライアントから与えられたプログラムは「石の美術館」である。既存の古い石蔵を中心にして、石の彫刻やクラフトを展示する美術館をつくるという与件である。増築部分をガラスのボックスとしてつくり、石という苦手な物質を回避する選択肢もあった。最初はそちらに心が動いていたのだが、一週間悩んだ末に思い切って苦手とする石と付き合ってみようという気持ちに傾いた。石に正面から向き合うことで、「コンクリートという方法」にしっかりと組み入れられた石という物質を何とか救い出せる手立てはないだろうかという気分になったのである。石にしてみれば余計なお世話だったかもしれないし、ありがた迷惑であったかもしれない。お付き合いしたことのない石に正面から向き合うことで、失敗するおそれも十分あった。それでも、石という問題を回避して通るよりは、失敗のほうがよっぽどましだと思ったのである。

　そのときの唯一の頼みは、クライアントが白井石材という石屋で石の加工場を持ち、自前の職人も抱えていたことである。石の職人は日焼けしていて、指の太さが頼もしく感じられた。敷地に建っていた大正時代の古い石蔵も、白井さんの山の石と同じ芦野石という安山岩系の石材でつくられていた。グレーの色の、下手に使えばモルタルにしか見えない地味な石ではあるが、その不器用な柔らかさが、しばらく眺めているうちに御影石のストレートな固さよりもよほど好ましく見えてきた。どんなに面倒くさいディテールでも石のことだったら何でもやりますからという白井さんの助け船も出た。白井さんのほうとしてみれば、サッシュ業者、ガラス業者などの外注にお金が出てしまうよりは、多少手間はかかっても自分のところの材料を使って、自前の職人ですべてがまかなえてしまえるならばそれに越したことはないという思惑があった。「仕上げ材」担当の外注業者をうまく利用し、そのスケジュール管理とコスト管理に徹するのが日本のゼネコンシステムである。ここでもまたジャンルに縦割りにして、それを資本主義的ヒエラルキーで強引に接合するだけの近代的システムが反復されている。偶然にも、白井さんのやり方はそれとは正反対だった。一切、縦には割らず、何から何まで自分たちで手づくりでやってしまおうというのである。そんな稀に見るチャンスに乗らない手はない。何しろ、こちらは無手勝流で石と向き合うつもりだから、素人丸出しの馬鹿馬鹿しい提案をも含め

て無理難題を山ほど出すであろう。ゼネコンという利口な調整者が間に入ったならば、それらの無理難題は軽く一蹴されるだろう。こちらもゼネコンの前だったら格好をつけたくなるかもしれない。日本のゼネコンは、その下請けのヒエラルキーの構築から積算のフォーマットに至るまですべて「コンクリートという方法」を前提としていて、それ以外の方法を受け入れるキャパシティーは極めて小さい。今回は、ものをつくる人と直接に話せる。話しながら仕事を進めていくことができる。こんな奇跡的な機会を、逃す手はないと思ったのである。

　目標はただひとつ。コンクリートに貼り付けられた薄っぺらな石。あのすべてが癒着したような重たさと嘘臭さを、どのようにしたら回避することができるか。その一点の突破を目指してスタディーを行い、白井さんの職人たちに無理難題を浴びせかけてみた。まず思いついたのは、石でルーバーをつくるという試みである。コンクリート的な癒着から一番遠く、一番風通しに優れて気持ちよさそうな存在形式がルーバーだと思ったからである。癒着に対峙する粒子化である。一笑に付されることを承知で尋ねた。石を細く切って、ルーバーをつくるなんてことができますか。予想に反してできますよという答え。とはいっても、こちら同様、白井さんの石山の職人も石のルーバーなどというものをつくった経験はない。さまざまな断面形状のルーバーを試作して、やっと 40 mm×150 mm という断面を持つ長さ 1,500 mm の部材へとたどり着いた。1,500 mm ごとにルーバーを差し込むためにギザギザの溝を切った石の支柱を立てて、そこにルーバーを差して固定していく。石の支柱はそれだけでは強度的に不安があるために、150 mm×150 mm の H 形鋼の支柱に抱かせるので、建築基準法的には鉄骨造ということになる。その鉄骨造というところに多少不満が残ったので、もう一棟では軽やかな組積造というものに挑戦してみたいと思った。組積造は、石をひとつひとつ積み上げていってそれがいつしか構造にもなっているという形式である。石という具体的な物質が、抽象的な図式の介在がないままにいつのまにか構造的に機能しているという、とても「いけてる」構造システムである。その組積造の基本的な考え方に従いながら、しかも石と石との癒着を回避して、すなわち、コンクリート的なべたべた感を回避して物質が粒子化されたさわやかな状態をつくることはできないだろうか。思いついたのは組積造から構造的に支障のない形で可能な限り石を抜き取る方法である。3分の1程度を抜き取ることで、構造的な許容の範囲内でしかも癒着した重たい感じが薄れることが確認できた。その後がまだまだある。積み上げる石のユニットサイズと穴の

あけ方（抜き方）のパターンについて、嫌というほどのスタディーを繰り返した。

　スタディーにも時間をかけたし、施工もまた白井さんの予想以上に困難を極めた。どんなディテールでもやりますからといったことを、さすがの白井さんも後悔したらしい。壁面と壁面でユニットサイズも、パンチングのパターンも違えた。それをすると面と面とがぶつかるコーナーのところで厄介なディテールが発生する。それをすべてモックアップで確認しながら解いた。模型で解くのが難しいディテールは、実際に石で組むのにも時間がかかった。さらに悪いことに、白井さんのところの職人はほかに忙しい現場が始まるとしばらくはそちらに行って帰ってこない。自分の家のことは、後回しになるのである。そんなことをしているうちに、施工に4年間かかった。これまた、日本の通常の施工システムの常識を大きく逸脱している。この建物は永遠に完成することなく、石をのろのろと積み続けて終わるのではないかと、何度も何度も石の前でため息をついた。

　この建築もまた、予測もしない偶然の出会いの産物であった。石が苦手だからこそ、何としてもそれを粒子化して癒着をほどいてみたいと考えたのである。自分の好きな素材、物質ばかりを相手にしていたならば、このような経験をすることは決してなかったであろうし、あのような建築をつくることもなかったと思う。

　石、土、木材など、さまざまな物質と遭遇し、それらの「与件」を用いてコンクリート的な癒着から遠い状態をいかにつくるか。ここ10年の僕の仕事は、そのように要約することができる。もっと簡単に言ってしまえば、物質がパラパラと散らばっているような、曖昧で頼りない状態をつくりたいのである。パラパラとした建築をつくりたいわけではない。パラパラとした状態をつくり出してみたいのである。そういう漠然とした身体的なイメージを具現化するために、伝統的な職人のテクノロジーから最先端のテクノロジーまでのありとあらゆるものに耳を傾けてそれらを動員してきたし、これからもそのようにし続けたいと思う。伝統技術の維持も、継承も、もちろん大切ではあるが、そのために建築をつくっているわけではない。そういう特定の技術なり、方法なりに縛られることなく、自由にものをつくっていきたいのである。その先に僕が見ているものは建築ではない。こんな建築をつくりたいと思っているというよりは、こんな場をつくりたい、こんな状態をつくりたいという身体的な欲求がまず存在する。身体に根ざしたやむにやまれないものがまずあって、そのためには伝統の技術から先端のテクノロジーまでのすべてを動員したいと考えるのである。

さらにもう少し話を大きくするならば、パラパラとした状態というのは単なる実空間に対する形容を超えたものであり、建築とか、都市というジャンルを超えた、もっともっと大きい話なのである。それは世界観でもあり、哲学そのものなのである。単に物質だけではなく、テクノロジー、情報、人間、そして世界のすべてがパラパラと散らばったような状態をつくりたい。そこには構造もなければヒエラルキーもシステムもない。同一でフラットな平面上に、すべてが散逸している。かつては、そのようなフラットな世界はただの乱雑で得体の知れないものであり、処理のしようのない不快なものであった。そこにヒエラルキーなり、構造なり集合（密着）を導入することで初めて人々は世界の処理が可能になり、人は落ち着くことができたのである。そのような抽象的な図式の導入によって、人々は世界をコントロールしてきた。抽象によって具体を抑圧することで、世界はスムースに処理されてきたのである。そのやり口の中で、抑圧されたものの代表が、物質であり、素材であった。しかし、コンピューターに代表される現代のテクノロジーは、構造、ヒエラルキー、集合を導入しなくても具体的な乱雑をその具体的な粒のままの状態で処理することが可能になったのである。そのためには個々の要素をあらかじめ密着や構造からほどき、自由な状態にしておいてやらなければならない。そうすれば、具体的なるものがその生き生きとした具体性を保ったままで、世界に直接接続されるのである。それが、僕がパラパラとした世界と呼ぶもののイメージであり、僕が自由と考えるもののイメージである。

　そこでは物質だけではなく情報も、伝統的な建築技術も、構造テクノロジーも、すべてが他を圧することなく等価に同一平面上にばらまかれている。あるものが突出し、支配的で、抑圧的となることを可能な限り排除し、すべてが隠されることなく露呈し開かれていること。そんな状態を言葉のような抽象的なものを通じてではなく、建築ディテールのような具体的なものを通じて実現してみたい。哲学者にそんな芸当はできないであろう。言葉にしたとたんに、言葉は筆者が好む、好まざるにかかわらず、抽象化を企むからである。言葉の上でいかに僕が反抽象化を唱え、粒子化を唱えたところで、言葉は所詮は言葉なのである。しかし、建築はそのような抽象化への傾斜から逃れることができる。もし、われわれが抽象化という大きな坂道から自由になれるとしたならば、それはまず建築という具体的なものを通じてしかないだろう。そのように考え始めてから、僕は建築の可能性に対して社会の悲観的な視線とは裏腹に、極めて楽観的なのである。

# 石の美術館 | 石

1996.5-2000.7

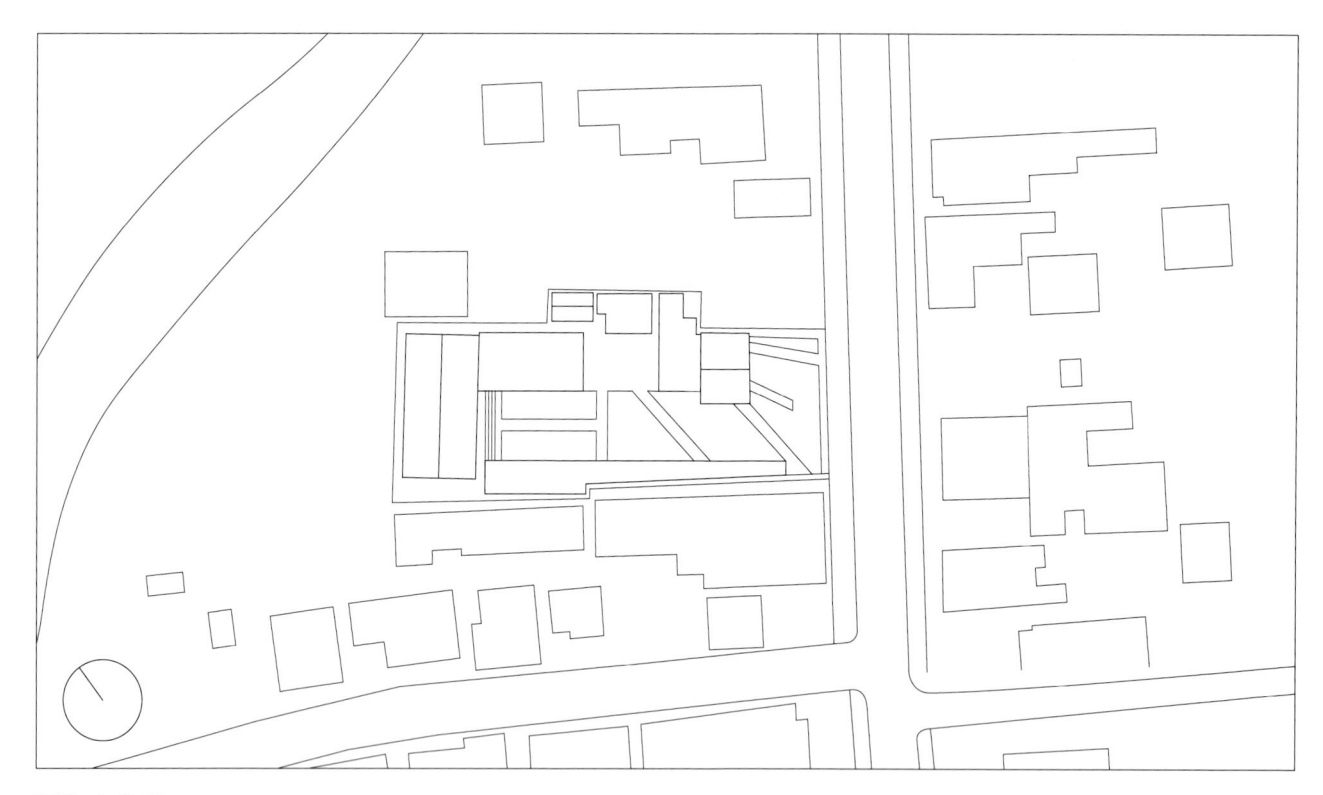

配置 1/1000

1 エントランスホール
2 オフィス
3 池
4 ライブラリー
5 ギャラリー
6 茶室
7 展示室

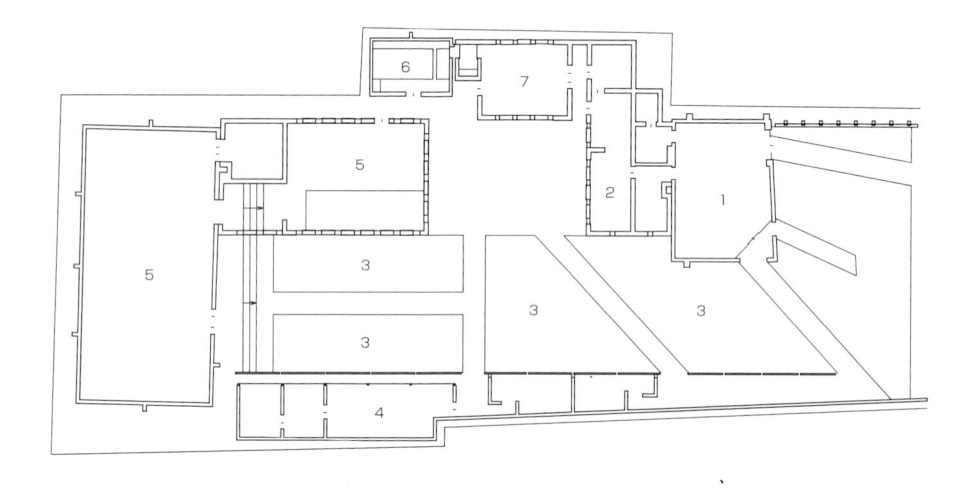

平面 1/500

　栃木県那須町の旧奥州街道に面した宿場町、芦野に大正時代に建造された石蔵を保存し、美術館として再生させたもの。

　3棟の既存の石蔵はもちろん風格のある美しい建物であったが、それぞれの棟と棟の間の隙間のほうがもっともっとおもしろく感じられた。隙間を主役に、建物を脇役にという考えに基づいて、配置計画を行った。原則的に棟の間に水を張って大きな水面をつくり、その水面上にパッサージュ（通路）という線を引いて既存棟をつなぎ、ひとつの連続した回廊をつくろうという考え方である。パッサージュは屋根のない部分と、屋根のある室内化されたものとの2種類があり、室内化されたものは小さな展示空間ともなっている。

　パッサージュの壁面はガラスでつくるという考え方もあった。既存の重たい石造とモダンで透明なガラスのボックスを対比させるという考え方である。しかしここでは対比に替わる手法を追いかけようと思った。既存棟に使ってあるのと同じ地元産の芦野石を用いて、既存の石蔵よりも少しだけ、軽やかな壁をつくろうと考えたのである。

　石のルーバーとポーラス（多孔性）な組積造というふたつのディテールをスタディーした。40 mm×120 mmという断面形状の石の部材を、1,500 mmピッチに立つ石の柱に水平小間返しのピッチで取り付けていくのが石のルーバー。同じく50 mm厚で奥行き300 mmの薄い石を積み上げ、構造的に支障のない部分だけ抜き取って、光、風を通すディテールとしたものが、ポーラスな組積造である。

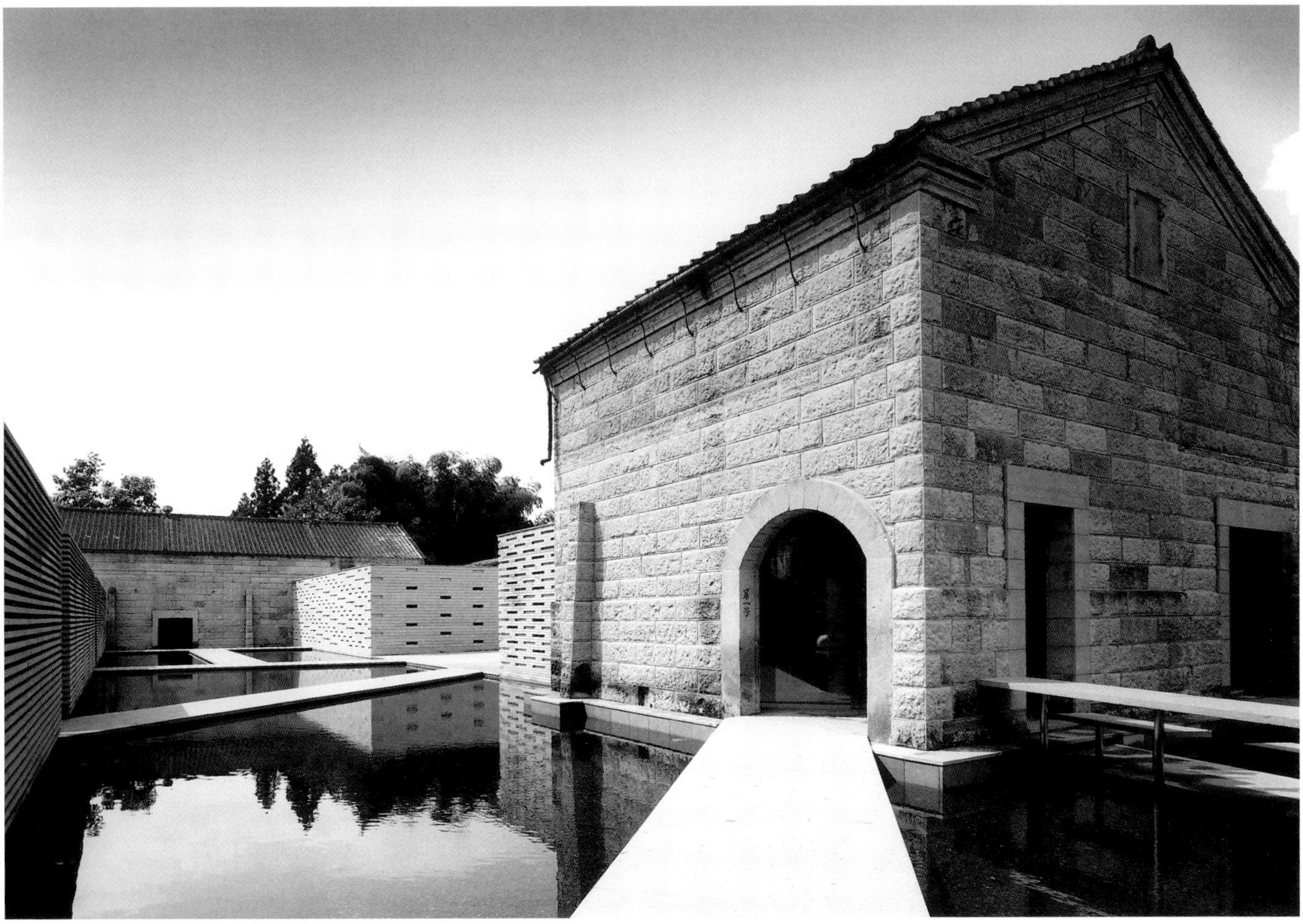

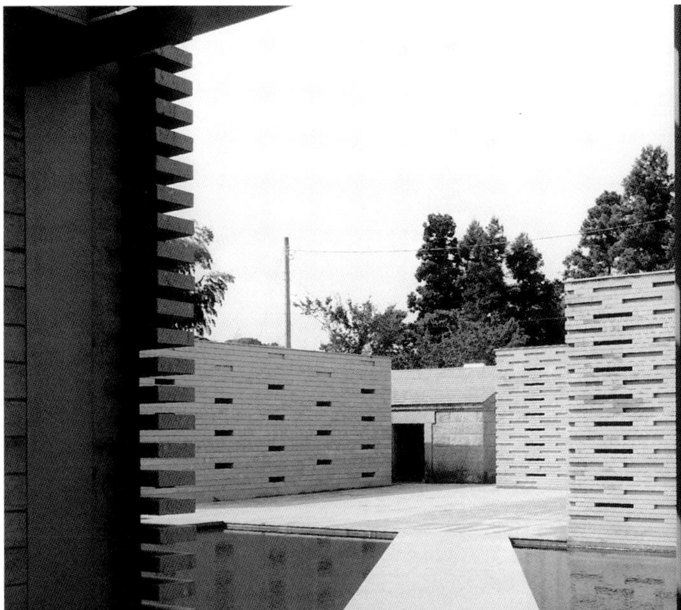

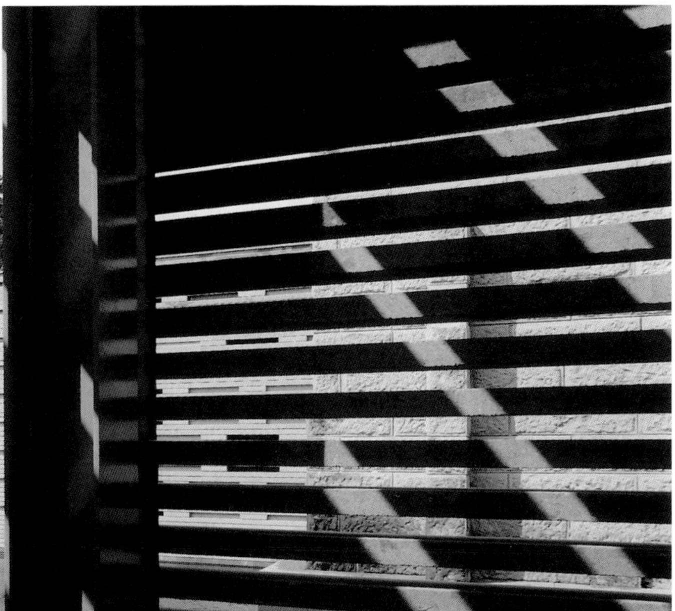

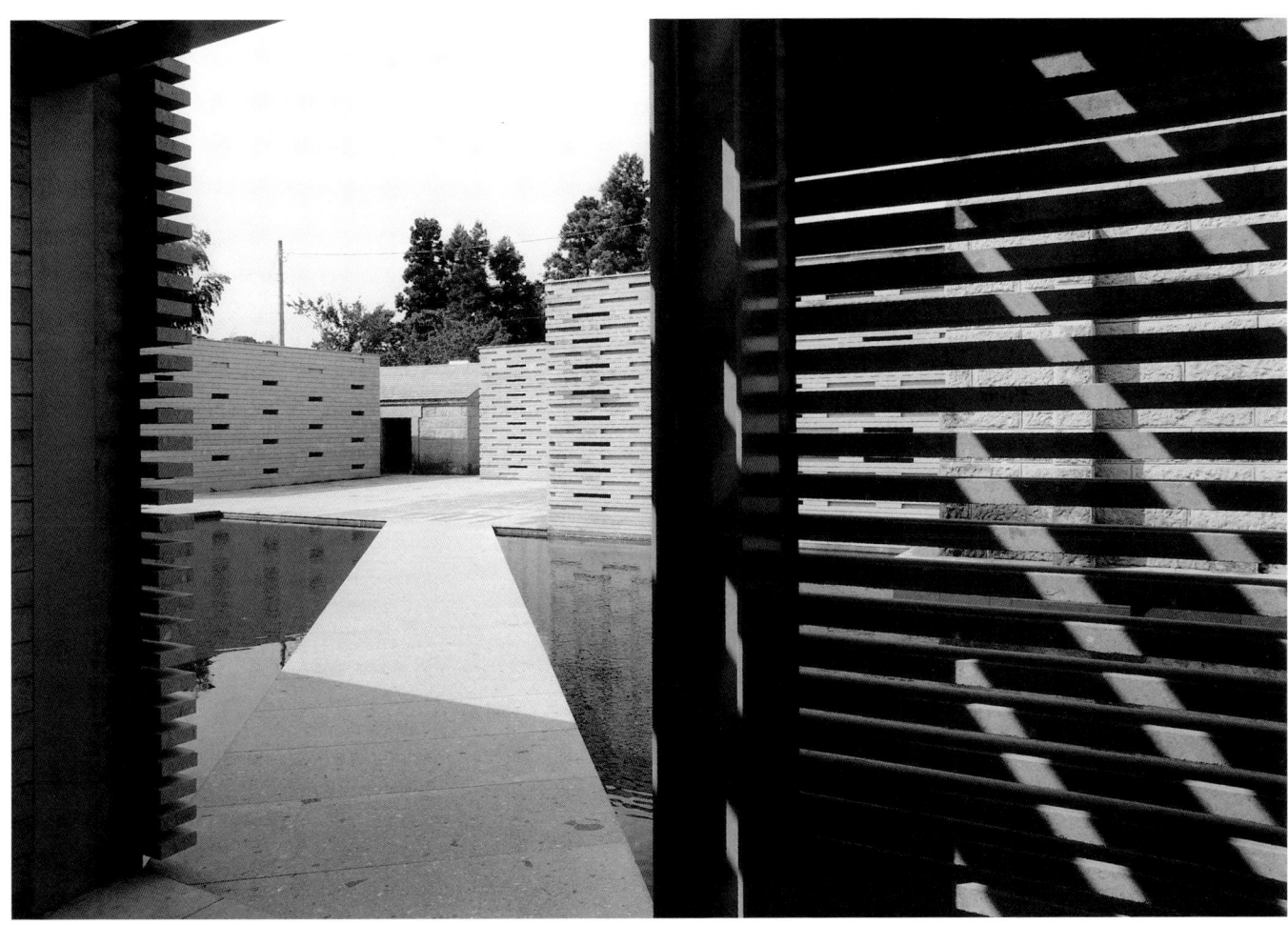

下り壁：フレキシブルボード t=6
下り壁：フレキシブルボード t=6
水切り：アルミ
グラスウール充填
開口補強：スチール L-75×75×9
垂木：スギ
スチールプレート 75 t=6
スチール H-175×175×7.5×11
フロートガラス t=15
水上側梁 天端：FL+2,250
ルーバー：芦野石 40×120@80

サッシ下枠（下押縁）スチールプレート t=6
白河石 t=30
モルタル t=20
FL±0
内部床仕上げ：FL-190
外部床仕上げ：FL-270
水面レベル：FL-350=GL±0

ルーバー断面詳細　1/15

スチール CT-175×122×7×11
ルーバー受け：芦野石
スチールH-175×175×7.5×11
ルーバー受け：芦野石

ルーバー平断面詳細　1/15

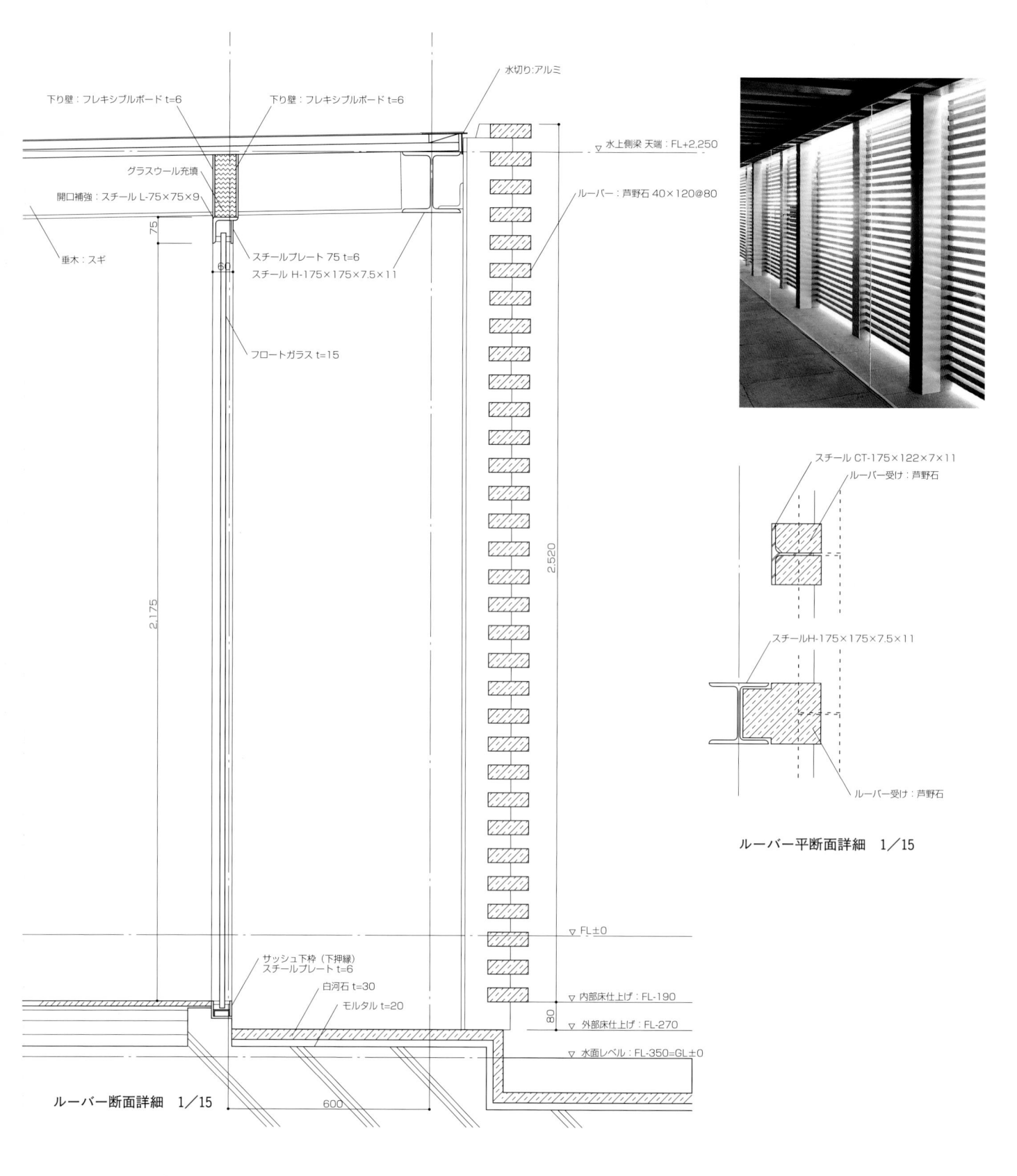

　ディテールの決め手は、切り込みの入った150mm角の石の柱に、40mm×120mmのメンバーの石のルーバーを差し込むようにして取り付けている点。この石の柱をH形鋼が抱きかかえるようにして支えている。鉄骨に直接、石ルーバーを取り付けようとしたならば、金物ばかり多い煩雑なディテールになっていただろう。柱のスパンは1,500mm。これ以上飛ばすと、石でさえもわずかに垂れてしまう。

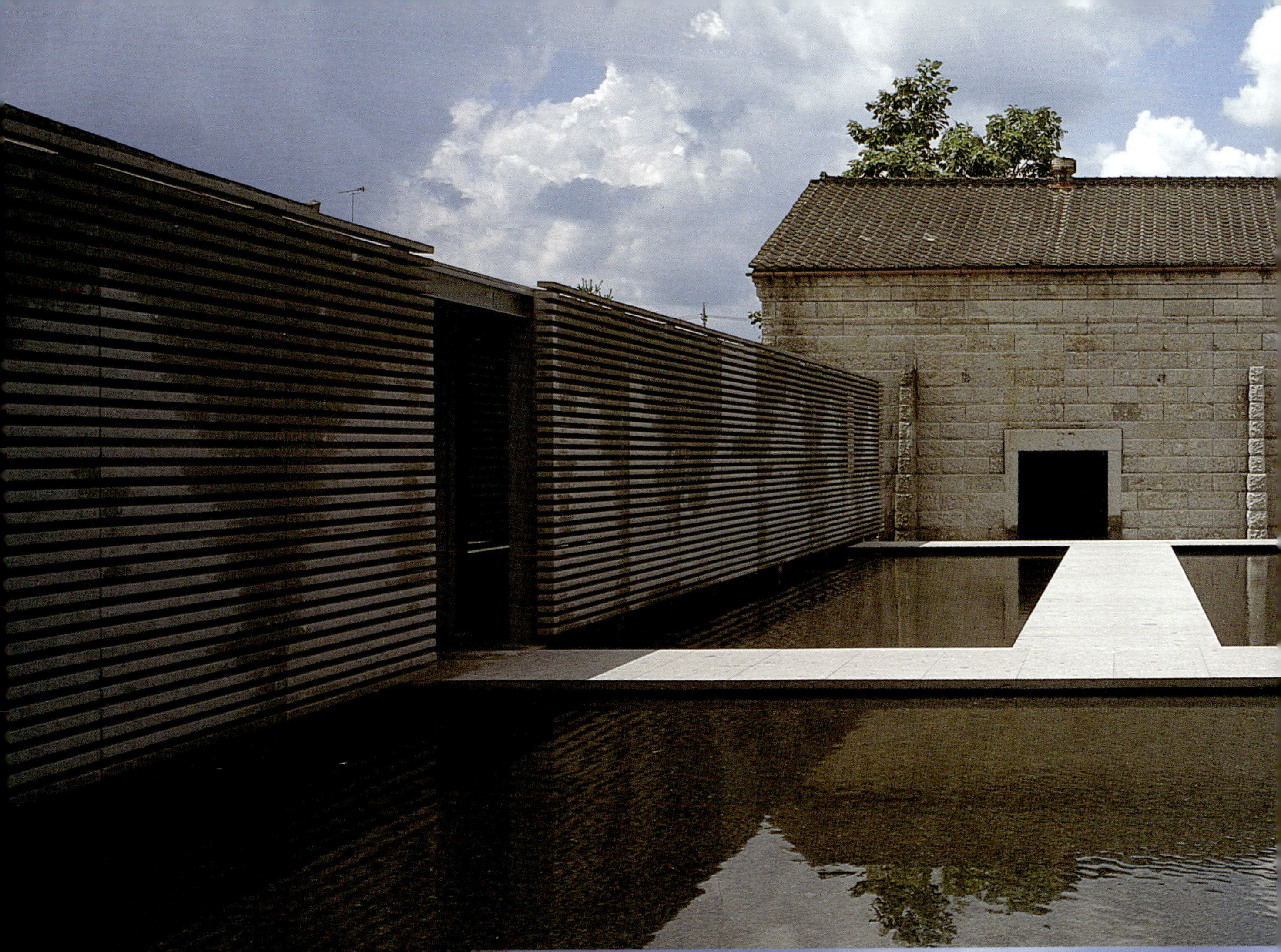

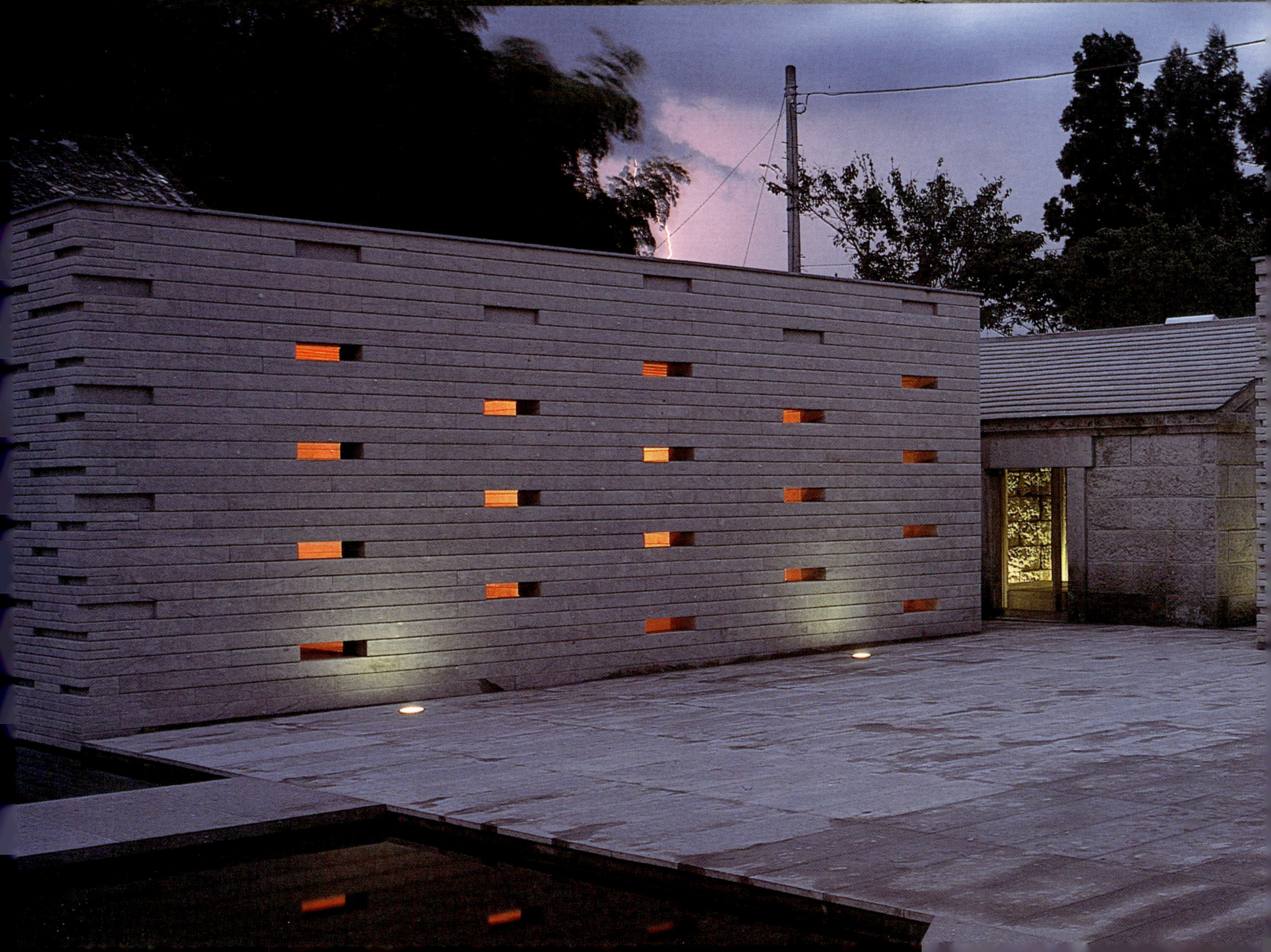

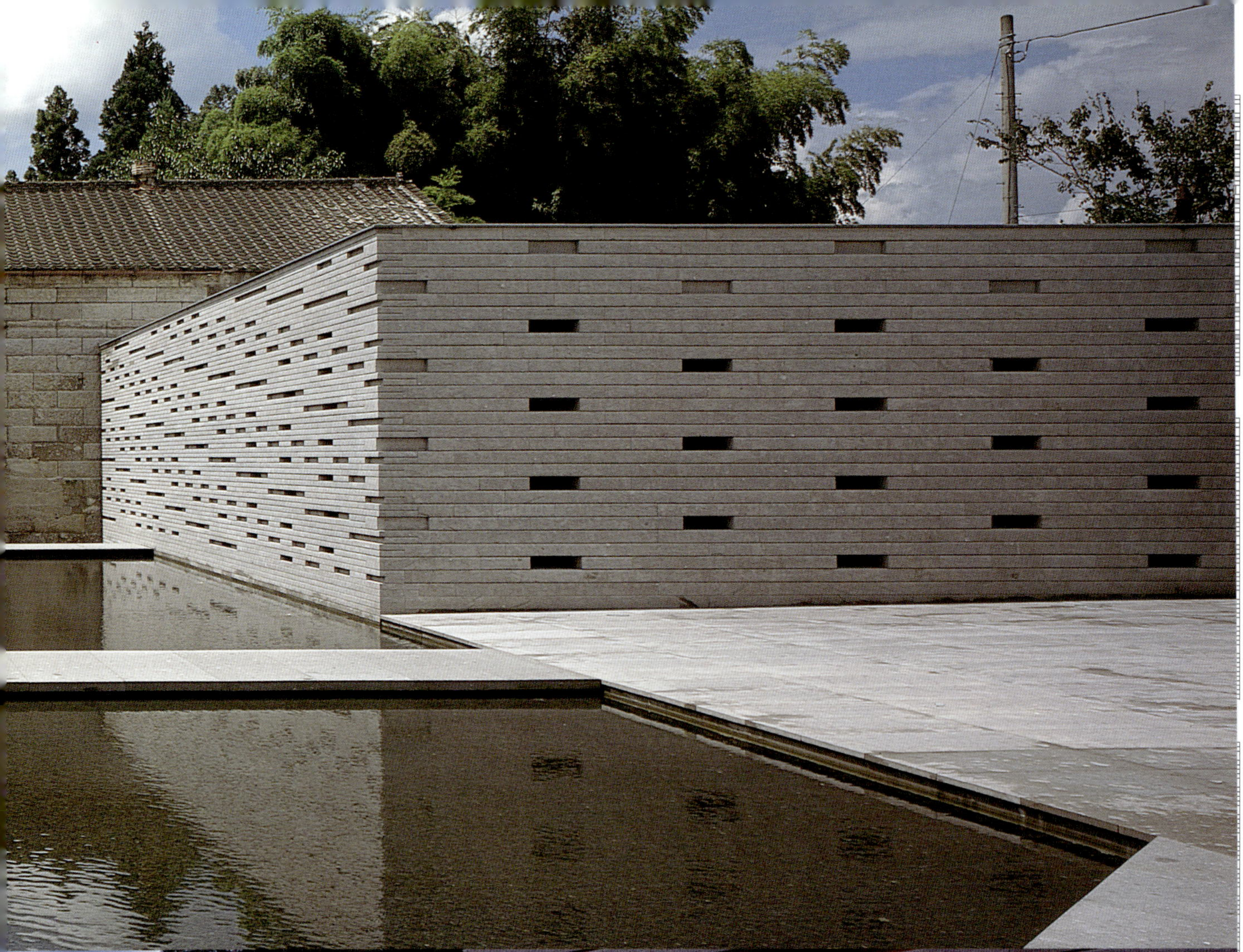
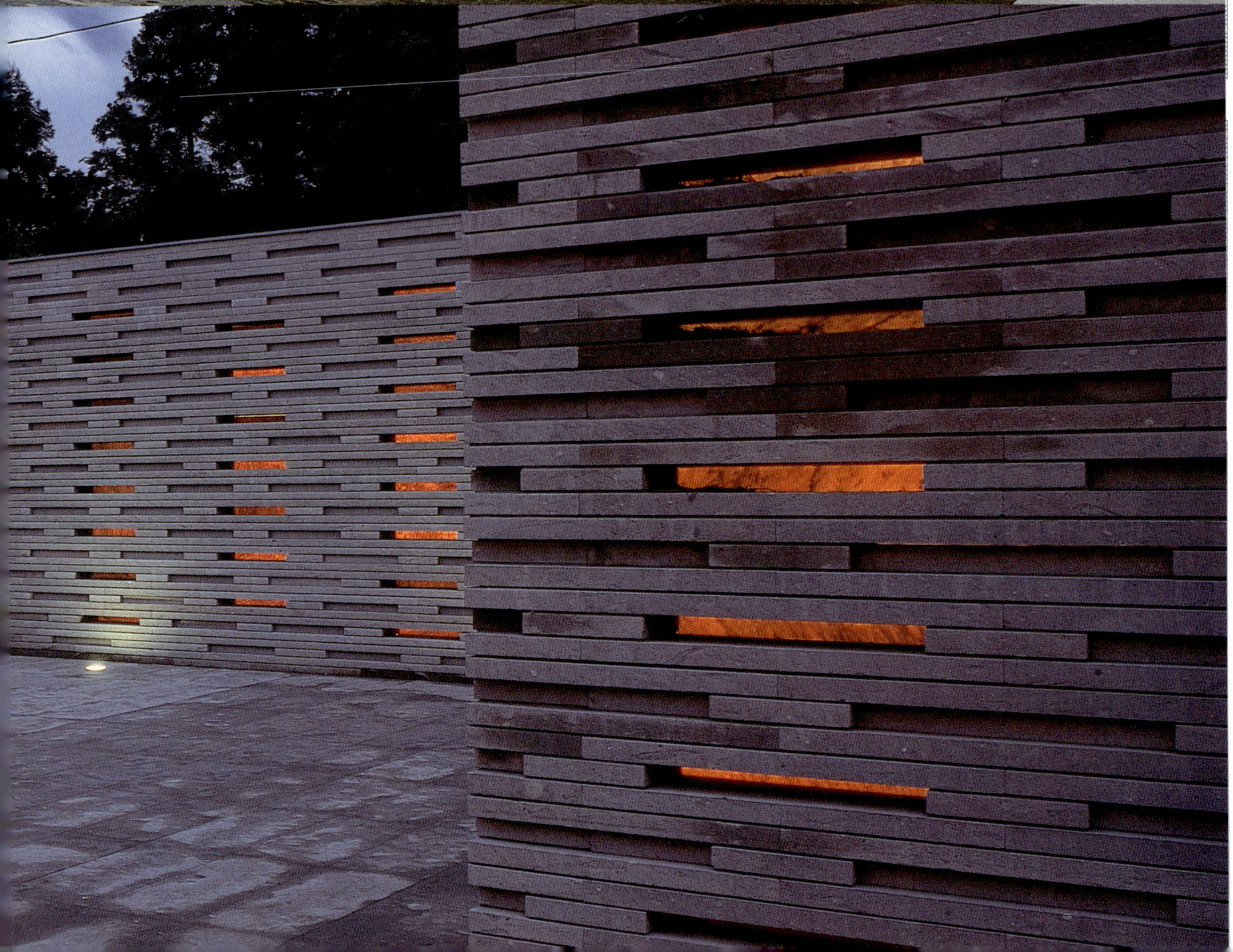

■ ヴォイド　▭ 面落ち　▭ 芦野石

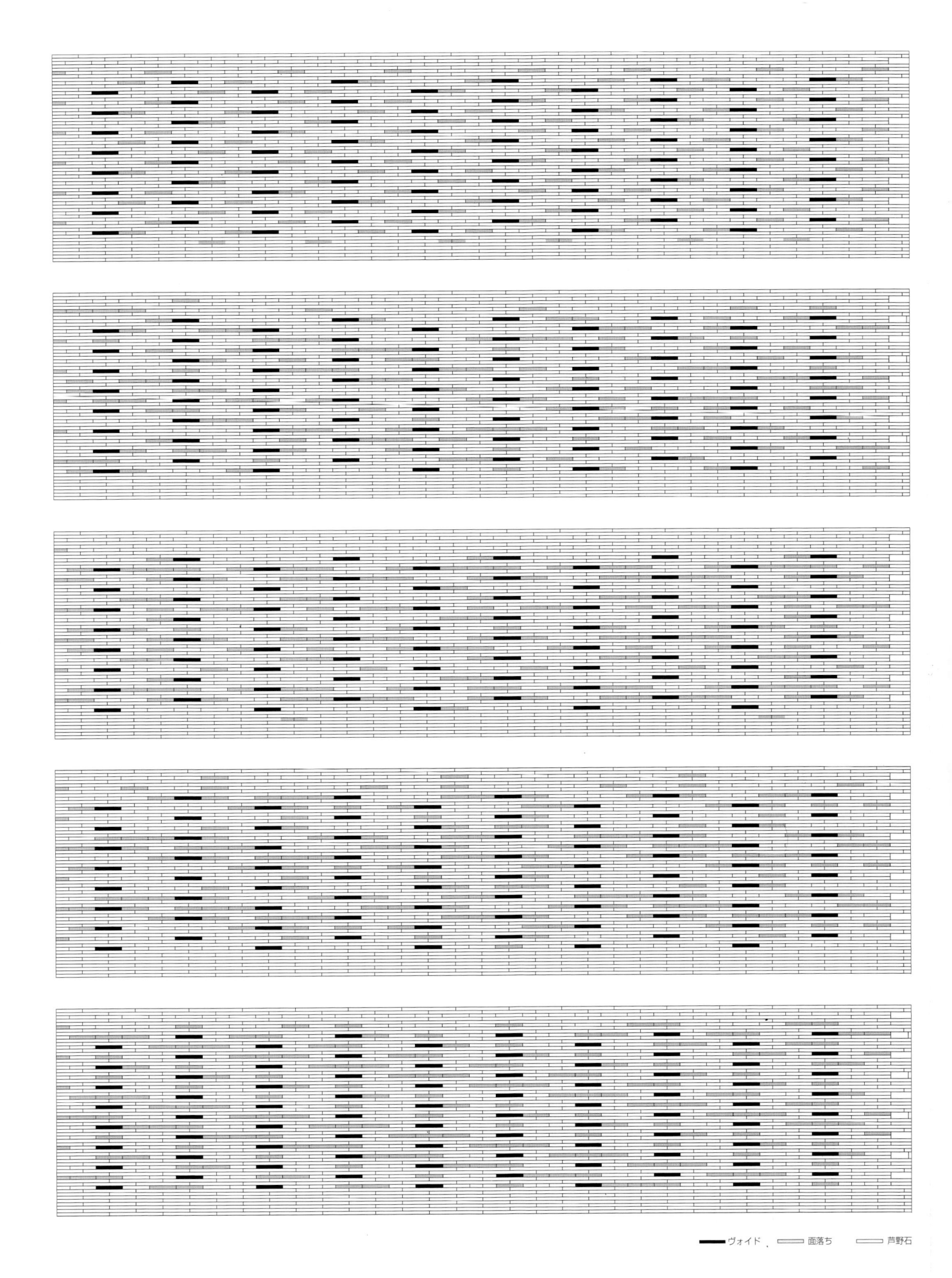

石積みスタディー

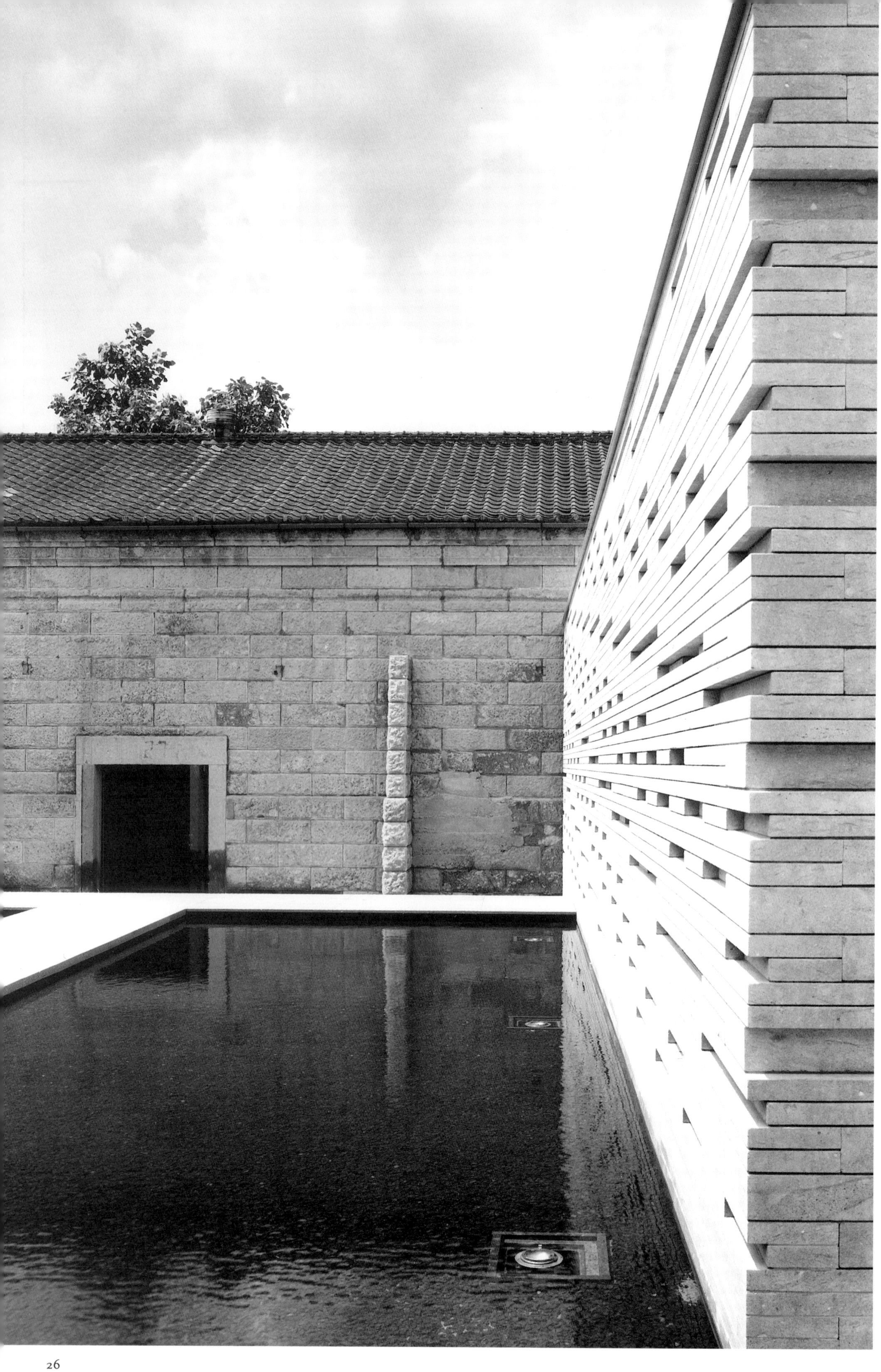

ポーラスな組積造の積み方のパターンは、面によって切り替えている。面と面の表現を出隅を境にしてスパッと切り替える手法を、最近多用している。ものは物体（オブジェクト）という塊としてではなく、異なる面の集合としてわれわれに対して現象すると感じるからである。無理にそれを塊の集合体として整理しようとするのが、近代に特有な「図式化」とか「抽象」と呼ばれる脳の活動である。クラシシズムもモダニズムも、建築という活動そのものの中に、図式化、抽象への欲望が潜んでいた。そこから自由になりたくて塊を面に解体しようとするわけだが、これが意外に難しい。ガラスとコンクリートを出隅で切り替えるのも難しいが、今回は50mm厚で積んでいた石を、突然、出隅で100mm厚のものに切り替えようとしたものだから、とんでもなく複雑な石の加工が必要になった。意識の上では出隅を境に面と面とは完全に違ったものとして認識されるが、物質は連続してつながっているからである。意識と実体とのずれ。これは人間の悲劇とすら呼んでいいほど深い問題であるが、それを解く意気込みで出隅のディテールの処理に長時間を費やした。

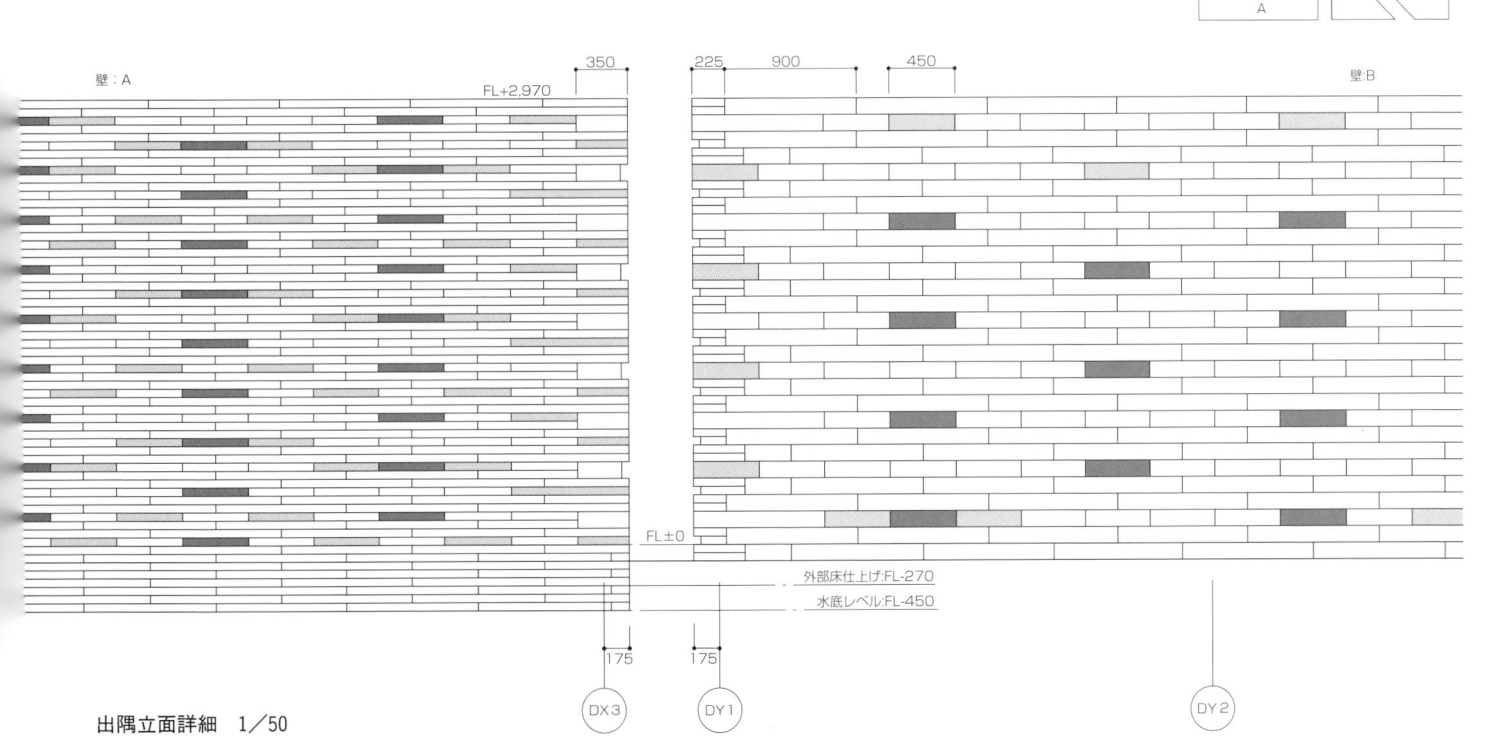

出隅立面詳細　1/50

ポーラスな組積造の穴の部分に、薄い大理石をはめ込んだ。さまざまな石種を試したが、6mm厚のビアンコ・カラーラが一番きれいに光を通した。昔、ローマ人はガラスがまだ高価であったため、この手法によってローマ風呂の採光を確保した。光が粒子状に粉砕されて室内に導入される状態は、既成のサッシュやガラスを用いている限りはなかなか難しい。

石壁断面詳細　1/15

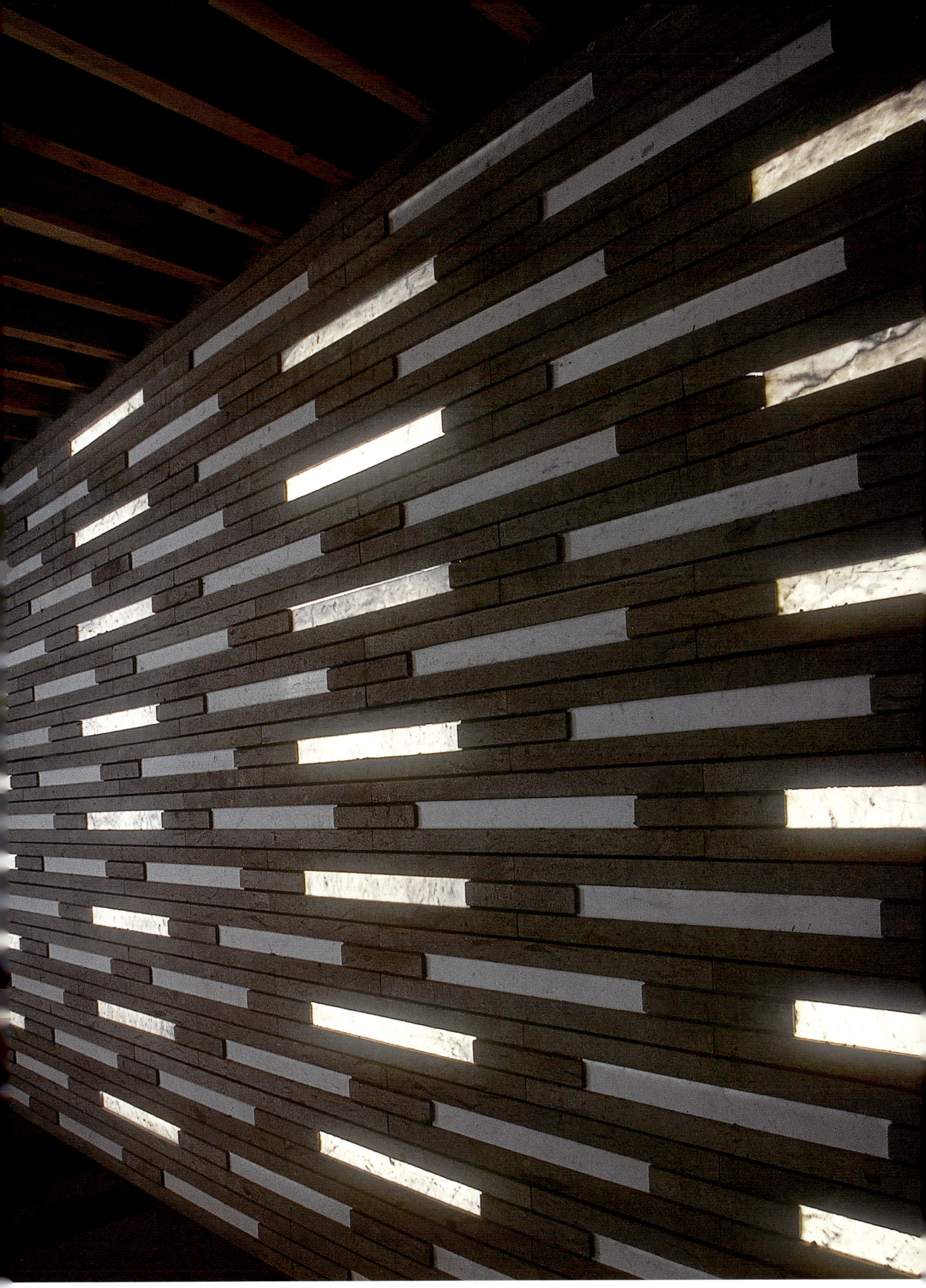

馬頭町広重美術館 | 木

1998.5-2000.3

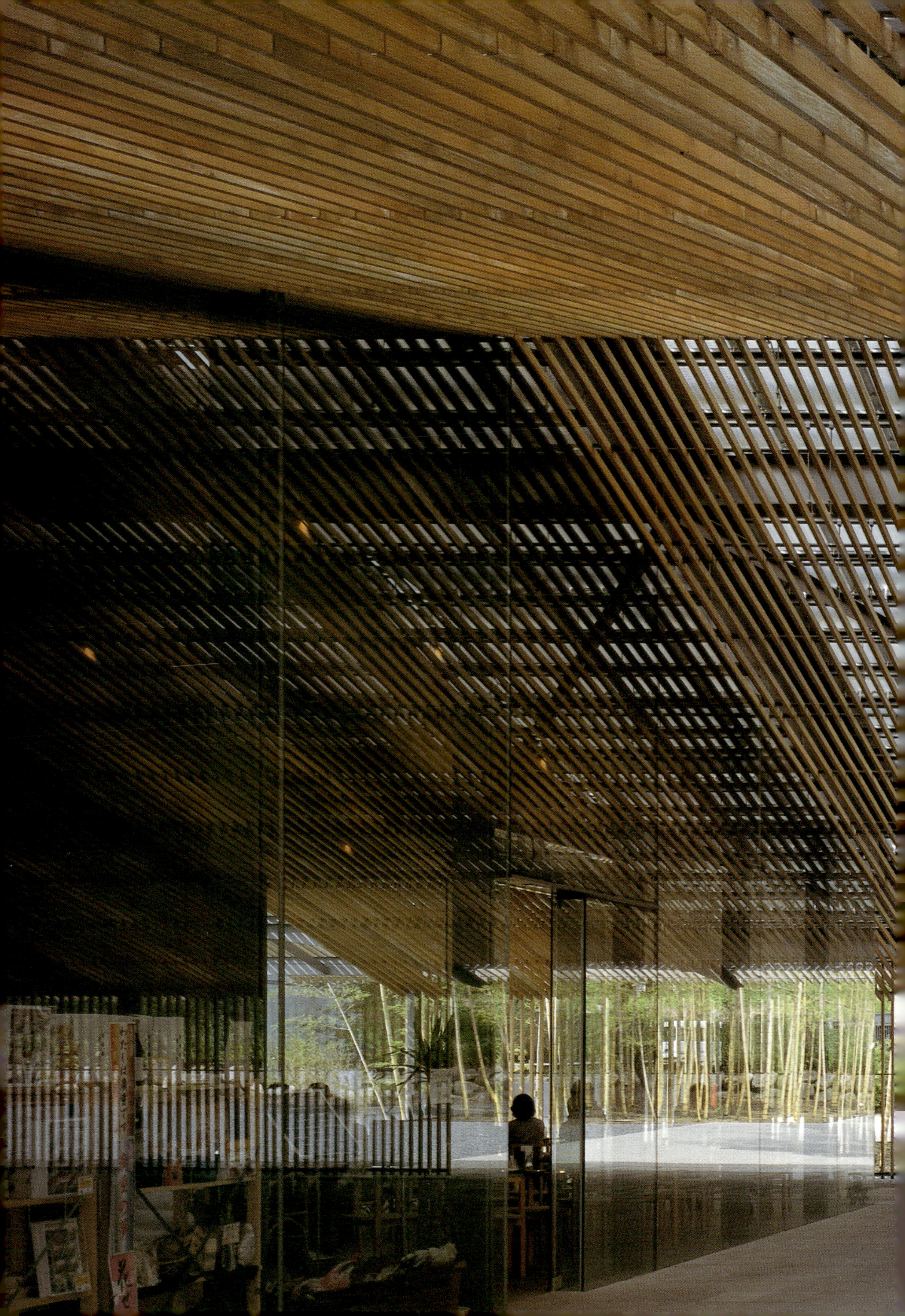

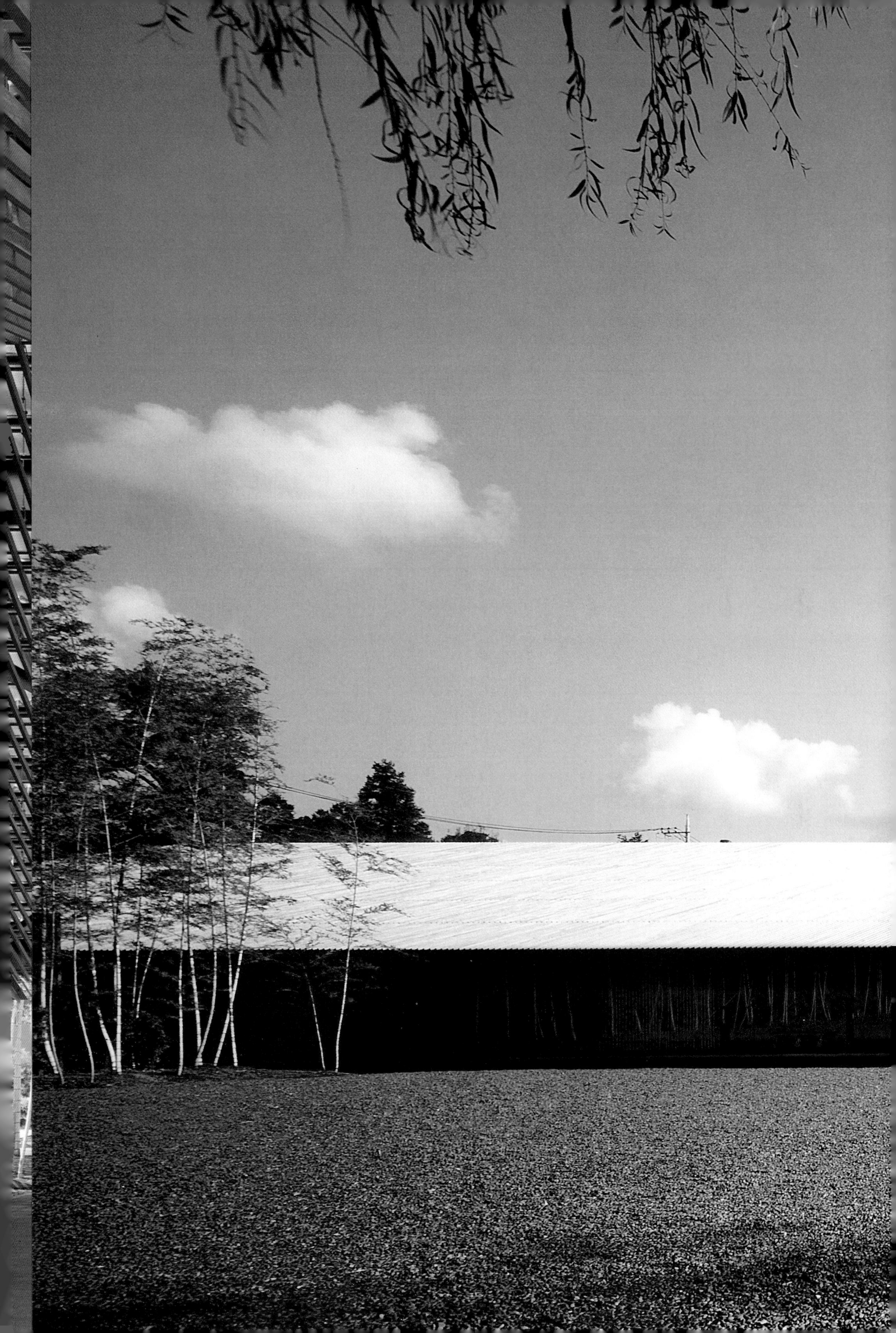

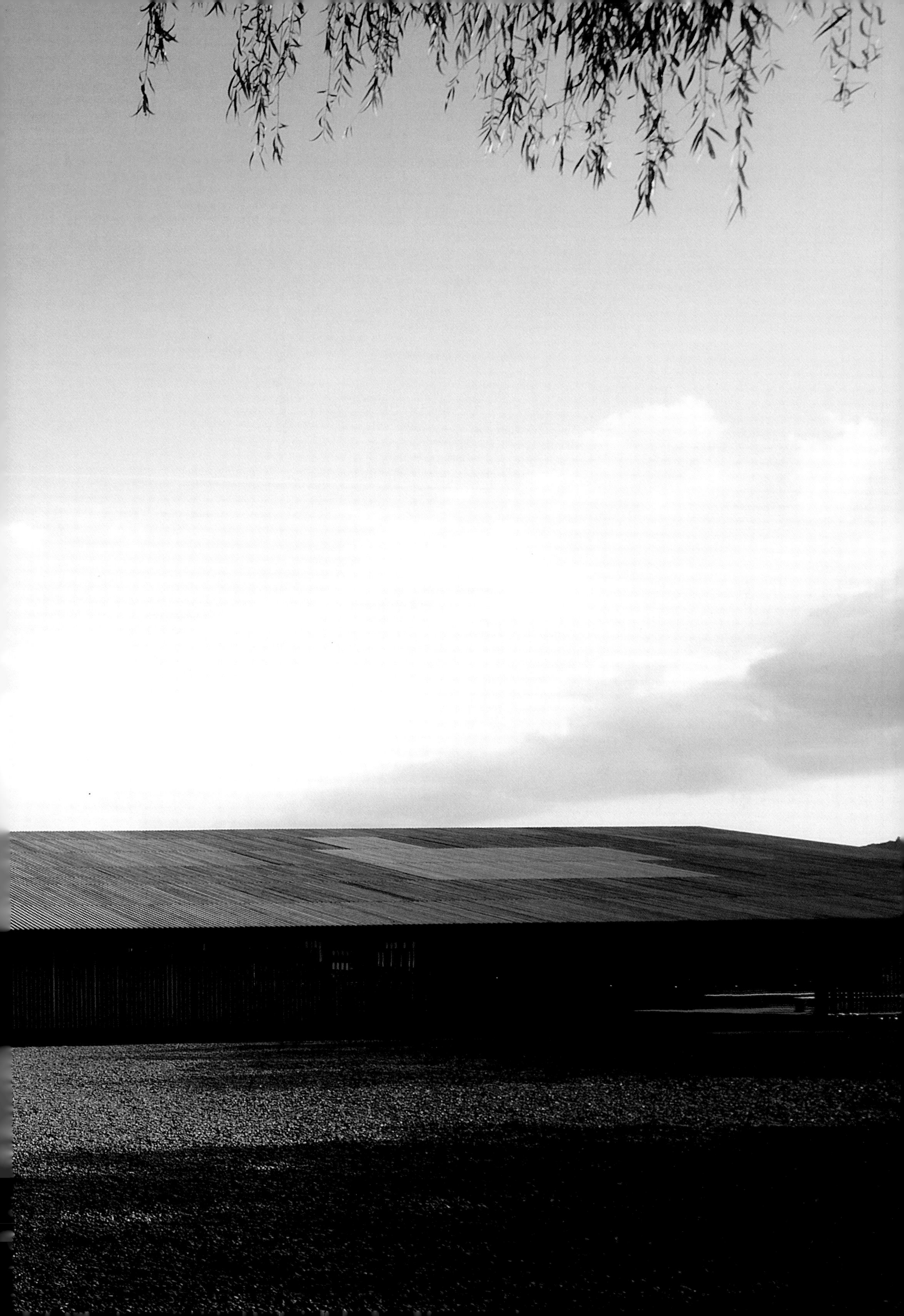

配置　1／2500

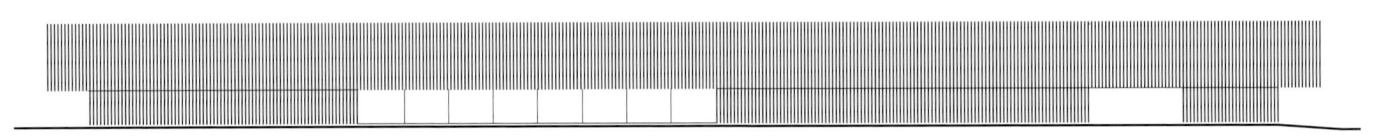

北立面　1／500

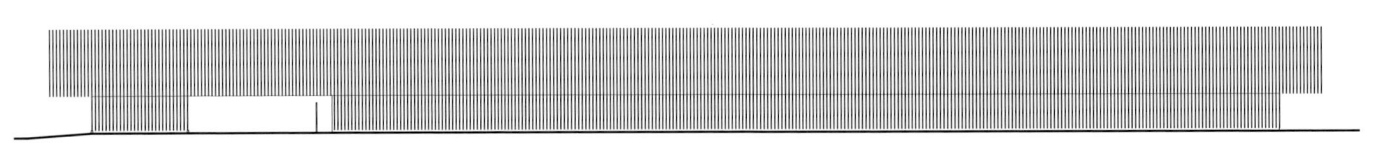

南立面

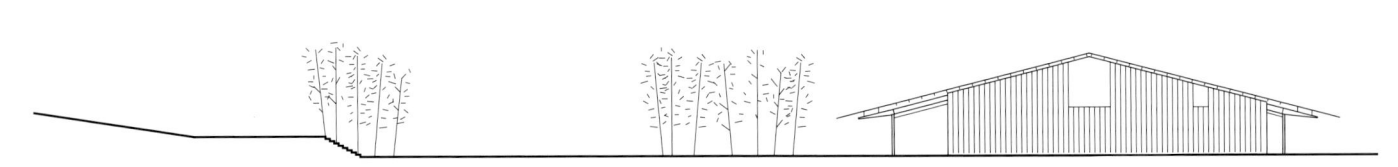

西立面

平面　1/500

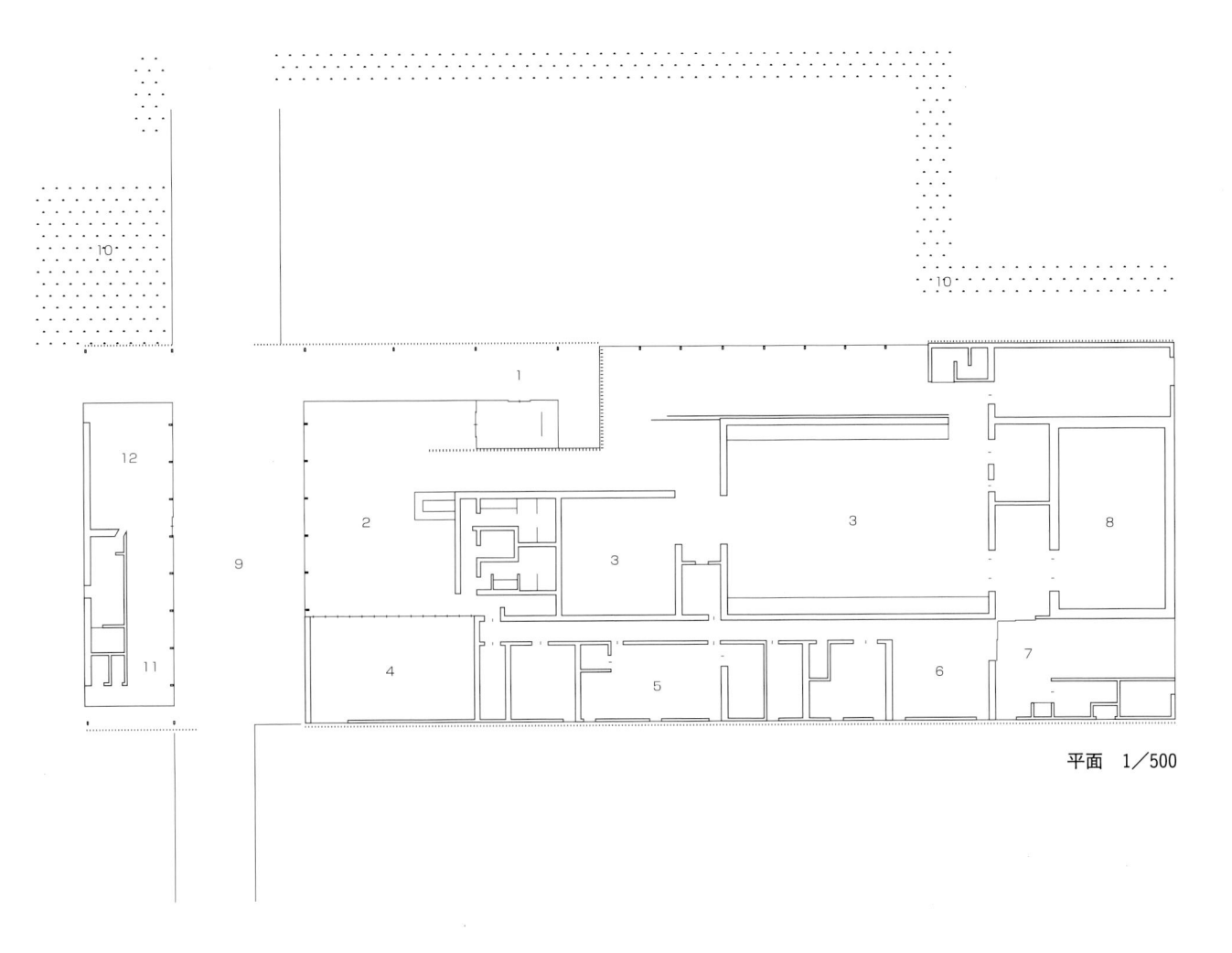

1　エントランス
2　エントランスホール
3　展示室
4　視聴覚研修室
5　事務室
6　展示準備室
7　荷解室
8　収蔵庫
9　屋外通路
10　金明孟宗竹
11　ショップ
12　レストラン

　安藤広重の肉筆画で知られる青木コレクションの公開と、地域文化の発信の核となることを目的としてつくられたシビック・コア型の美術館。

　八溝杉（やみぞすぎ）、烏山和紙、芦野石などの地元産の自然素材が各所に用いられているが、特に屋根、外壁に八溝杉でつくられたルーバーを用いるために、さまざまな工夫を行った。

　広重の空間の特徴は、その多層性にある。奥行きの薄い空間が幾重にも重層する彼の絵画空間は、西欧流の遠近法とは全く違う方法で、三次元を二次元へと還元する。特に雨や霧などの形の曖昧な自然現象というエレメントを用いて重層的空間を表現した。この方法は、印象派以降の近代絵画に多大な影響を与えた。特に垂直方向に引かれた無数の直線の束として描かれた雨を用いて空間の重層を表現する方法は、ゴッホにも強い影響を与えたほどである。その方法を八溝杉でつくられた垂直ルーバーによって建築的に展開することを目的としてさまざまなディテールを生産していった。

　まず八溝杉をいかに火と劣化から守るかが課題となった。杉に遠赤外線処理を施して内部の導管の弁である壁孔壁を除去し、その上で防腐剤、防火剤を浸透させる方法を採用した。これによって準不燃相当という燃焼実験結果を得ることができ、建築基準法第22条地域内で木製の屋根の使用が可能となった。この方法を使用すると、杉の表面のテクスチャーもほとんど変わらないため、無処理の杉材と見誤った人たちから「いつこの上に瓦屋根を葺くんですか」という質問をたびたび受けた。

　またこの方法を用いると、壁孔壁の除去によって、杉の角材の中に生じるストレスが解放されるため、取り付け後の湿度や温度の変化によってもソリ、ねじれが生じないという利点があることもわかった。屋根に載せられた無垢の細い杉の角材（30mm×60mm）にほとんどソリもねじれも生じていないのは、この処理の結果である。

　このような処理方法が普及すれば外材に圧されて、伐採されることもなく荒れていく一方の日本の杉山が、再び良好な循環システムを取り戻すことも夢ではないように思われる。

短手断面　1/50

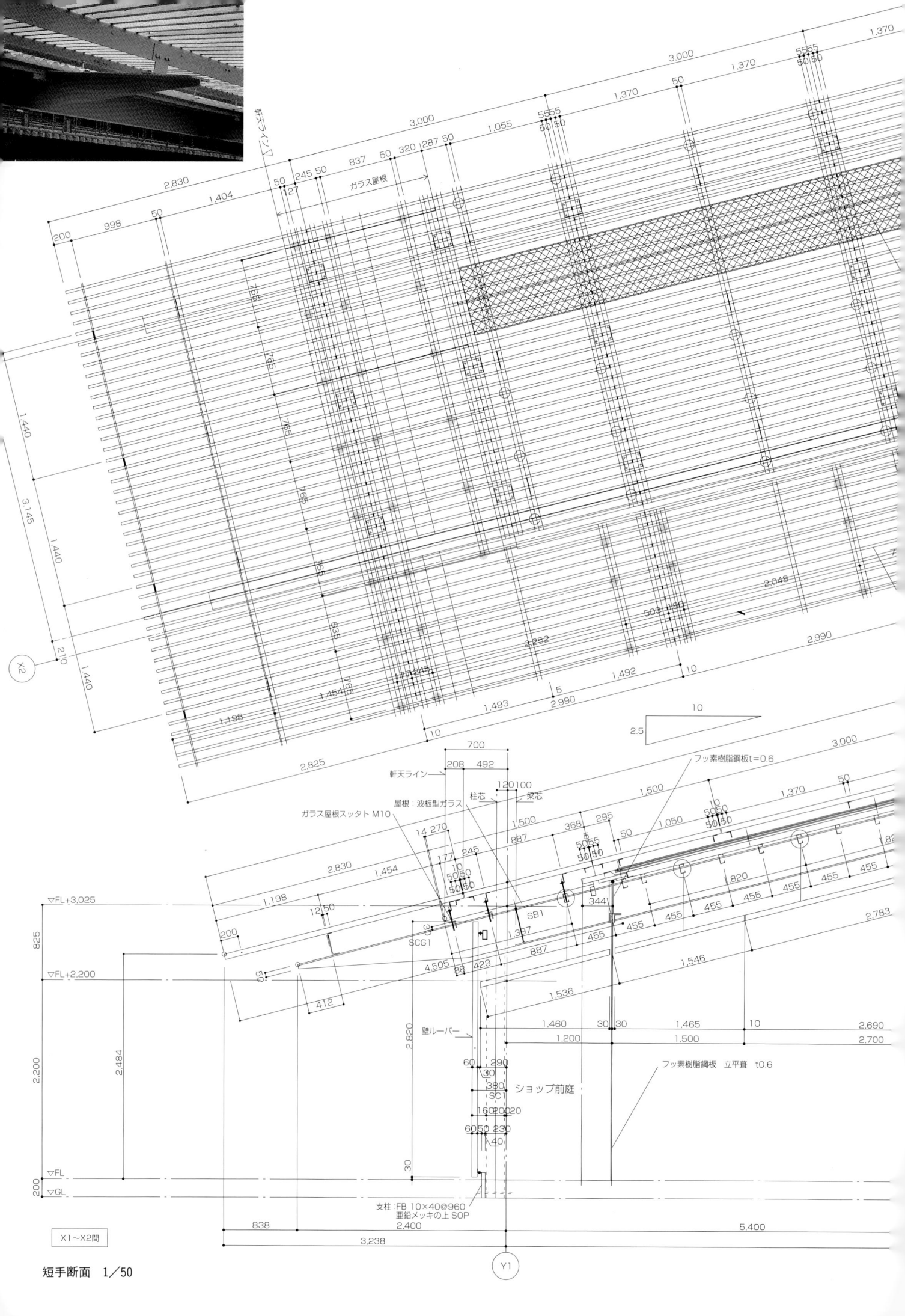

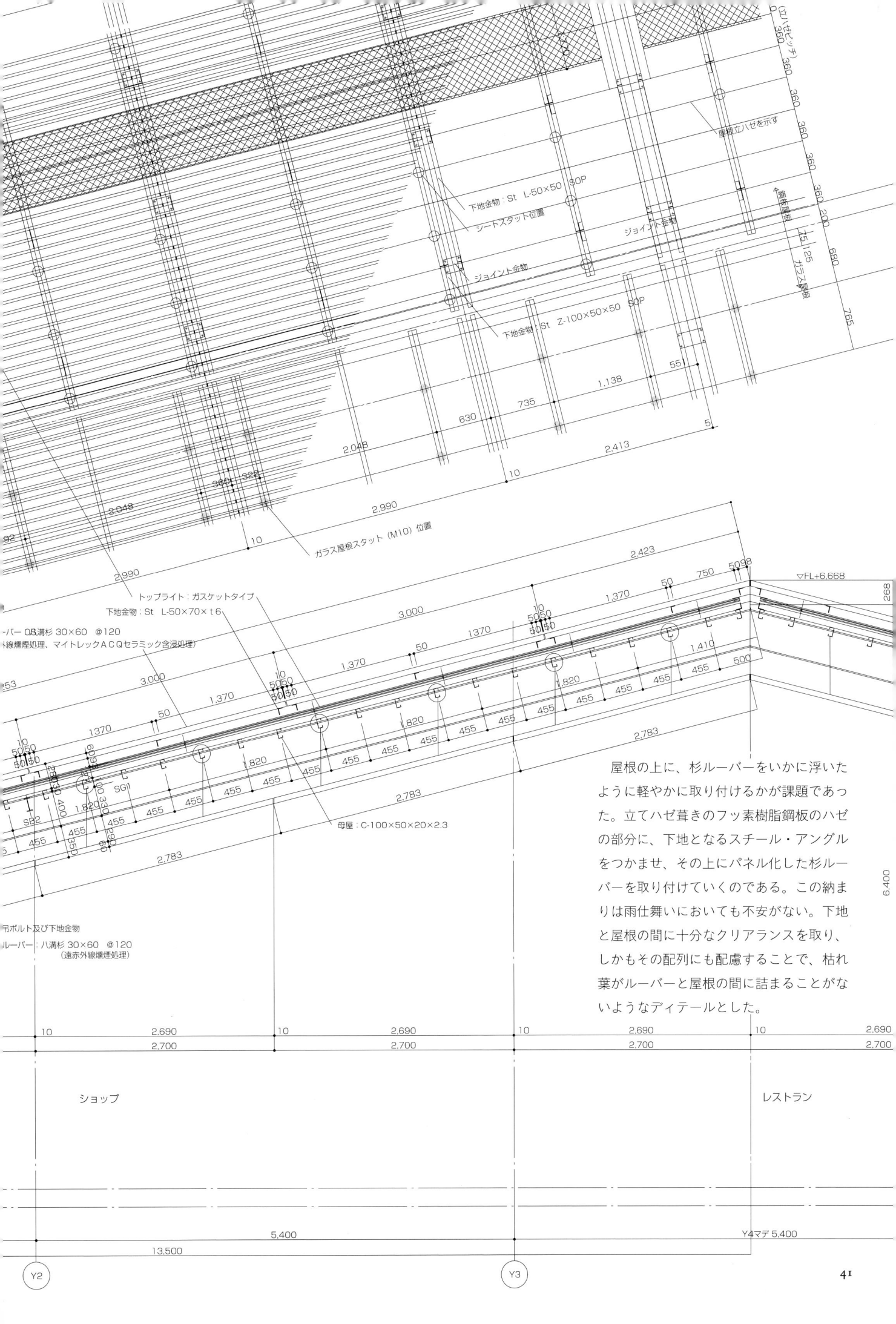

屋根の上に、杉ルーバーをいかに浮いたように軽やかに取り付けるかが課題であった。立てハゼ葺きのフッ素樹脂鋼板のハゼの部分に、下地となるスチール・アングルをつかませ、その上にパネル化した杉ルーバーを取り付けていくのである。この納まりは雨仕舞いにおいても不安がない。下地と屋根の間に十分なクリアランスを取り、しかもその配列にも配慮することで、枯れ葉がルーバーと屋根の間に詰まることがないようなディテールとした。

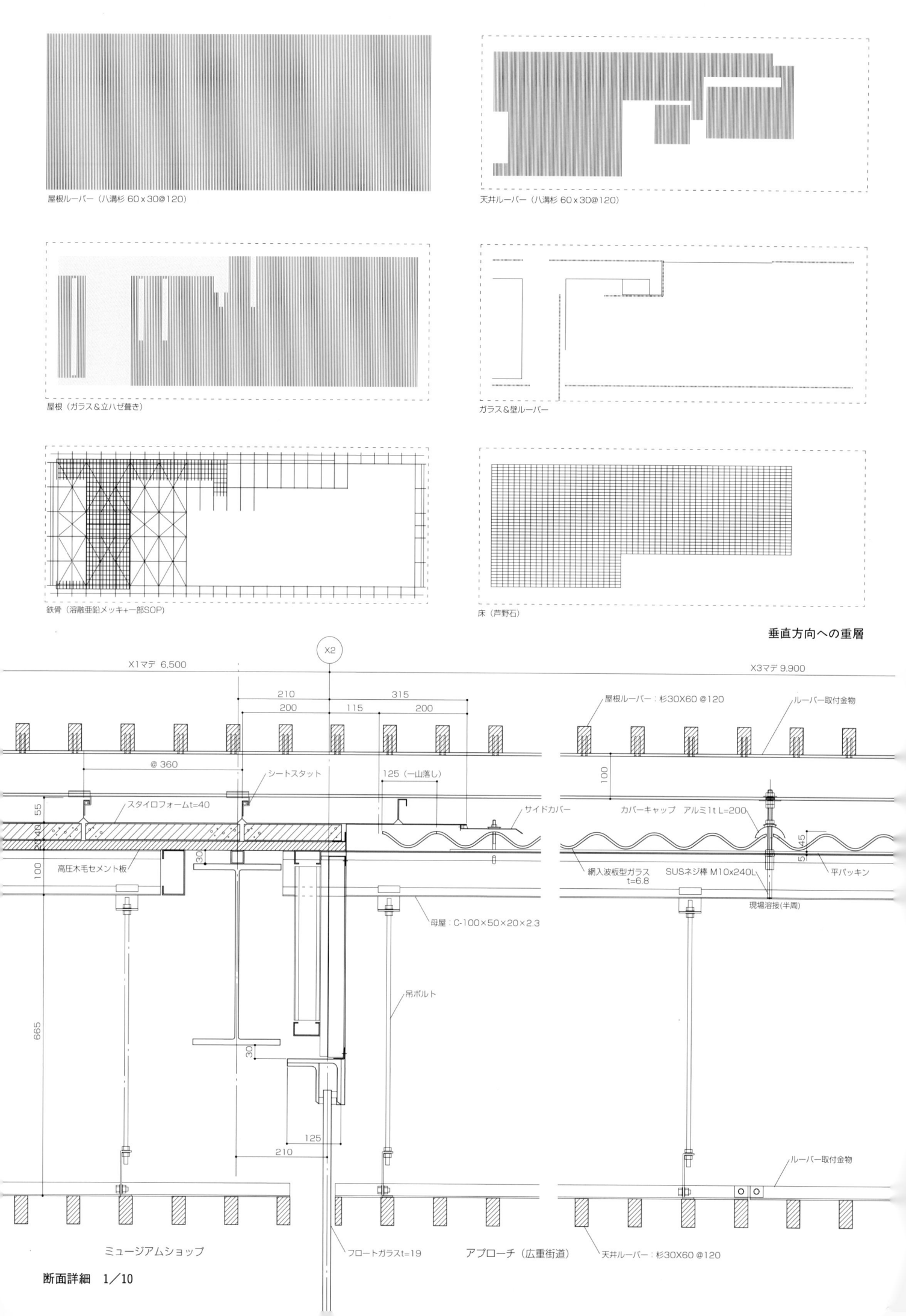

屋根ルーバー（八溝杉 60×30@120）

天井ルーバー（八溝杉 60×30@120）

屋根（ガラス＆立ハゼ葺き）

ガラス＆壁ルーバー

鉄骨（溶融亜鉛メッキ＋一部SOP）

床（芦野石）

**垂直方向への重層**

X1マデ 6,500
X3マデ 9,900

210 / 315
200 / 115 / 200

屋根ルーバー：杉30×60 @120
ルーバー取付金物

@360
シートスタット
125（一山落し）
サイドカバー
カバーキャップ アルミ1t L=200

スタイロフォームt=40
高圧木毛セメント板
網入波板型ガラス t=6.8
SUSネジ棒 M10×240L
平パッキン
現場溶接（半周）

母屋 C-100×50×20×2.3

吊ボルト

665

125
210

ルーバー取付金物

ミュージアムショップ
フロートガラスt=19
アプローチ（広重街道）
天井ルーバー：杉30×60 @120

断面詳細 1/10

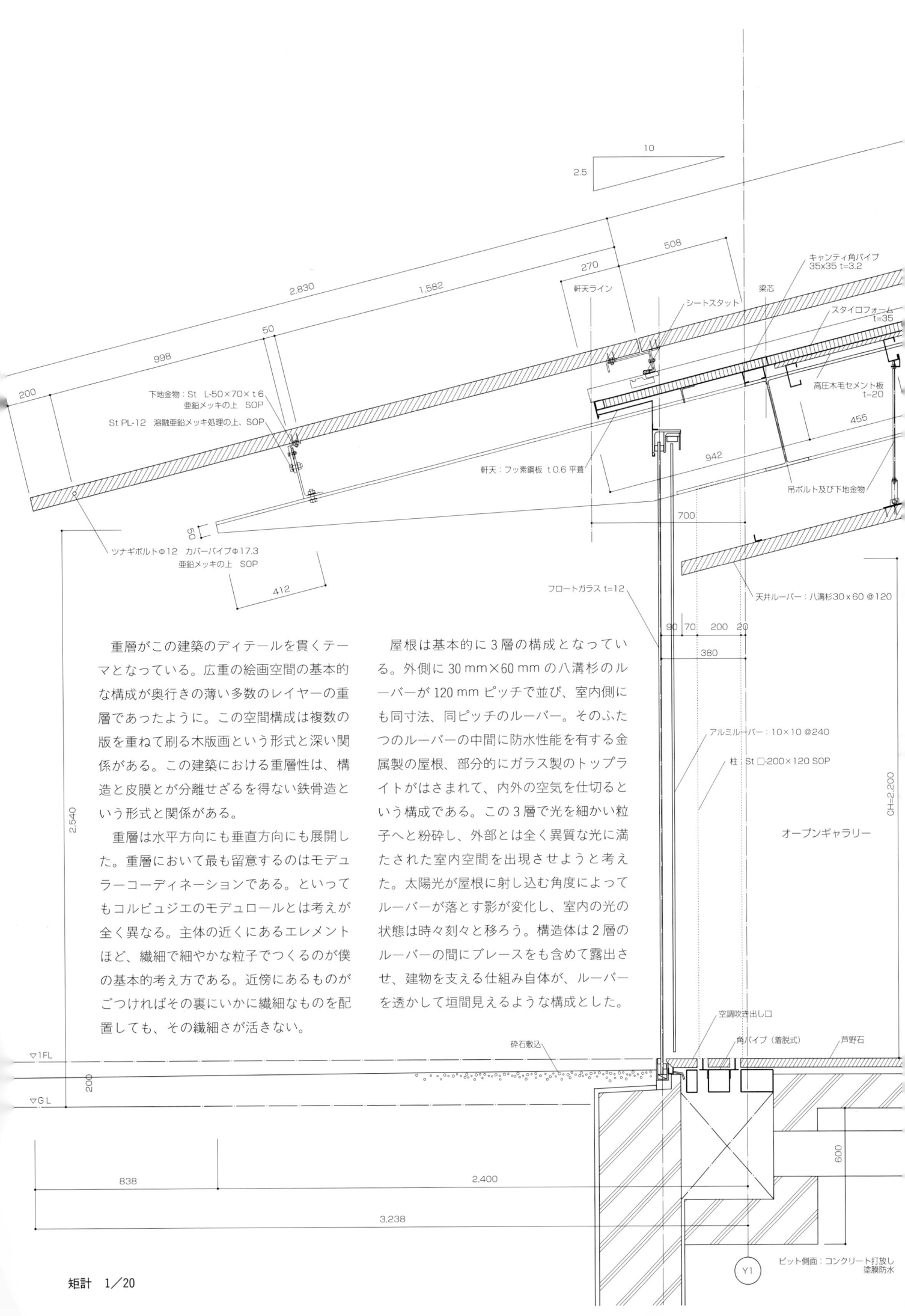

重層がこの建築のディテールを貫くテーマとなっている。広重の絵画空間の基本的な構成が奥行きの薄い多数のレイヤーの重層であったように。この空間構成は複数の版を重ねて刷る木版画という形式と深い関係がある。この建築における重層性は、構造と皮膜とが分離せざるを得ない鉄骨造という形式と関係がある。

重層は水平方向にも垂直方向にも展開した。重層において最も留意するのはモデュラーコーディネーションである。といってもコルビュジエのモデュロールとは考えが全く異なる。主体の近くにあるエレメントほど、繊細で細やかな粒子でつくるのが僕の基本的考え方である。近傍にあるものがごつければその裏にいかに繊細なものを配置しても、その繊細さが活きない。

屋根は基本的に3層の構成となっている。外側に30 mm×60 mmの八溝杉のルーバーが120 mmピッチで並び、室内側にも同寸法、同ピッチのルーバー。そのふたつのルーバーの中間に防水性能を有する金属製の屋根、部分的にガラス製のトップライトがはさまれて、内外の空気を仕切るという構成である。この3層で光を細かい粒子へと粉砕し、外部とは全く異質な光に満たされた室内空間を出現させようと考えた。太陽光が屋根に射し込む角度によってルーバーが落とす影が変化し、室内の光の状態は時々刻々と移ろう。構造体は2層のルーバーの間にブレースをも含めて露出させ、建物を支える仕組み自体が、ルーバーを透かして垣間見えるような構成とした。

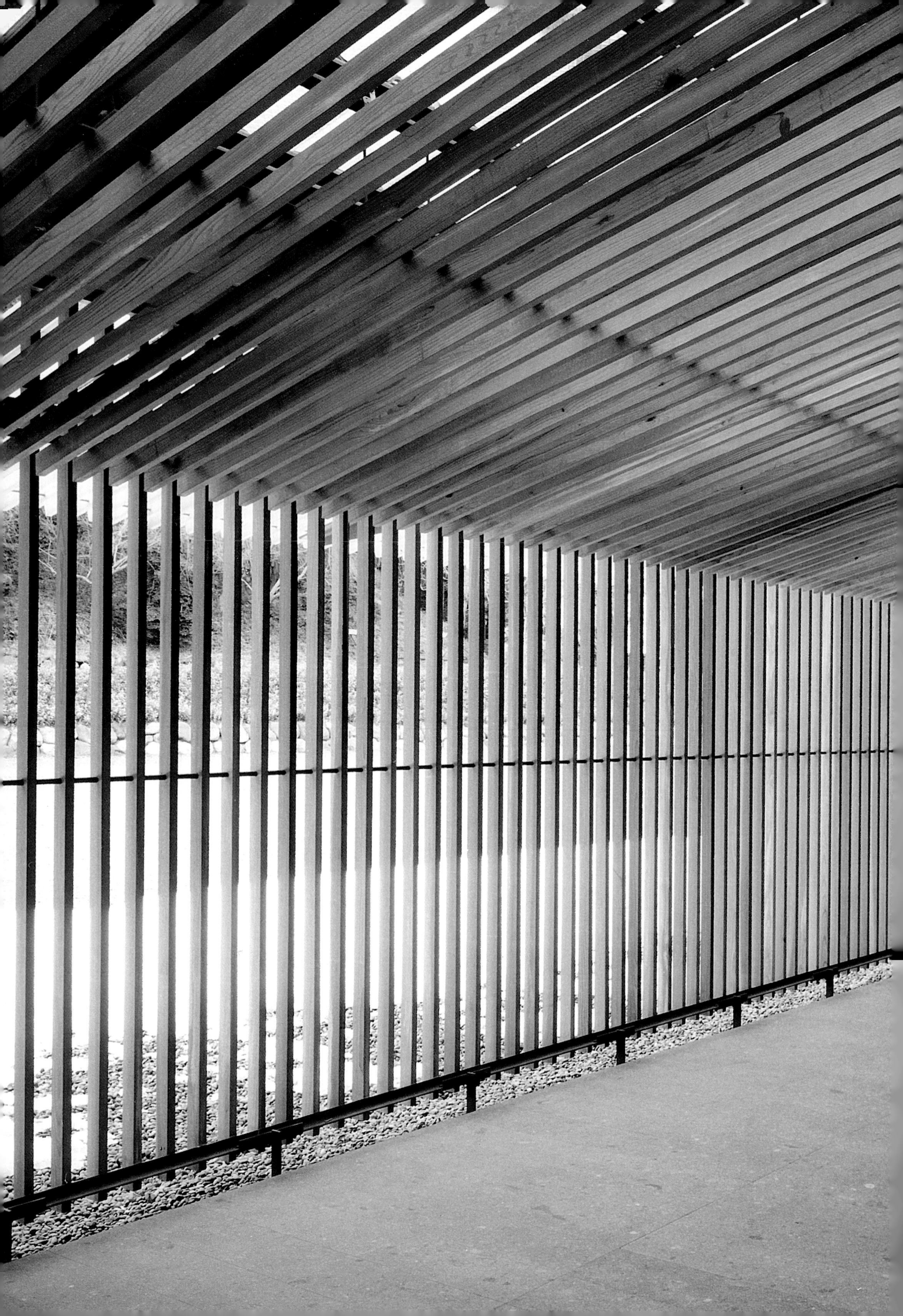

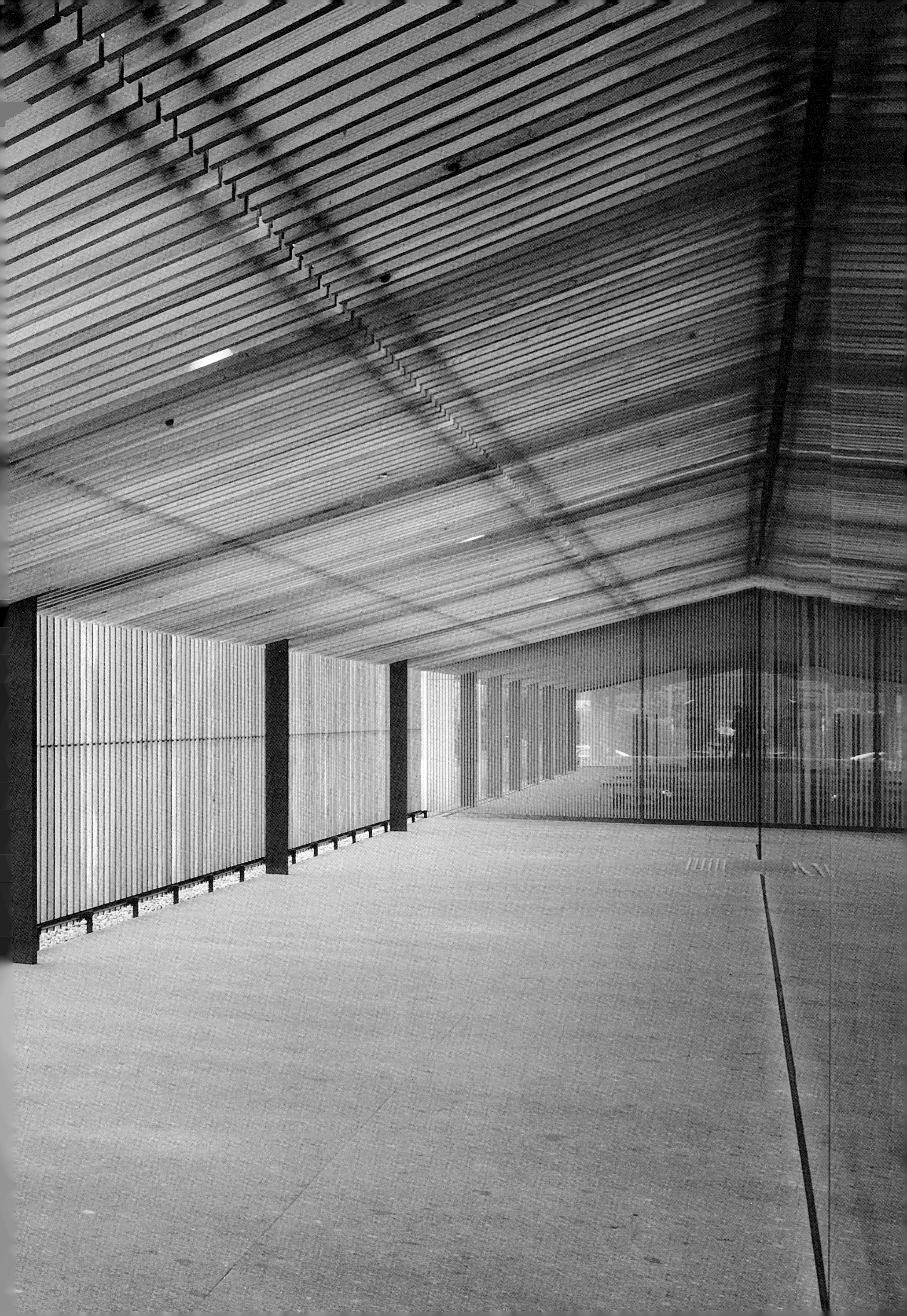

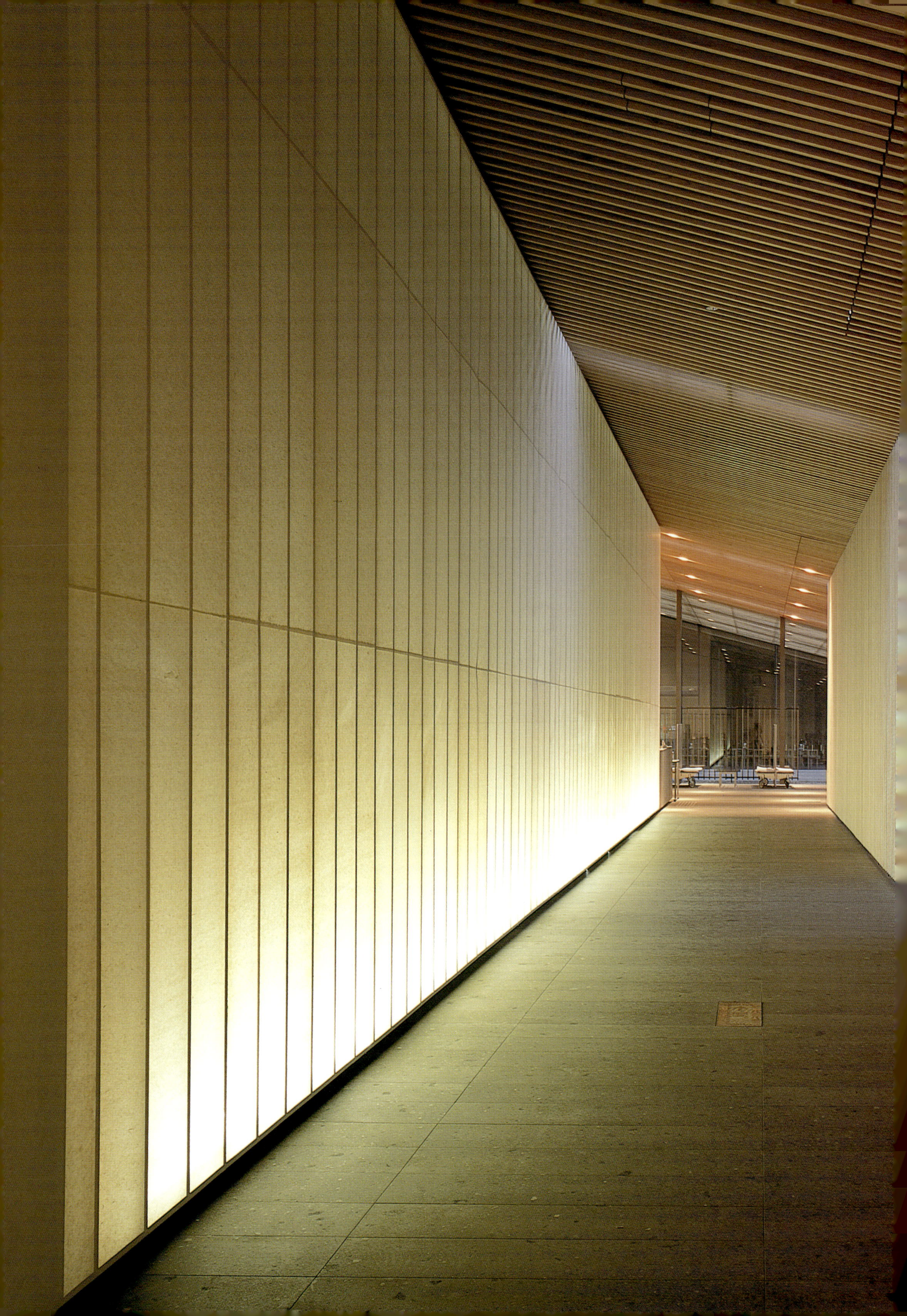

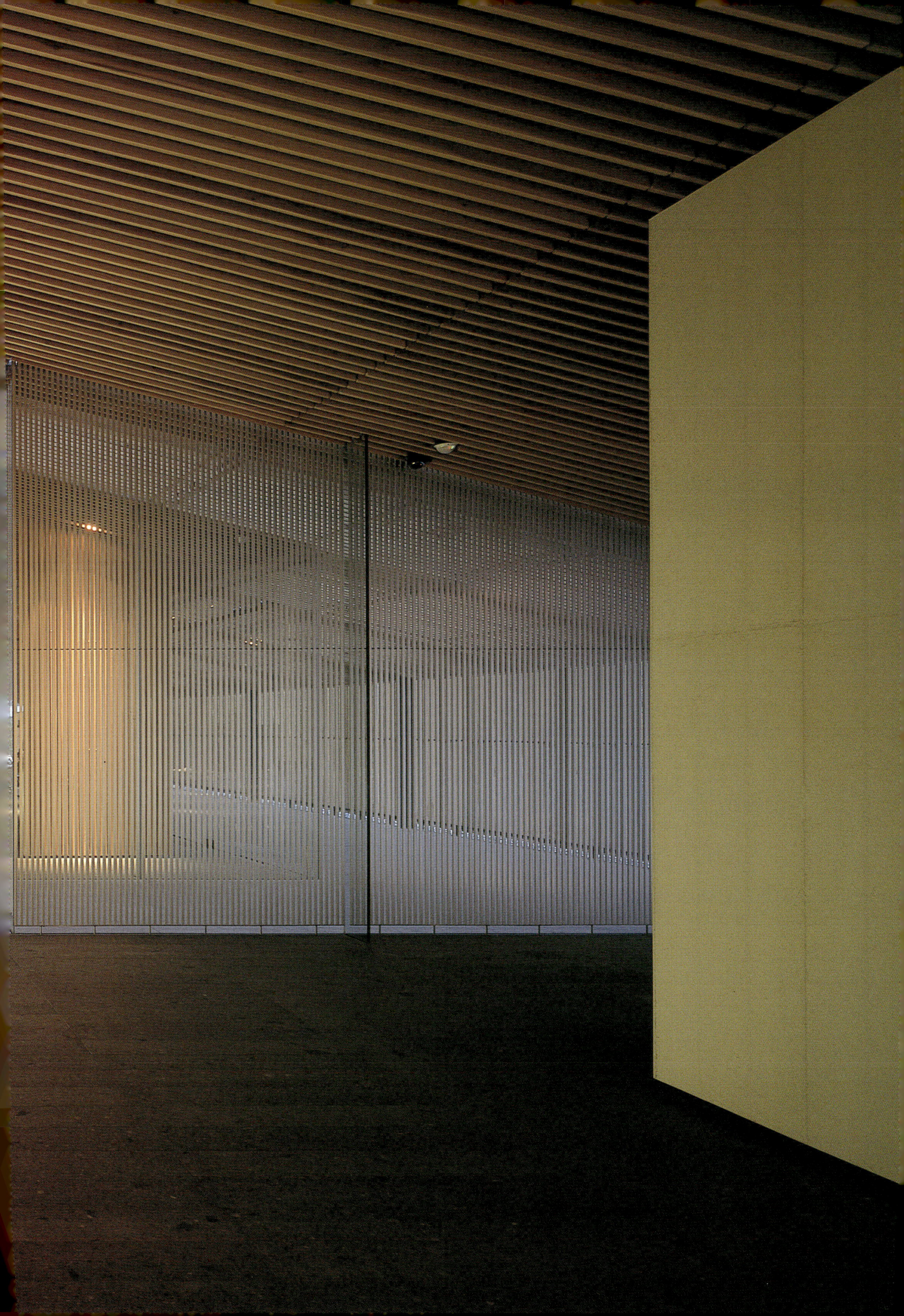

建築の中央部に位置する展示室の壁面は、和紙の光壁となっている。構造的、機能的必要から生まれたマッシブなコアの重量感を、光壁をつくることで消去しようと考えた。その結果、外周部の杉ルーバーの後ろ側に光が存在するという状態が、外部、室内どちら側の観察者に対しても出現する。可能な限り逆光の状態でルーバーを体験させようという考え方を中心として、照明計画だけではなく、平面計画、配置計画までをも行ったわけである。

　光壁は地場産の烏山和紙貼りとなっているが、その背後にソフトタイプのワーロン紙を貼ることで強度を高めている。後ろ側にアクリルを貼れば強度は万全だが、さわったときに固い質感があると和紙にした意味がないと考えた。触覚をも含めての素材である。

　木製フレームは縦の線だけを見せたかったので、横方向のつなぎ材は透明なアクリル製として、下部の照明からの光が壁の上方へと障害なく伸び上がる納まりとした。

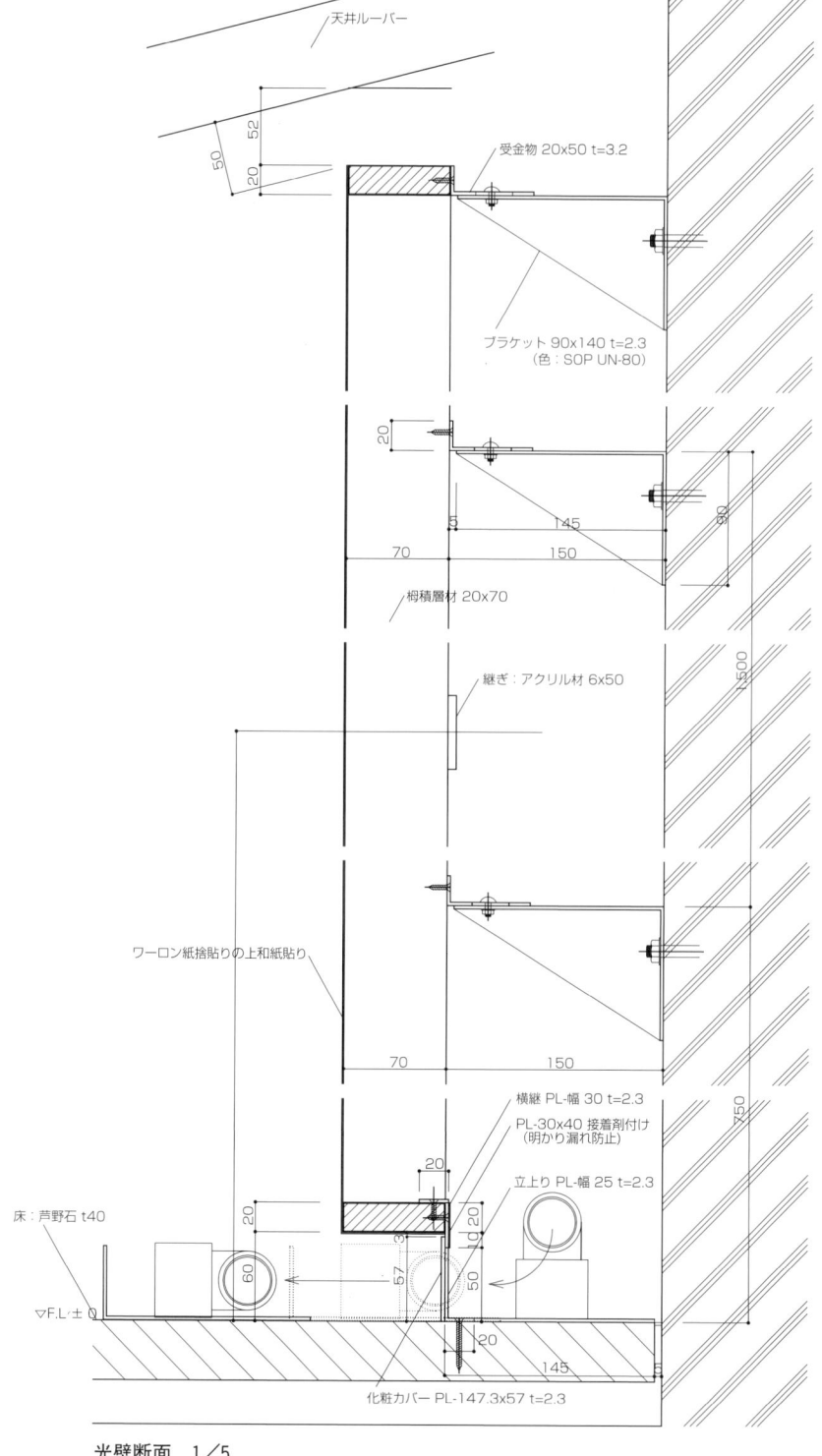

光壁断面　1/5

家具正面　1/20

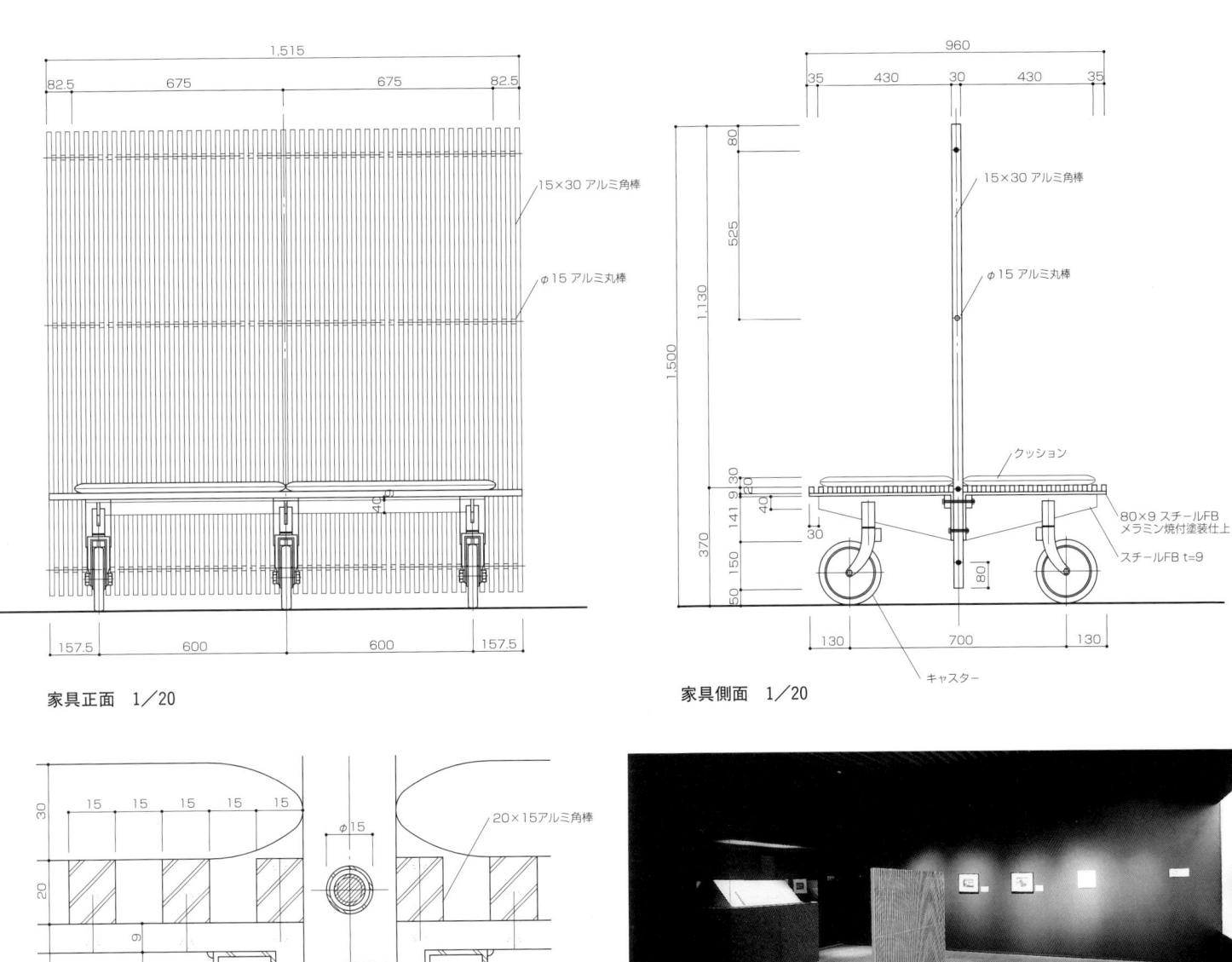

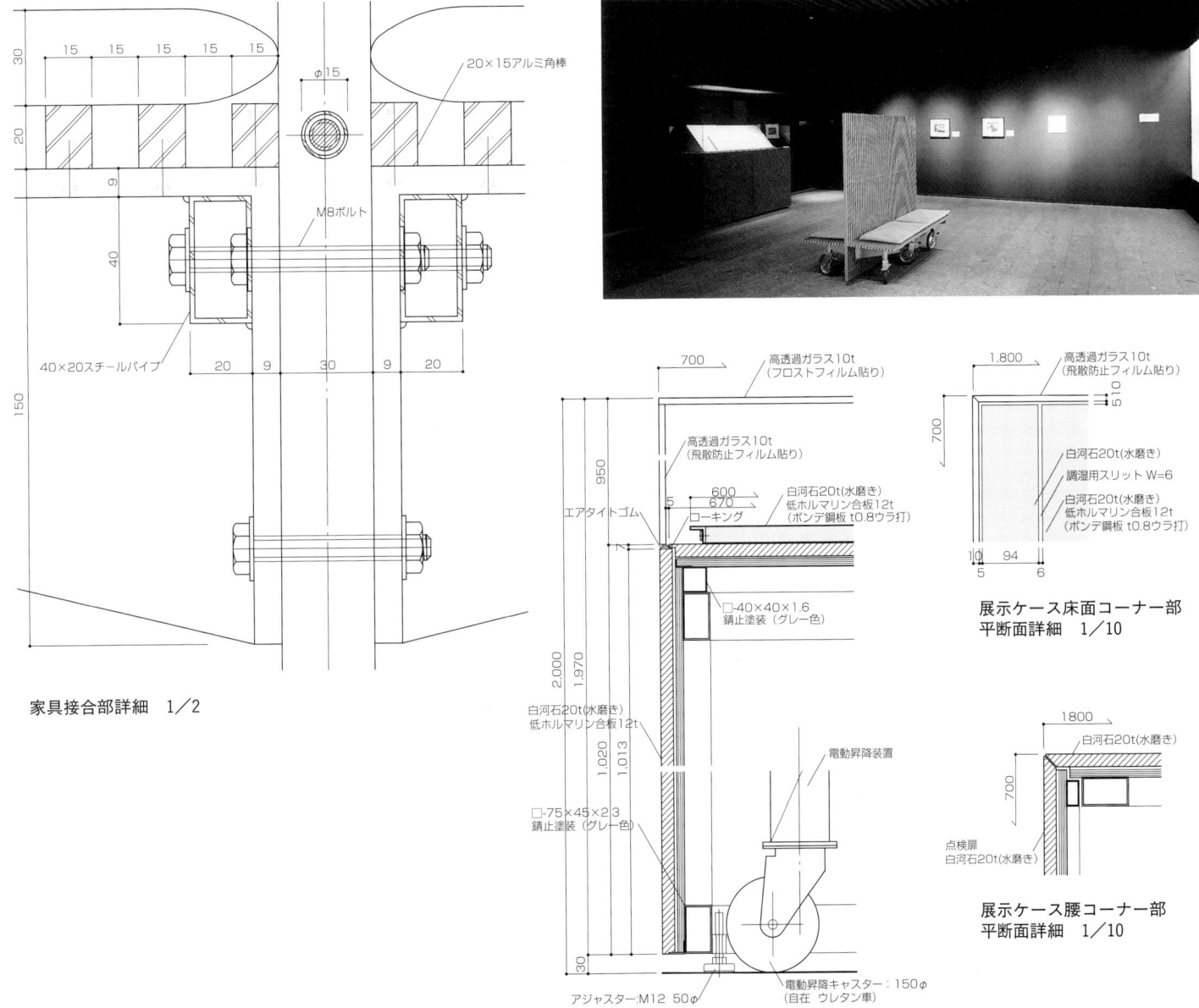

家具側面　1/20

家具接合部詳細　1/2

展示ケース断面詳細　1/10

展示ケース床面コーナー部
平断面詳細　1/10

展示ケース腰コーナー部
平断面詳細　1/10

那須歴史探訪館 | わら

1999.1–2000.6

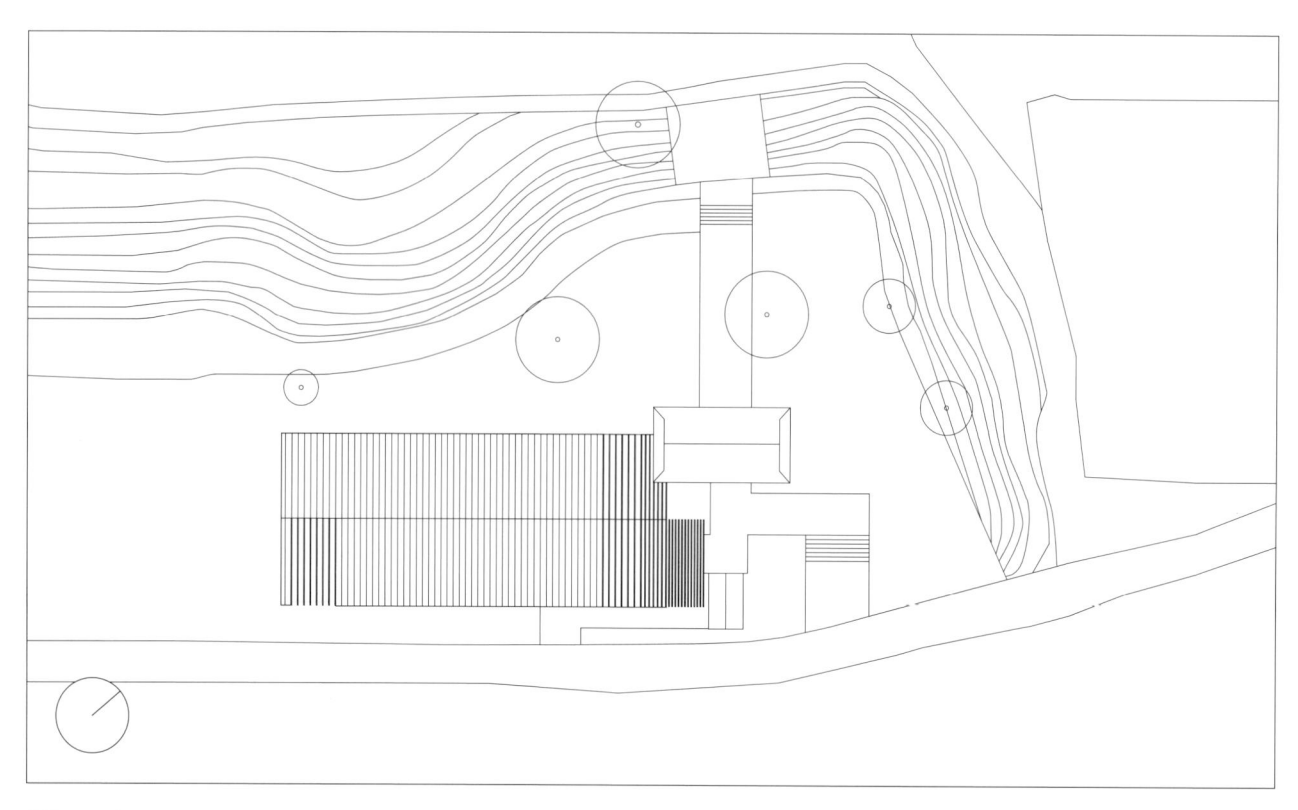

配置 1/700

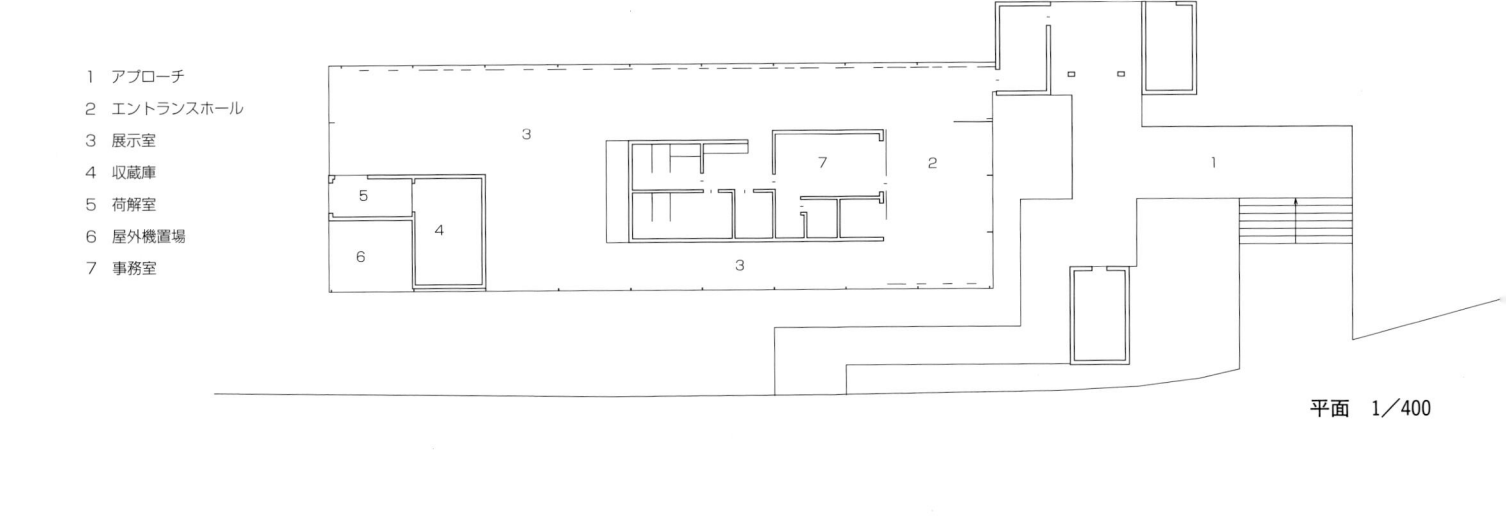

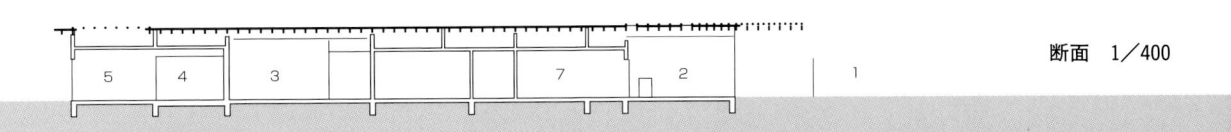

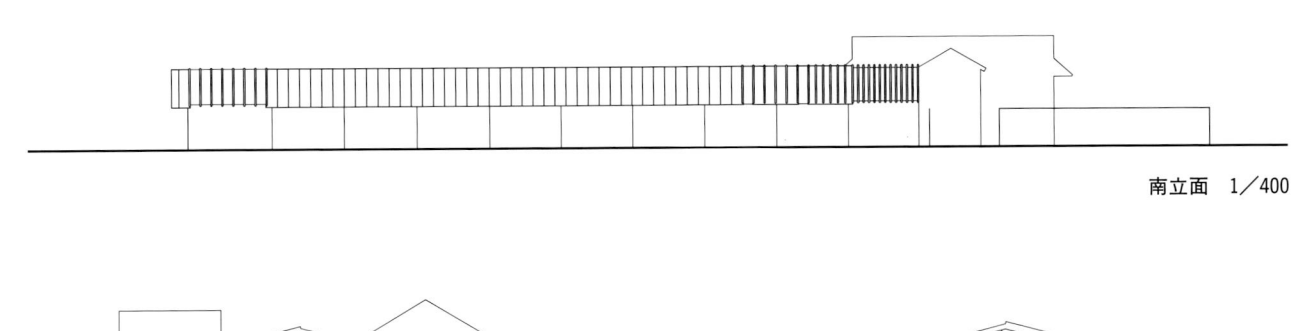

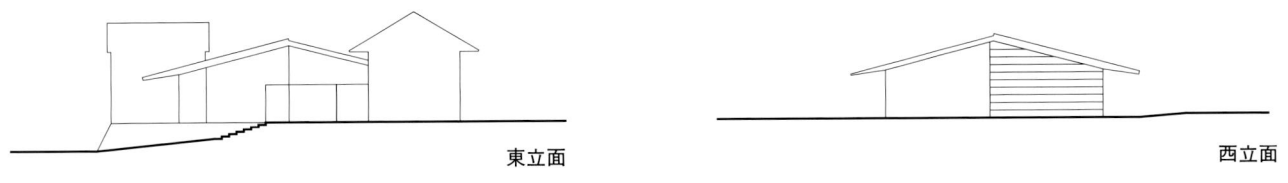

1　アプローチ
2　エントランスホール
3　展示室
4　収蔵庫
5　荷解室
6　屋外機置場
7　事務室

平面　1/400

断面　1/400

南立面　1/400

東立面　　　　　西立面

　旧奥州街道の芦野の宿。旧山田邸であった敷地は小高い丘の上にあって、南には芦野の美田を一望に望み、北には桜で名高い御殿山が控える。展示品よりも何よりも、この景観こそがこの地の最大の財産であると考えた。建築自体が自己の形態を主張するのではなく、周囲の環境という最高の展示物を引き立てるためのフレームのような建築のつくり方がふさわしいと考えた。来館者は町に伝わる展示物を見たり、庭や後ろの山に見とれたりしながら、のんびりと時間を過ごしてくれればいい。

　そのためには、開かれた博物館という新しい課題に挑戦しなくてはならない。中央部に事務室、収蔵庫、トイレをコアのようにして配置し、その周囲の回廊状のガラス張りの空間を展示スペースに当てるという新しい形式を解答とした。展示スペースがコンクリートで囲われた「馬頭町広重美術館」の形式を、ぐるりと表裏反転させたような形式である。切妻の単純な屋根をかけ、軒高は思い切って低くし（庇の先端で2.3m）、庇の出は深くする（2.0m）ことで、太陽光の直射を避け、回廊状の展示空間を落ち着きのある暗がりで満たそうと考えた。

　中心部のコアは、天井までコンクリートでつくられた閉じた固いボックスとし、その上に、鉄骨のフレームが載るのである。この形式はこの地方にある蔵の形式とも同型である。外周部の無垢の鉄骨は、鉛直荷重のみを負担するので、サッシュのようにスレンダーなものとなり（45mm×150mm）、外周部の透明感を増すことができた。

天井は貼らずに直天井としたかった。構造を露出させたいだけではなく、高さを抑えたローシルエットの屋根の下部に、最大限のゆったりした空間を取るには、天井懐などといった贅肉は取りたかったのである。

　そのとき、空調設備はどうなるのか。出した解答はオープンダクト方式である。コンクリートのボックスとして固めたコアの上部に空調機を置き、そこから真横に空気を吹き出し、直天井の傾斜面を使って、ペリメーター部分にまで空気を導くのである。構造と設備計画とが断面を媒介としてうまくシンクロできた。

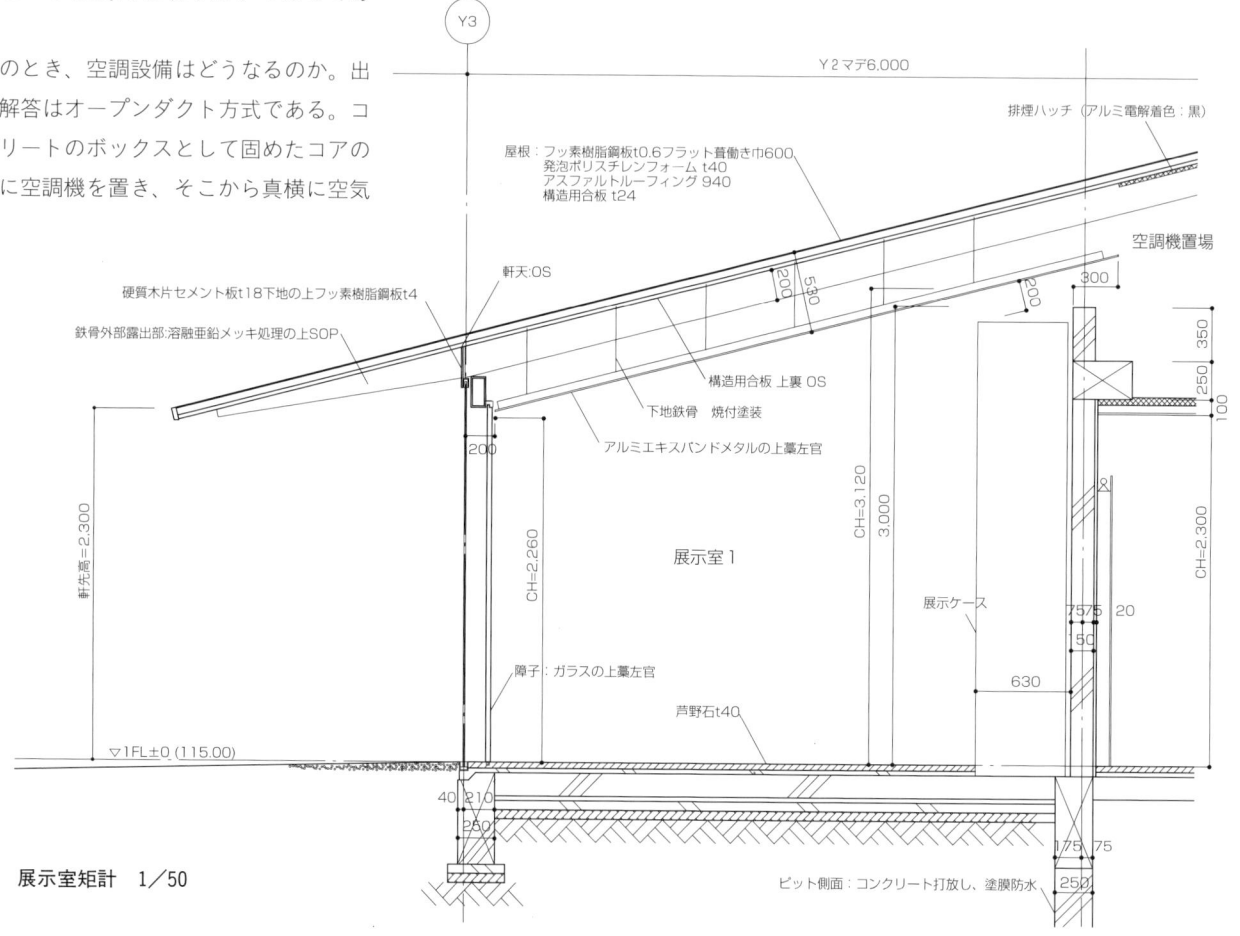

展示室矩計　1/50

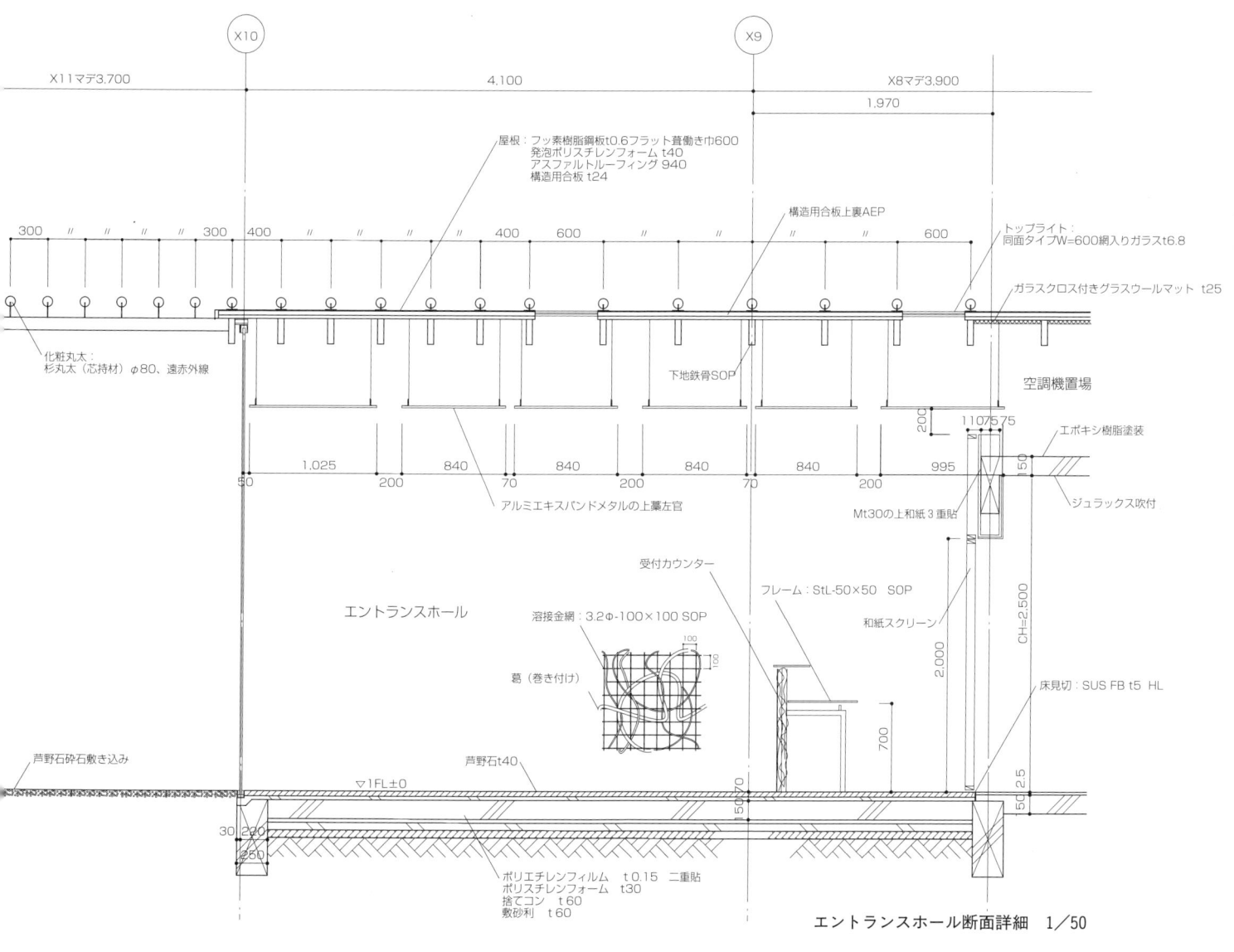

エントランスホール断面詳細　1/50

屋根：フッ素樹脂鋼板t0.6フラット葺働き巾600
発泡ポリスチレンフォーム t40
アスファルトルーフィング 940
構造用合板 t24

構造用合板上裏AEP

トップライト：
同面タイプW=600網入りガラスt6.8

ガラスクロス付きグラスウールマット t25

化粧丸太：
杉丸太（芯持材）φ80、遠赤外線

下地鉄骨SOP

空調機置場

エポキシ樹脂塗装

ジュラックス吹付

アルミエキスパンドメタルの上墨左官

Mt30の上和紙3重貼

受付カウンター

フレーム：StL-50×50 SOP

溶接金網：3.2φ-100×100 SOP

葛（巻き付け）

和紙スクリーン

エントランスホール

床見切：SUS FB t5 HL

芦野石砕石敷き込み

芦野石t40

ポリエチレンフィルム t0.15 二重貼
ポリスチレンフォーム t30
捨てコン t60
敷砂利 t60

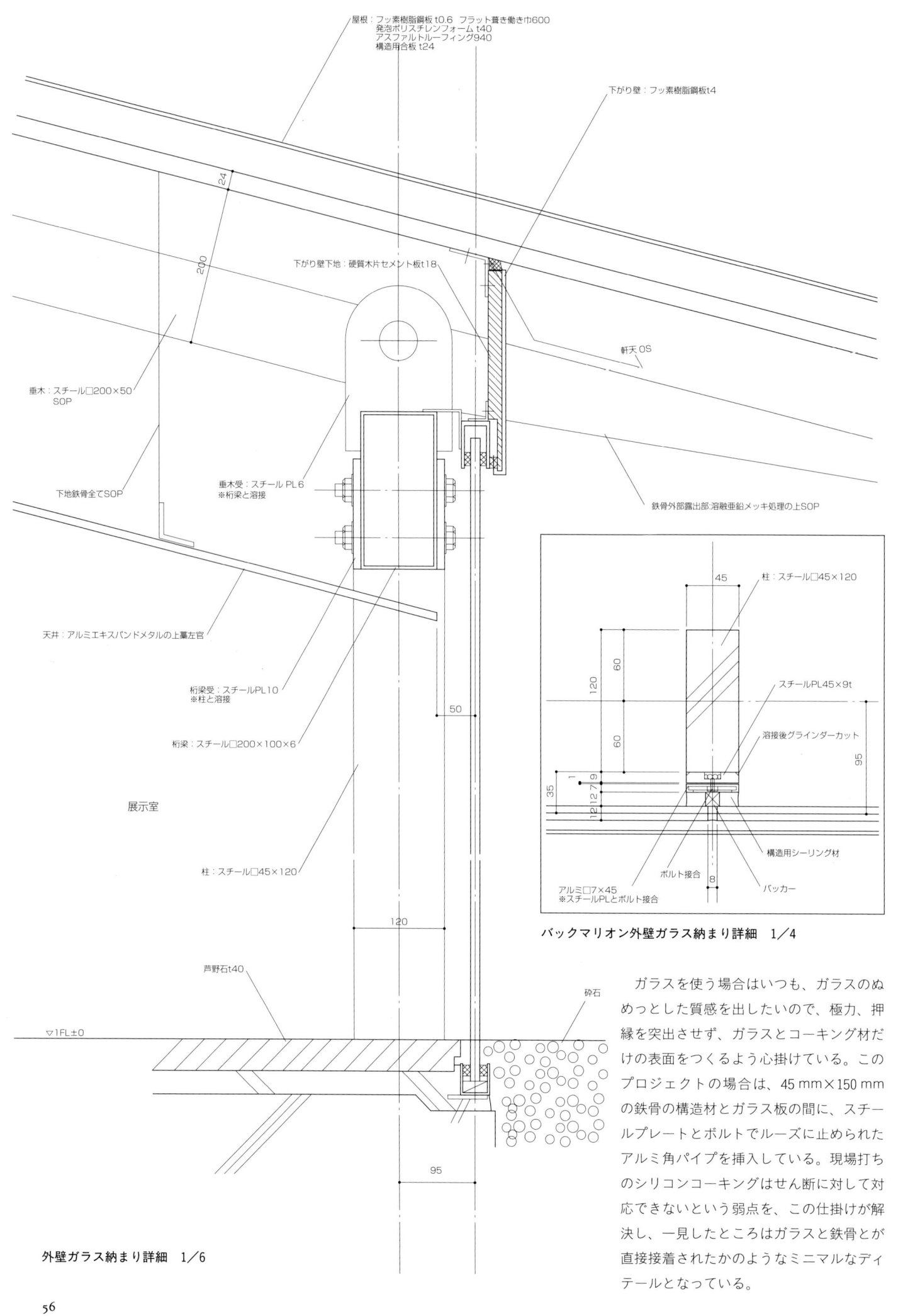

屋根：フッ素樹脂鋼板 t0.6　フラット葺き働き巾600
発泡ポリスチレンフォーム t40
アスファルトルーフィング940
構造用合板 t24

下がり壁：フッ素樹脂鋼板 t4

下がり壁下地：硬質木片セメント板 t18

軒天 OS

垂木：スチール□200×50
SOP

下地鉄骨全てSOP

垂木受：スチール PL6
※桁梁と溶接

鉄骨外部露出部：溶融亜鉛メッキ処理の上SOP

天井：アルミエキスパンドメタルの上藁左官

桁梁受：スチール PL10
※柱と溶接

桁梁：スチール□200×100×6

展示室

柱：スチール□45×120

柱：スチール□45×120

スチール PL45×9t

溶接後グラインダーカット

構造用シーリング材

ボルト接合

バッカー

アルミ□7×45
※スチールPLとボルト接合

**バックマリオン外壁ガラス納まり詳細　1/4**

芦野石 t40

砕石

▽1FL±0

**外壁ガラス納まり詳細　1/6**

ガラスを使う場合はいつも、ガラスのぬめっとした質感を出したいので、極力、押縁を突出させず、ガラスとコーキング材だけの表面をつくるよう心掛けている。このプロジェクトの場合は、45mm×150mmの鉄骨の構造材とガラス板の間に、スチールプレートとボルトでルーズに止められたアルミ角パイプを挿入している。現場打ちのシリコンコーキングはせん断に対して対応できないという弱点を、この仕掛けが解決し、一見したところはガラスと鉄骨とが直接接着されたかのようなミニマルなディテールとなっている。

竹や木ルーバーのような直線的な材料ではなく、カズラのような曲線的素材を使って、半透過性の壁面をつくりたいと前々から考えていた。直線的素材の場合、それらを縫うためのフレームが必要となる。フレーム（下地）の上に、固定するという形式となる。カズラの場合にはフレームがなくても、それ自身がからみ合って自立する可能性があり、そこがおもしろいと思った。今回は100mm角のワイヤメッシュにカズラをからめてあるので、依然として下地が存在するところが残念だった。

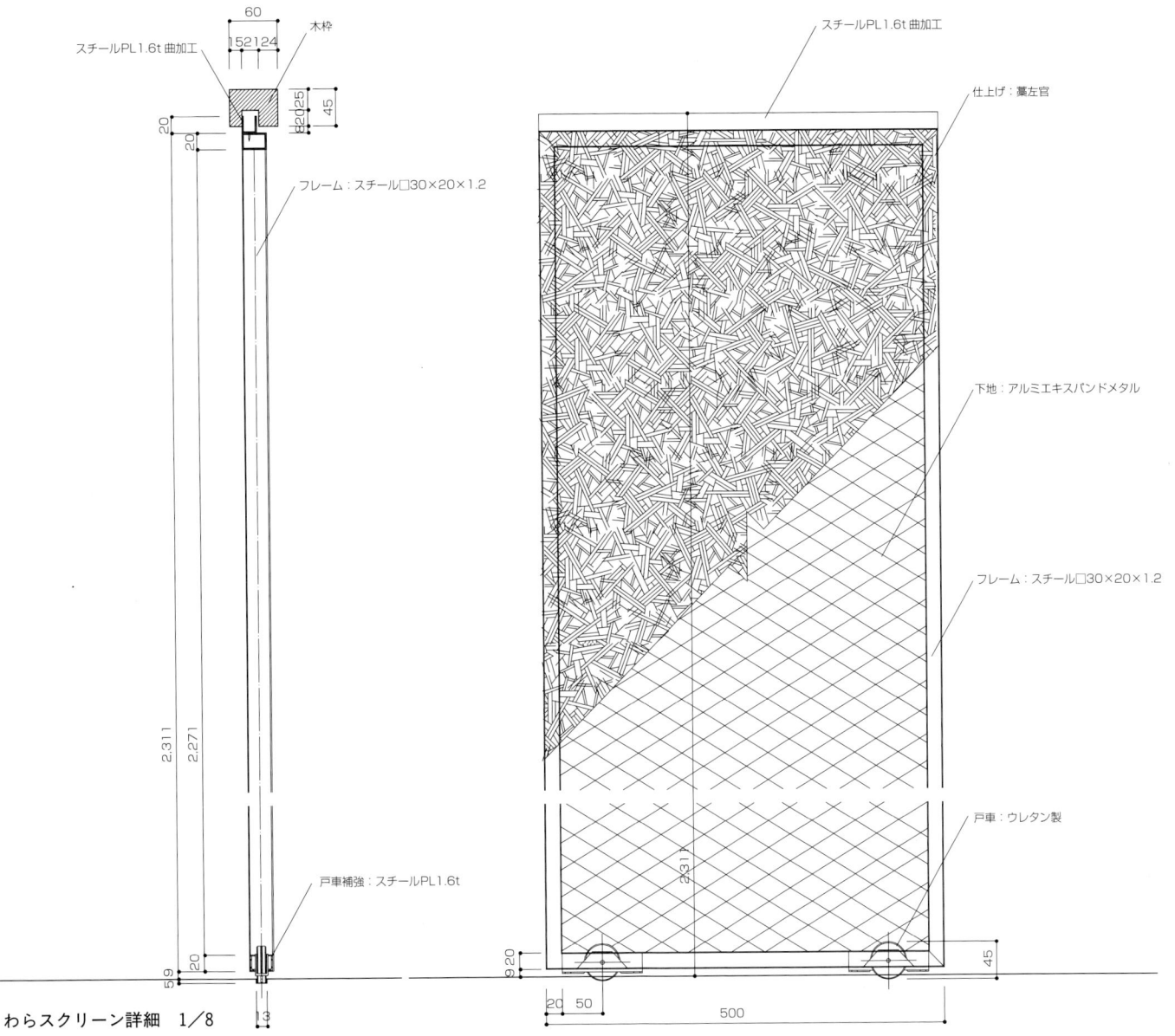

わらスクリーン詳細　1/8

外周部分の自然光の透過性能をコントロールするために、可動の遮光パネルを考案した。動く土壁というのが最初のイメージであった。木の壁がルーバーというディテールで軽く、半透過になったように、土壁だって軽く半透過にするディテールがないだろうかと考えたのである。左官の久住章さんとアイデアをぶつけ合ったり、試作品を山ほどつくっているうちに、わらをアルミエキスパンドメタルに左官用の糊で接着するというディテールにたどり着いた。ちょうどタタミイワシのような不思議な質感を持った可動パネルが完成した。とても軽く、小指1本で動かすことができる。

対談　石の美術館・馬頭町広重美術館・那須歴史探訪館を巡って

## 隈研吾が変わった

内藤——なんだかわからないけれど、ここのところ隈研吾は変わった。それも僕はいい意味で変わったと思いますが、一方で、アヴァンギャルドみたいなものに見切りをつけたような気がしたんですね。アヴァンギャルドなるものは、建築家的な価値観というか、要するに自己解体のプロセス、どこまで自己を解体できるかという感じだけれども、「馬頭町広重美術館」の前ぐらいまでは、どちらかというと解体の方向だったような気がする。それはテクノロジーの話であったり、制度の話であったり、いろんなことを語りつつ解体していくみたいなところがあったけれど、きょう3つの建物を見て、隈研吾が極めて優れた建築家であったということがわかった（笑）。たぶん解体と再構築というふたつの作業が自分の中であるのだろうけれども、ここのところそのあたりの比重の置き方において変わったなという感じがある。それを当人から聞いてみたいと思うんですが（笑）。

隈——自分の軌跡を大きく整理してみると、1990年前後に大きな転換があったと思うんです。アメリカから86年に帰ってきたら日本はバブルの真っ最中で、事務所を始めてすぐの人間が「Ｍ２」みたいな大きな仕事に巡り合えた。東京を中心にして、主に民間の仕事をやっていたわけですね。そのときのものは、素材としてもコンクリート中心で、唯一の例外は、一番最初につくった「伊豆の風呂小屋」。木造の建物です。パラパラした感じとか、さらさらした感じの建築をつくりたいと思っていたんです。「伊豆の風呂小屋」の場合には木造を選択し、それからパーティクルボードとトタンを基本素材に使って、そういう離散的な感じが自分ではうまく出せたと思っています。そして東京の中である規模のものをローコストで法規やメンテナンスを考慮してやろうとしたとき、コンクリートがベストな素材に思えた。コンクリートでさらさらした感じをやろうという意識が「Ｍ２」のベースでした。でも、コンクリートって基本的に全部つながっちゃうじゃないですか。べたべたつながってきて、さらさらした感じを出すのは簡単じゃなかった。「Ｍ２」の場合、ファサードを分節して、異質なエレメントを組み合わせた形にしているけれど、コンクリートの限界を強く感じました。

ところが90年代になると、バブルがはじけて東京での仕事がなくなった。一番最初の地方での仕事は、高知の木造の建物「梼原町地域交流施設」ですが、地元のスギを使ってくれと町長さんから言われて、木を使うと決めたとたんに、コンクリートでできなかった違う世界が開ける、という生まれ変わったような感じがあったんですよ。その転換が90年前後にあって、高知のあとに愛媛の「亀老山展望台」の仕事があり、栃木の仕事もあって、それぞれの場所で"旅をしながら建築をつくる"みたいな10年間の中で、自分でもすごく勉強できたなという思いがあります。最初の「伊豆の風呂小屋」でやりたかったような、さらさらした感じの建築がやっと少し実現できてきたような感触をつかめたのが、この栃木の三作品（「石の美術館」「馬頭町広重美術館」「那須歴史探訪館」）です。

自分ではアヴァンギャルドに見切りをつけたというような意識じゃなくて、なんとなく、やりたいことがやっとできるようになってきたなという思いなんです。

内藤——隈さんが手応えを感じつつやっているなというのを、きょう見ていてすごく感じた。いままでけっこうコロコロ変わる人だったんですよ（笑）。僕はエイズウイルスみたいなヤツだと言ったことがある（笑）。なんでも写し取るレトロウイルスみたいなヤツだと（笑）。つまり、どんな状況に対してもものすごくセンサーがよくて、それが読み取れるから自分をいかようにでも変容できるような。たぶん僕もよくわかってなかったんだろうな。きょう見た感じだと、実はそうではなかったという気がする（笑）。

隈——僕らが学生の頃って、内藤さんは僕よりちょっと上だけれど、安藤忠雄の存在とかコンクリート打放しの存在って、すごく大きかったじゃないですか。僕の同級生の中で

# 内藤廣＋隈研吾

も、安藤忠雄＝神様みたいな、コンクリート打放し＝神様で、コンクリート打放しこそが社会に対する批評であり、コンクリート打放しで閉じた小住宅をつくることが社会に対する批評であるという強力な図式があった。僕はそれに対してある種の疑問というか違和感があって、もちろん安藤さんの住宅は完成度が高いけれど、その方法が本当に社会に対する批評たりえているのかなと。コンクリートの打放しは、装飾性とかゴテゴテしたものに対する批評性であるかもしれないけれど、それはモダニズムの初期の構図の再現であって、いまでは一種のトレンドでしかないのではないか。あれを現代の社会に対する批評性と言っていいのか、あれが建築の批評性の究極の姿と言っていいのかという疑問があった。

そういう意味で、僕の『10宅論』というのは、コンクリート打放しというアプローチも風俗のワン・オブ・ゼムとして相対化し、茶化してしまうという試みでした。きっと内藤さんもそれを感じ取ったんだと思うけれど、では茶化しているだけじゃなくて、おまえ本当はどう思うの？　と言われたときに、自信を持って、こう思うと言えるようになったのがここ数年だという気がしている。

**内藤**——いままでは隈研吾のつくり出す建築よりもスタンスの取り方のほうが目立っていたと思うんですね。現代建築の現状に対するスタンスが隈研吾のオリジナリティだったんだけれど、きょう見せてもらった感じだと、建物がちゃんとある種メッセージを発しているような気がしたんだよ。きょう見た建物は本当によかった。最近あまりそういうふうに思うことが実は少ないんだけれど、本当にいいと思いましたね。

## 建築を活性化する情報の回路

**隈**———内藤さんと僕は、馬場璋造さんからふたりは対極の存在と呼ばれて対談させられたりしたけれど（笑）、「馬頭町

「伊豆の風呂小屋」（写真撮影＝新建築写真部）

広重美術館」を建てたときに内藤さんからよかったって電話がかかってきて、内藤さんとある接点ができている感じで、僕はすごくうれしかった。さっき言ったように自分でもやりたいことが見えてきたし、「石の美術館」のクライアントであり施工者でもある白井さんみたいな人に会ったり、ここ数年いろいろな意味でチャンスに恵まれた。

　普通、本当に施工している人とも出会えないわけです。建築家という存在はつくづくブロックされていると思うんです。ものをつくる現場からブロックされて、建築雑誌みたいな奇妙なジャーナリズムの世界だけで遊べと言われているような感じがしますね。写真写りのいいものをつくって、ちょっと気のきいた「批評性」を臭わせた文章を添えて。そういう普遍性のないすごく狭い土俵で遊べと言われていて、実際にものをつくる世界との間は、ゼネコンなり社会システムでしっかりブロックされて、建築にとって本質的なところにタッチできない。ところが、白井さんという石屋さんが自分で石を積んで建物を建てると言ったとたんに、ゼネコンを全く通さないで、職人さんとじかに話をしながら石の積み方を考えていけるという新しい世界が開ける。そういう体験があったから自分でも成長できた――成長なんて言うとおこがましいけれど。この問題は、日本の建築にとってすごく大きな問題だという思いが、やってみて、いよいよはっきりした。

**内藤**――そう、建築家は意外と情報過疎なんですよ。ちょっとうっかりすると情報過疎になってしまう。本当の生きた情報は学校でも教えていないし。

**隈**――内藤さんの「島根県芸術文化センター（仮称）」はものすごい巨大なものじゃないですか。そういう巨大なものの場合、設計と現場との間にすごく複雑なシステムが介在して、この工期で、これだけのものをまとめ上げなきゃならないとすると、たとえば新しい工法に挑戦するのはすごく大変でしょう。そう思うと暗澹たる思いになる。いみじくもきょう見てまわったときに、内藤さんから「このぐらいの規模をやっているのが一番楽しいよね」という話があったように、日本の建築界とか日本の都市の将来を考えると、先はいよいよ暗い気持ちになる。

**内藤**――僕の経験だと、本当の情報はどこにあるの？　という問題があって、大きい建設会社にあるかというと、実はあるんですよ。たとえば大きな建設会社の研究所の誰かがやっているとか。でも意外とその情報は横に流れない。設計部の人とか施工の人はほとんど知らない。巨大組織はカスケード状にものすごいピラミッドで分かれていて、ゼネコントータルとしては新しい技術とか新しい情報を持っているんだけれども、個別に聞いてみると、たとえば隈さんとか僕らのほうがはるかに情報量が多い。そういう情報ストックを引っ張り出すような回路をこれからどんどんつくらないと、素材の話にしても現場の話にしても、建築界は活性化されないと思うんです。

## 石というフレームワークの中で遊ぶ

**隈**――ディテールという世界での情報は蓄積されても、その情報を現場に適用しようとしたときに、そこに立ちはだかるものは、ものすごく大きい。情報と実際のリアリゼーションの場である現場との間には巨大なものが横たわっていて、そこをブレークするのは容易じゃない。「石の美術館」は本当にラッキーだった。たまたまチャンスに巡り合えたとしか言いようがない。

**内藤**――僕は、やっぱり隈さんは白井さんに十分応えたと思いますね。石に対してもいろんな手法を用いて、この芦野石の持っている良さが十分わかるようにした。見に来て、あっ僕も使いたい、と思ったりするもの（笑）。たぶん隈さんは非常にたくさんスタディしたと思うんです。外部空間だってプロポーションがよくなきゃ、ほんのちょっと高さが違ったって、ナンダということになる。それがちゃんといいスケールで納まっている。それはものすごくスペーシーなできごとなんだろうと思います。

**隈**――この「石の美術館」の敷地に最初に来たときには、

庭にボロボロの石の倉庫があって、それを改装してくれと言われて、これは大変だなと思ったんです、はっきり言って。でも庭にこれだけスペースがある。そのときには荒れ果てていたんだけれども、この庭で何かできないだろうか。庭に塀1枚立てて、どういうディテールでその塀を積むかというだけで、ただ2ｍの高さで塀が並んでいるだけでも、ものすごく豊かな世界が開かれるんじゃないかと思い始めたんですよ。しばらくここに立っているうちに。

　そういう世界って、学校レベルでは一番教えてくれない。組積造という積み方は工法で教えてくれるけれど、その組積造の中に空間の表現のネタが実は無限にあるじゃないですか。積み方だけでも。そういうことは誰も教えてくれなかった。そういうところとは別のところで建築家は遊べと言われていた。建築の世界の中の、いままで学校では決して教えなかった部分にやっとタッチできたという思いがあった。制約がすごくあったから、逆にそういうところにたどり着けた。制約がなくて、この石で自由に造形して新しい美術館をつくってくれと言われていたら、こういうことはしなかったかもしれない。こういう世界にのめり込まなかったかもしれないという気がします。

**内藤**——「石の美術館」で石をやって、「馬頭町広重美術館」では木にいったでしょう。普通だと、「石の美術館」で石をやったらもう1回石ということになると思うんですよ。コンペという特殊な機会だったということもあるだろうけれども、その辺はどうなの？

**隈**——好き嫌いということでいうと、どっちかというと木のほうが好きだったんですね。木のほうが軽いし、さらさらした感じが出せると思っているから。「石の美術館」の場合には石というフレームワークがあって、与えられたものを受け入れようという柔軟性だけはわりとあったので、そのフレームワークで、いままでどちらかというと敬遠していた石で、さらさらした、風通しがいいものをやろうという思いになった。たぶんそういう条件下に置かれなかったら、木とか

ガラスばかりやっていたかもしれない。

## リアルの世界に投影されたデジタルの世界

**内藤**——「馬頭町広重美術館」は、僕から言わせると、言葉上の問題じゃなくて、極めて批評的な作品でもあるし、おもしろい捉え方が幾つもできる建物だと思います。それはたとえばサーフェスということから考えて捉えてみてもおもしろいし、ダブルスキンという考え方から捉えてもおもしろいし、ストラクチュアという考え方から捉えてもおもしろい。奇妙な作品と言ったら変だけれど、いろんなことがあれで読める。隈さんといままで何度か対談をやって、いろんな言葉が出てきたと思うんですね。トランスポーテーションと言っていた時期があるし、サーフェスの話をした時期もあるし、もちろん愛知万博のプロジェクトでデジタルの話をしていた時期もあるし、その都度いろんな言葉や概念を話題にしてきたわけですね。そういうものが「馬頭町広重美術館」で一緒になっているような気がする。そういうものを建築という印画紙にうまく持ち込んでいるような気がしたんですよ。言葉とか概念だけの問題じゃなくて。

　その不思議さとあのシンプルさが、僕には感動的だったんです。ああそうか、いろいろ言っていたけれど、建築というのはこういうやり方もたぶんあるのかな、と思った。けっこう具体的なものとしてうまく見せているような気がするんですよ、これでいいんだと思うようなところを。これでいいんだというのは不思議な言い方だけれど、これでいいんだってなかなか思えないじゃない。これでいいんだというような単純さを備えているという気がしましたね。強さと言ってもいいかもしれないけれども。

**隈**——いま内藤さんが言われたデジタルの問題とリアルの問題は、僕の中でもずっとどう解こうかと迷っていた問題です。愛知万博のときは、建築をつくらないでデジタル機器を装備して森の中を歩けば、それが博覧会になるし、建築の代わりになるんじゃないかというようなことを考えていた。時

期的にいうと、「石の美術館」をやり始めた頃と大体重なっていて、一方で石の納まりをどうしようかというすごく即物的でリアルな話と、その一方でサイバーグラスをかぶって歩く実験に付き合ったりという非物質的なことに挑戦していた。何で自分はどっちもおもしろいと思うのかなと不思議に思っていたんですよ。デジタルの持っている空間性みたいなものが、リアルな世界と完全に切れてあるわけじゃなくて、リアルの世界の中にそういう空間感覚というか、ある意味の思想性みたいなものだと思いますが、それが投影できるんじゃないかということに、あるとき気がついたんです。だからどちらにも興味があったんじゃないか。

講演会でそのふたつを説明するときに、隈さんはどっちが好きなんですかと聞かれることがよくあるんです。ただどっちも好きなんですというわけじゃなくて、デジタルがもう一方のリアルの世界の中に投影できるはずだとどこかで思っているから、両方興味があった。やっぱり人間というのは、リアルな身体でいろんな体験を全部統合している存在だと思うんです。コンピューターを使うのも、いろんな映像を見るのも、最後はリアルな身体の中で統合しているわけじゃないですか。必ず最後は物質で統合されるはずだという思いがあって、その思いがあるから建築にこだわるわけだし、図面を引いているときはいつも物質に返してやろうと思うわけです。リアル派の内藤さんに認めてもらって、やっとひと安心できた（笑）。

**内藤**——たとえばストラクチュアがあるでしょう。骨組みがあるでしょう。これはリアルな話ですが、それにサーフェスがのっかっている。それだけだとあまり大したことはないんだけれども、この建物は、そこを光が抜けてくるという不思議なことが起きている。要するに外のサーフェスとストラクチュアとインナーサーフェスを光が抜けてくることによって、それぞれの関係性がわかるというか、それが空間にいろんなトーンを与えている。これがやっぱり見事だね。

そういう建物って、いままでなかったと思うんです。シングルスキンの建物だったらそういうことはあり得るけれど、要するに極めて現代的な、視覚と建築との関係を問いつつ、ああいうような見え方をしている場所というのは、たぶんなかった。そのことにみんなまだ気がついていないんじゃないかと思うんです。たとえばサーフェスという意味では、コンピューターグラフィックスで見えてくるものと非常に近い部分がある。それから、僕らをアンビヴァレンツな気持ちにさせるのは、これがアルミのメタルだったらまた別の話なんだけれど、そこに使われているのが、建築の素材の中では比較的リアルな木で、これは非常に実体を持ったものですね。抽象化されにくいもの。抽象化されにくいものをまといながら、全体としては抽象化されている。それで僕らは気持ちがぐるぐる動くわけですよ。それがおもしろい。たぶんそこのところで、いろんなことがうまくいっているんじゃないかな。

**隈**——抽象化しにくいものを抽象化するということに、なぜか惹かれるんですよ。「那須歴史探訪館」でも、わらなんて土くさいものの極致みたいなものですね。土そのものみたいな泥くさいものを使って、光の通る軽やかで抽象的なパネルをつくるにはどうしたらいいだろうか。そこがすごく興味があるところで、わらをただ壁に貼ってしまうと逆にウソくさい、ディズニーランドっぽい感じがしてしまう。抽象化するからこそ逆に本物に見える、そういう逆説がありますね。

抽象化され得ないものを抽象化するという行為の中に、いまの時代の本質的なところがあるような気がするんですよ。表層だけを薄っぺらにするというのは、70年代から、シーザー・ペリの建築でも、表層性、薄くする、薄くすると言っていますが、映像に比べたらそれでも建築には厚みがあって、結局、映像にはかなわない。しかし生々しいものを抽象化するという操作をしたとたんに、映像では絶対到達できない世界がそこにあり得るんじゃないかという気がしてきたんです。そのことに気づいてから、建築はやっぱりおもしろいんじゃないかと改めてほれ直した。ここ数年で。

## サーフェスに閉じ込められた建築

**内藤**——ワールドトレードセンターに飛行機が突っ込んだじゃない。一般の人は思ったわけですね、あれって鉄骨造だったんですかと。アンリアルなものに対して、僕はこれから変わるんじゃないかという気がしたんですよ。あれはたぶん建築の何かの変曲点ですね。きょう見た隈さんの建物は違うんだ。仕組みがわかる。仕組みがわかって、なおかつアンリアルなものというか、抽象化されたものも見えている。それがバインドされているところが、きょう見せてもらった３つの建物のミソだと思うんです。完全にわからないことはない。要するに了解可能なように仕組まれているわけですね、仕組み自体が。

たとえば「馬頭町広重美術館」だって、中の仕組みは、鉄骨が見えないようにすることはいくらでもできたわけですよ。ポリカでもなんでもあの下に敷くとか、屋根をもうちょっと閉じるとか、幾つも騙し絵みたいなものに近づくことはできたけれど、その手前で寸止めして、見上げると中が見えるじゃないですか。そこが新しいところだと思う。くるんでしまえばポストモダニズム、くるまないで残すとポストモダニズムではなくなる、次のステップに行くというところがあるような気がしたんです。

**隈**——世の中には、くるもう、くるもうとする大きな社会システムがあると思うんです。すべてにおいてです。すごく即物的な話でいえば、天井のふところをくるんでしまえばホコリだまりがなくなるとか。でもくるまないから、たとえばあそこの鉄骨もホコリだまりみたいになっている。鉄骨のところにホコリがたまっていて、下からよくよく見るとそのホコリが見える。くるんでしまえば、アラが見えないし、クレームも出ない。そういう覆い込もう、包み込もうという大きな流れがあって、いまみたいにクレーム社会になるといよいよその傾向が強くなってくる。でもその流れ自体の持つどうしようもない気持ち悪さは誰でも感じていると思うんです。

その気持ち悪さをなんとか破りたい。

**内藤**——隈さんが言われたことは本当で、みんなやろうとしているんだけれど、なかなかうまくいかない。それがこれはうまくいっている。前川國男にしたところで、最後はオープンジョイントをやろうとしたわけです。全部包んでいっちゃうと、中で何が起きているかわからない。近代建築は基本的にダブルスキンで閉じていく。オットー・ワーグナーの「アム・シュタインホーフ教会」もすでにダブルスキンで、中が鉄骨で、当然「郵便貯金局」もそうだし、あのあたりからずっとみんな苦しんでいるわけですよ。

さっき隈さんが言った打放しコンクリートも、コンクリートが出てきたときに、かろうじて瞬間風速みたいにシングルスキンになった。ようやくダブルスキンの魔術から逃れた時期があったけれど、でもやっぱりすぐに、寒いとか暑いとか言って、べたべたいろんなものが引っ付いてきてわけがわからなくなっちゃった、という流れがあったと思う。だから破れ目をつくったという意味では「馬頭町広重美術館」は大きいんじゃないかと思いますね。

最近、ここ10年ぐらい、何かと言えばカラトラヴァと言うけれども、あれはシングルスキンというより骨そのものだから、そのこと自体は僕はあまり大したことじゃないような気がしている。むしろ困難なことは、それを人間の場所とか建築という土俵の中に引っ張り込んだときに、それでも可能かどうかであって、ちょっと違う方向だと思っていたんです。たぶん「広重」で感じたことは、僕もテーマとして考えていることなので、とてもおもしろかったです。

ただ、予想外だったのは、そこに光が入ってくること。考えてもみなかった。光がそれらを透過するのは予想外で、ちょっと悔しい気がする（笑）。うまいこといっていると思いました。

## 建築のいろいろな層を串刺しにするディテール

**隈**——光が透過するって、単に光が美しいということ以上

の何かがあるというような気がするんです。

内藤——中にいる人は、その仕組みを通ってきた何かを感じるわけでしょう。

隈——そう、そこなんです。たとえばカーンや安藤さんが光を大事にしたというのとはちょっと違うレベルで、光が建物の仕組みを暗示するのがおもしろい。

内藤——だから逆に、あのワイヤ・ウェブライトが全部トタン葺きでできている光が落ちてこない「馬頭町広重美術館」を考えると、その違いがすごくよくわかる。あそこに光が入ってくることによって、いろんなことがつまびらかになる。つまびらかになって、なおかつ美しい場所をつくり出している。これが大事なことなんですね。建築というのは、いくら仕組みのことを言ったって、最後にそういうシステムが美しいことによって初めて説得力があるので、それがこの建物が優れているところだと僕は思うんです。ほめすぎかなぁ（笑）。でもしようがないよ、いいと思っているからね。

隈——この本のテーマはマテリアル・ストラクチュアだけれど、実はマテリアルよりライト・ストラクチュアについて話したい。つまり光をどう使うかということのほうが、ディテールをつくっていく上では大事だろうと思っているんですね。素材というのはもちろん与条件としてあるわけだけれど、その素材のジョイントを考えたり塗り方を考えたりするときに、光がそこをどういうふうに通過していくかということが、ディテールをつくるときの一番のクリティカルなポイントになる。そこをマテリアル・ストラクチュアという文字だけを見て誤解しないでほしい。そこは強調しておきたいと思いますね。

内藤——たぶん、いろんな素材を使う人だなという特集になったらつまらないよ。世の中にある素材は限られているんだから。

隈——そうそう。たとえば壁の上に珪藻土（けいそう）を塗ろうと何を塗ろうと、壁の上に何か塗るということでは同じで、構造とか光とか、もっと建築の大事なところにそのディテールが届いていないと、全然おもしろくないということなんです。

だから、よく土壁を塗ったから自分は自然派だという人がいるけれど、それは違うと思うわけ。素材というのは不思議なもので、ある時代にはすごく環境にいいといわれても、しばらくたったら実は$CO_2$をいっぱい出して、ものすごく悪い素材だったということは世の中にいくらでもあるじゃないですか。そのくらい当てにならないものだと思います、マテリアルだけでは。でも構造から光から中の人間の生活までをも全部串刺しにしているようなマテリアル・ストラクチュアがつくれたら、その素材を単体で取り出したときのプラス点・マイナス点と関係なく、時代を超えて残るものだと思う。そういう、建築のいろんな層を串刺しにするようなディテールがないとおもしろくない。

内藤——素材というのは石でも何でも饒舌じゃないですか。自然素材というのは饒舌なんですよ。多様性があるし。建築家は非常に注意深くそれを扱わないと、その饒舌さに負けちゃう。おまえ、このぐらいまではしゃべってもいいけれど、ここからはしゃべらないでいいよと、そういうことをさばくのは最終的にはディテールだと思うんです。饒舌過ぎると、さっき言った透過していくシステムのようなものが成り立たない。ディテールでさばけるかどうかは、建築家の力量だと思う。たとえば学生が隈さんと同じような発想で、同じことをやってもうまくいかないですよ。やっぱりそこに独特のディテールのさばき方と建築に対する深い考え方とがペアになってディテールができていないと、そうはいかないと思うんです。

隈——それをちゃんと学校で教えてくれる先生って、ほとんどいないですね。建築教育はものすごく縦割りにされているから、僕も学生の頃、材料の授業も工法の授業も、実はおもしろいと思ったことは一度もないんですよ。

内藤——僕もないね（笑）。

隈——唯一、内田祥哉先生が話すことが、妙にアマチュアっぽくておもしろいなと思っていたけれども。本当に縦割り

にされちゃってて、つまんない世界になっている。現実の設計行為以上に教育のほうに縦割りが進んでいて、ひどいことになっている。だからこの本に存在理由があるとしたら、そういう縦割りを壊すような本であることですね。

内藤──プロだと、ディテール拝借みたいな感じで、本質を捉えないで、手法だけがわりと流通しやすくなるんだね。本質こそが問題なので、手法の問題は3番目か4番目でいいんじゃないかという気がしますよ。

隈──そう。手法はあとで経験を積んでいけばなんとかなるけれど、串刺しの仕方というか、そこのところをしっかり教えてあげる人がいないということなんですね。

### 建築に対する情熱をかきたてる素材への挑戦

隈──いろんな素材を使うと言われるけれど、建築の素材について、僕は何も知らないと思うんですよ。「石の美術館」だったら石倉があって、石倉ってどういうふうに積んでいるだろうかと、自分が設計しながら学んでいくことができたんですね。左官でも、どうやって壁を塗っていくのか知らなかったけれど、「那須歴史探訪館」で久住章さんと一緒にわらを塗ることを通して何か学んでいける。それは自分だけ学んで得しているみたいなんですが、そういうふうにして建築をつくっていくことで、そのプロセス自身を建物を見た人にも共有してもらえるんじゃないかと僕は勝手に思っているんです。そういうプロセスを共有できる建物をつくりたい。すごくきれいだけれどどうやってつくったか全然わからないというのは、サーフェスに閉じ込められた世界です。お金がかかっているだろうけれどよくわからないというものじゃなくて、見た人が共有できるように、サーフェスを壊した建築をつくりたい。いろんな素材に挑戦することで、そういうプロセスを共有してもらえるんじゃないかと思っているんです。

いま「PLASTIC HOUSE」をやっているけれど、これがまた難しくてね。プラスチックのモノコックをやろうと思ったんですが、構造がネックになって、鉄骨の骨にプラスチックを貼ったという形にしないとどうしても通らない。昔38条があった頃は通る可能性があったんだけれど、いまの法改正で通らないんですよ。今度はその壁をどう壊そうかと次のアイデアを練っている。そういう意味で何か新しい素材をやると必ずひとつは問題が見つかって、次をまたやりたくなる。

内藤──やっぱりそれが大事ですね。うっかりすると設計に緊張感がなくなっちゃうんだ。何か挑戦的な新しいところに踏み込むと、これは何とかしなきゃと思うじゃないですか。それを越えられるかどうかというので、エネルギーが出る。

隈──いままでやった手法の中だけで建築をつくろうとすると、結局どうやったらより大きい仕事がとれるかとかの興味になって、そういう建築家っていっぱい世の中にいるじゃないですか（笑）。でもどんなに小さな、予算のないものでも、そこに楽しみって見出せるはずだと思うんです。そういう心の状態を保ち続けたい。そうしたらどんなに建築が景気悪くなっても、建築をつくらない時代になっても、絶対建築に対して情熱を失わないでいられる。

内藤──20世紀で世の中を変えてきた建物って、ほとんどがそんなに大きくないんですよ。やっぱり本当に突っ込んでやれるのは、あまり規模が大きくないほうがいいかもしれない。新しいことに本当に挑戦できる規模ってあるんだろうと思うんですね。建築家がやると、そのあと大手設計事務所とかゼネコンが楽々と今度は大きいものでやる（笑）。

隈──いまガラスは大手設計事務所がどこでもやるようになっていて、確かに多少新しいディテールはあるけれども、やっぱり大きいがゆえに、そこに内在するシステムが新しいものを抑圧するので、おもしろいものはほとんどない。そういう抑圧システムが絶対あるんですね。

内藤──あるね。

### メディアでは伝わりにくい建築

内藤──ちょっと話がずれますが、写真のほうがいい建物と

写真のほうが悪い建物とあると思うんです。僕はきょうの隈さんの建物は、おしなべて実物のほうがよかった。たとえば「石の美術館」でも、通路の幅をどのくらいにしようかとか、渡ったところの回廊の高さをどのくらいにしようかとか、石割りはこのくらいがいいかなとか、そういうものはすべて建築家の空間と時間に対する感覚から導き出される。それは写真には写りにくい。

「那須歴史探訪館」でも、ガラスがあって庇が出ているところで、それをある角度から撮るとガラスが消えて、庇だけが宙に浮いたみたいに見えるような写真が掲載誌にあったでしょう。でも本当のことを言うと、あんなものはどうでもいいんだよ（笑）。事実、隈さんはそういうヴューポイントをあの中でつくってないわけだから。あれは写真家が発見したアングルで、きれいだとは思いましたが、建築の本質とはなんら関係ないような気がする。

隈――写真うつりだけだったら、サーフェスをつくってやれば写真で撮れるんですよ。でもサーフェスの奥行きとか、サーフェスと構造の関係性みたいに、写真では表現できないことが必ずあるはずで、そこに到達していないものは、建築としてつまらなく見えちゃう。

内藤――写真うつりのいいものは便利なんだよ。インターナショナルにもなりやすい。建築はよそに持っていけない。写真しか持っていけないでしょう。そうすると伝わりやすいものがメジャーになりやすい。

隈――だけどいまは少し事情が違ってきているような気がします。20世紀って決定的に写真が優位だったじゃないですか。でもビデオに撮ったら、写真じゃ伝わらないことも少し伝わってきますね。光の感じなんかも写真とビデオだと全然違って感じられるし。いまは動画がネットの世界に発信できるわけで、建築の評価基準も変わって、20世紀的なサーフェスの建築ではないものが評価される時代が来つつあるような気がするんです。たとえばヘルツォークの建築を見ても、光の感じは従来の写真では伝わらないものを求めているような気がするんですね。そういう建築にだんだん変わってくるんじゃないかという気がします。

## 変幻自在な粒子の寸法体系

編集部――内藤さんから、素材の網目を通過してくると光の質が変わるという話が先ほどありましたが、隈さんは粒子状の光とか粒子の話をよく書かれていますね。

隈――粒子というのは、僕がつくっているときにいつも考えながらやっていることです。「馬頭町広重美術館」でもあのルーバーのあのピッチに到達するまでに、素材の大きさ、網目の大きさということばかり考えていたんです。いろんな寸法のモックアップをつくって、それもデプスとか色によっても違ってきて、それを壁として見るんじゃなくて、光を透かして見たときどう見えるかという実験をやって、その粒子の大きさを決めてやる。構造とサーフェスの関係とか、光の重たさ軽さみたいなものも全部決めるパラメーターが粒子なんですよ。設計のときは、建物のシルエットとか縦横の比例とかいう問題ではなくて、一個一個の粒子をコントロールすることでいろんな問題が全部決定されるような気がしています。

編集部――光を通過させるためのフィルターですね。「石の美術館」は穴が開いているとか、「馬頭町広重美術館」のルーバーの屋根の間隔とか、「那須歴史探訪館」だとワラを通過してくるときの隙間だとか。

隈――それは粒子単独で決まるんじゃなくて、構造体との関係があるんですよ。構造体の柱でものすごい太い柱があったときに、その手前についている粒子がものすごくこまかったりすると、逆にその柱の巨大さで空間全部が支配されてしまう。柱がある程度大きなメンバーになるときは、その前に取り付く粒子もある程度大きくなっていって、初めて構造体と皮膜の関係が自分なりにしっくりする。全部の寸法体系なんですよ。日本の木割りも、いまから思うと、結局はそういう粒子の寸法体系だったのかなと思えるところがあります

が、素材といいながら、実は寸法体系こそが素材を扱うときの一番重要なポイントかなという気がする。

**内藤**──それは内田祥哉先生の遺伝子だよ（笑）。モデュラー・コーディネーションとか。

**隈**──コルビュジエのモデュロールは人間の身体寸法からきている。物質からきているんじゃないんですね。コンクリートだろうが鉄だろうが全部同じ。183cmの身長の人を基準にしてできていて、非常に西洋的、ギリシャ的な人間中心主義です。僕の場合には、どんな素材でも一律の体系があるというものではなくて、物質によって全部変わってくるという感じです。たとえば最近も木でルーバーをつくろうと思ったのが、木がどうしても法規上の問題で使えなくて、アルミにそのルーバーを急きょ切り替えなきゃならなくなった。アルミだと、最初設計していた寸法でやると、ものすごく痛そうな感じがするんですよ、触ったときに。それで半分以下のメンバーに変えたんです。そういうふうに寸法は構造体との関係性もあるし、そのもの自身の素材感もあるし、全体を考えながら粒子の寸法を微妙に変えないといけない。これは奥の深いテーマだという気がしています。

**編集部**──そうすると、全体のカチッとしたものが最初にあって、そこから細部を決めていくというんじゃなくて、逆に細部の、たとえば光の粒子をどれぐらいにするかというのがあって、それでルーバーとルーバーの幅が決まって、材料によっても幅が違ってくるとか、それでだんだん大きなものが見えてくるというような。

**隈**──まさにそうですね。だから実際に考えつくときは順番が逆なんです。「石の美術館」でも石のルーバーというのがあって、「白井さん、石のルーバーってできる？」「できますよ。やってみましょう」というので、まず石のルーバーのモックアップをつくってみて、ではどこの部分にそれが適用できたらこういうふうになるというように、全く逆の手順で設計しているんですね。

以前は僕もそうじゃなかったんです。この方法は、普通のスケジュール論からいうとのりにくいものだと思うんです。スケジュール論でいくと、まず配置図で配置を決めて、次に平面図を起こして、ディテールは最後の最後でいい。ディテールはm²単価で入れておけばいいんだみたいな感じじゃないですか。そういう順番でものを詰めていく限りにおいては、絶対に既成のディテールの繰り返しでしかものはできない。それは組織設計事務所にいたときに痛感しましたね。

### 建築家のコンテンツ──空間と時間に対するイメージ

**内藤**──やっぱり素材の使い方やスタンスが、僕と全然違いますね。僕はどっちかというと、たとえば「海の博物館」では、木造やPCで精一杯やるけれども、それぞれ問題が残るわけです。やりきれていないところとか、構造の仕組みとか。途中でやりきれてないと思っても、完成させなきゃいけないから完成させるんだけれど、それを次のときにさらに改善しようとか、わりとしつこく追いかけるタイプなんです。ただ、本当のことを言うと、つくり上げるシステムは、構造そのものよりも、最後はスペースの問題、スペースに対する皮膚感覚の問題だと思っているんです。

要するに究極的に建築家のコンテンツって何かというと、ふたつしかなくて、その場所にどのような空気があったらいいかということをイメージする力と、もうひとつは時間に対する感覚。短くても長くてもいいけれども、時間をイメージできるかどうか。それはクライアントにもないし、施工者にもない。その部分だけは建築家にしかないんですよ。そのふたつが建築家の本当の能力で、テクノロジーだとかいろんなものは、それを実現するための手段。

たぶん僕がこの「石の博物館」でも「馬頭町広重美術館」でも「那須歴史探訪館」でもシンパシーを持ったのは、隈さんが追っかけている、場所の空気に対するイメージと時間に対するイメージ、もちろん僕とは違うけれど、その両方がわりと見える建物だったからだと思います。

| 水／ガラス | ガラス |

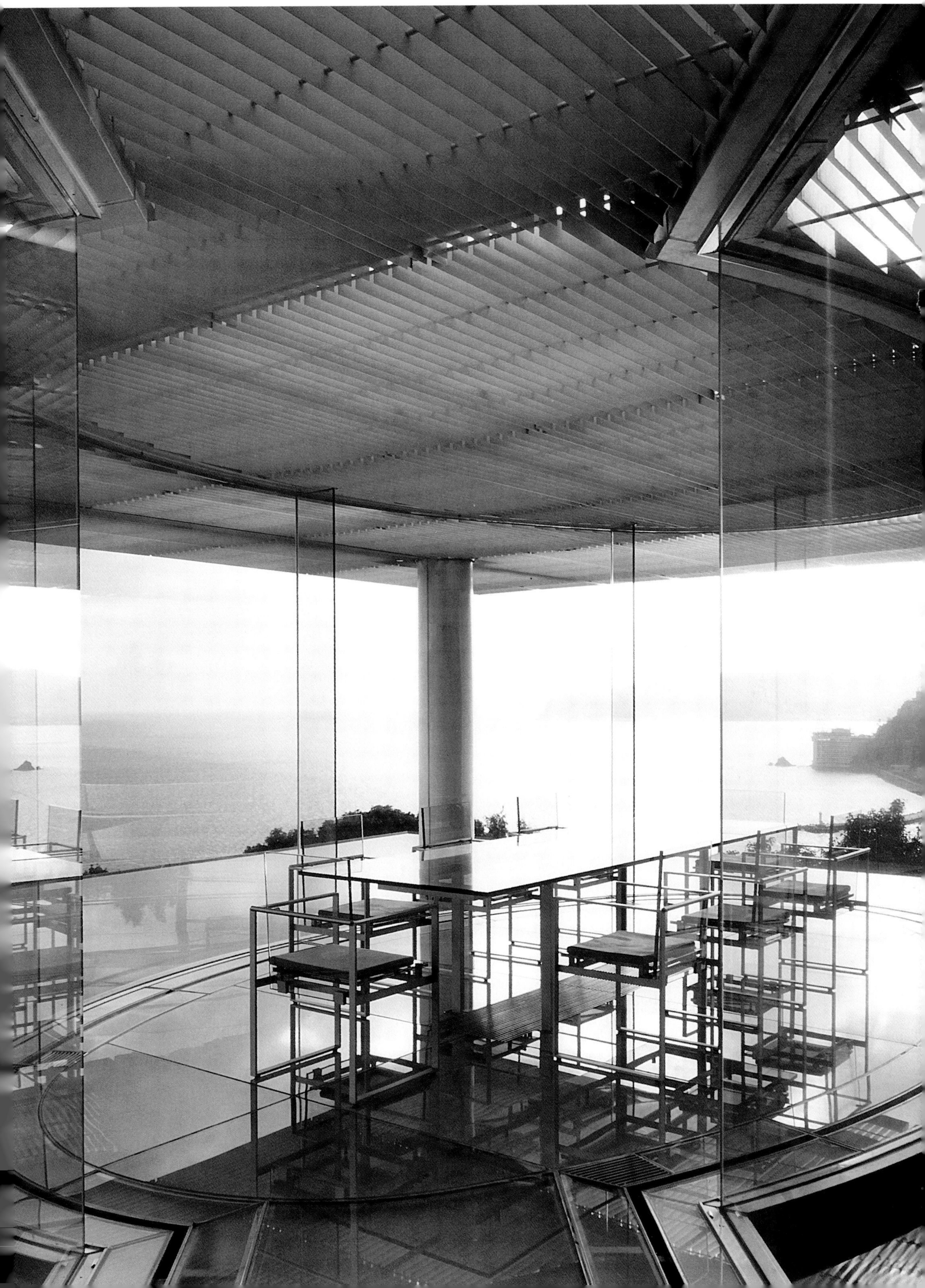

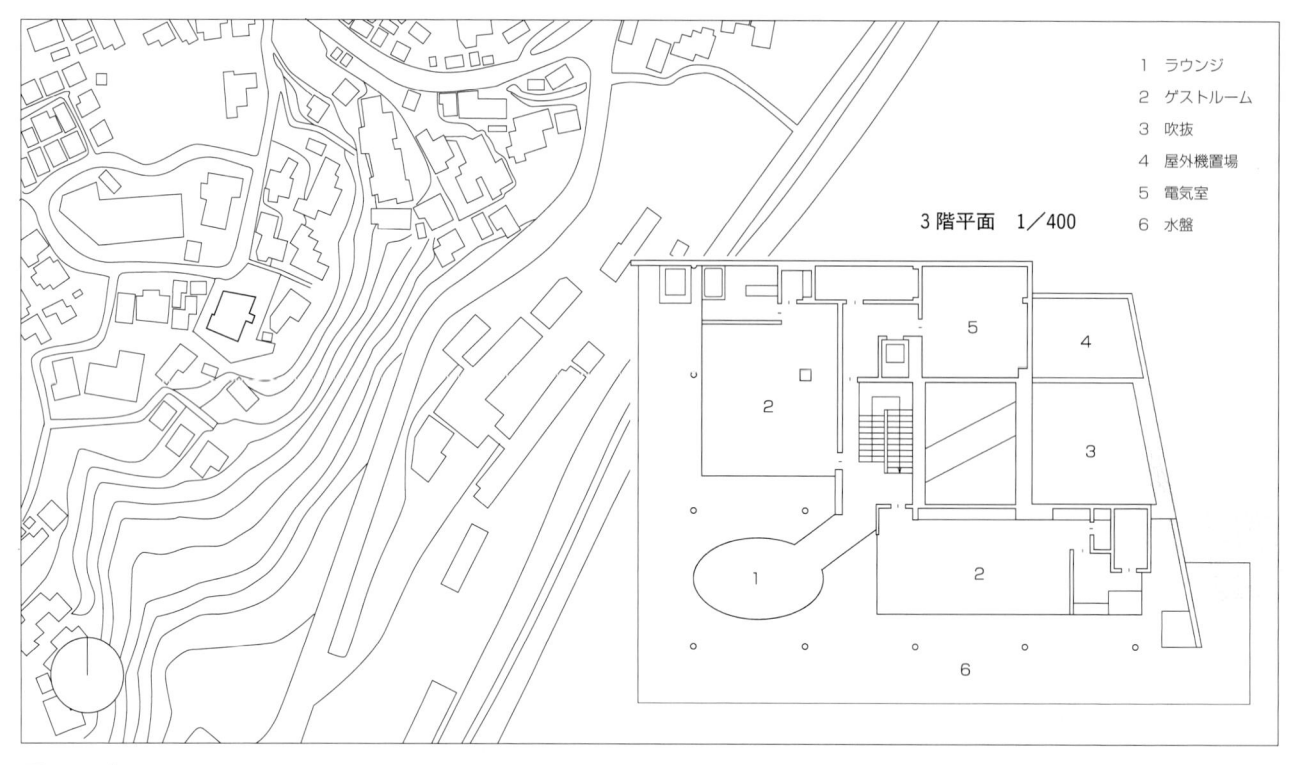

```
1  ラウンジ
2  ゲストルーム
3  吹抜
4  屋外機置場
5  電気室
6  水盤
```

3階平面 1/400

配置 1/2500

もちろん駄目だし、ガラスのルーフも光を砕いてはくれない。ルーバーという建築ヴォキャブラリーを用いたのは、この「水/ガラス」の水面の上にのるルーフが最初であった。水がルーバーを生み出したのだとも言える。

同じような話を画家のスーラについて読んだ。グレッグ・リンが僕の作品を「点描画法」(1997)というタイトルで論じたのをきっかけにして、スーラについて興味を持つようになった。スーラはノルマンディーの海を描いた絵の中で、点描画法を編み出したという説に出会った。それ以前のスーラの絵に点描はない。絵の具は面状にべたっと塗られていた。しかし、ノルマンディーのキラキラと光り輝く海に出会ったとき、彼は絵の具で点を描かざるをえなかった。そこから20世紀の絵画の歴史が開けていった。海が20世紀を開いたのである。もちろん僕の場合はそんな大それた話であるわけもないが、海が僕の建築を変えたことはまぎれもない事実である。海が僕の目を水面へと向け、床へと向けた。僕はこのあと、壁よりも前に、まず床について考えるようになった。床は視覚優位の20世紀においては不当に抑圧されていた。なにしろカメラはその正面にある壁面を過大評価してしまうからである。逆に身体は床に接し、床と語り合い、前方の床を確かめながら、少しずつ体を前へと進めていく。身体の復権とは、床をデザインすることの復権である。逆にさまざまな立ち上がりをいかに弱めるかという課題が明らかになった。その後に登場するルーバーの壁も、和紙やプラスチックなどの弱い壁も、すべてこの課題の延長上に生まれた手法である。さらに海は僕に粒子という概念を与えてくれた。粒子という概念からルーバーという具体的なディテールが生まれた。

ひとつの新しい考え方が決まったとき、具体的なディテールの検討ほど楽しいものはない。まさに薄皮を剥ぐようにして、いままで悩んでいた問題が解決されていく。

まずルーフのステンレスルーバーと構造体との上下関係という問題があった。ルーバーが上か、構造体が上かという問題である。建築をひとつの構造体として眺めると、構造体の上にルーバーを載せたくなる。構造体としての認識は、模型を上から眺める仕方にほぼ近い。造物主が、自ら生産した物体を眺めるように、模型は見下ろされるのである。その視点から見れば、ルーバーは構造体のフレームの上部にあって、全体形のシルエットを整えるべきであると感じられた。

一方で、等身大の人間に戻り、身体を空間の中に挿入してみると、解答は全く逆となる。ルーバーは構造体の下に吊られ、水面とルーバーというふたつの水平面が、身体が住む空間を規定するべきなのである。進むべき方向はすでに決まっていた。ルーバーは構造体の下に吊られ、人間の側に配置されたのである。

模型という道具は三次元の空間把握を容易にすると同時に、人間からスケール感覚を奪い、身体感覚を喪失させ、建築と構築とを混同させる。建築を構築から解放すること。このプロジェクトからその方向がはっきりと意識されるようになった。水がひとつのきっかけとなった。さらにラッキーだったのは、この建築が崖に建っていて、ほとんどどこからも正面性のある外観が見えないということである。入り口を控え目につくりさえすれば、建築から外観を消去できるのである。外観の消去とは立ち上がりの消去に他ならない。立ち上がりを消すとは、構築という概念から建築を解き放つことと同義である。

# 海が僕の建築を変えた

## 隈研吾

　熱海の海際の崖の上に建つゲストハウス。敷地に立って海を眺めているうちに、ただ水面だけの建築をつくりたくなった。水面の脇に寝そべって、キラキラ光る水面を眺めたり、その水面の上を吹き渡る気持ちのいい風を浴びていたりしたいと思った。

　もともと海が好きだったということもある。海とは水面である。すなわち水の張られた水平面である。海が好ましいのは、立ち上がり、すなわち壁的なもの、構築的なものがないからである。同じ水を材料としていても、滝は垂直的に立ち上がっているので、魅力を感じない。見ていてもくつろげない。もう少し水の流れが違っていたらどうだろうとか、余計なことばかり頭に浮かんでしまう。疲れてしまう。

　同じ海とはいっても、岩壁はやはり駄目である。立ち上がりの仕方が気になって仕方がない。岩の種類が気にいらなかったり、草の生え方が気になったりする。コンクリートで補強してあろうものなら問題外である。やはり砂浜が一番いい。水も立ち上がっていなければ砂も立ち上がっていない。重力にまかせて目一杯くつろいでいる。おかげでこちらもくつろぐことができる。

　とはいっても水面だけでは人は暮らせない。水面の脇に床をつくったとしてもそれだけで人は暮らせない。何かが立ち上がって人の身体を守らなくてはならない。この矛盾あるいは対立をどう解くかが設計の鍵を握る。立ち上がりは極力控え目でありたいし、できれば消去したいと考えて、水面の上にガラスの面を立ち上げた。箱ではなく、面という意識である。ガラス箱という意識の背後には、ガラスでオブジェクトをつくるという意識が潜んでいる。ガラスを用いて美しい結晶体をつくりたいという意識である。一方、僕にとってガラスの結晶体などどうでもよかった。まず大事なのは水面があることである。ざわめき続ける生きた水面があって、そこに水蒸気が立ち上がるような曖昧さで、ガラスの面が立ち上がってくれればいいと考えて、ガラスのディテールを決定していった。

　無限に広がる海のような水面をつくりたかった。そのために水面のエッジを絶えずオーバーフローさせ、建物の一部である水面と、眼下に広がる太平洋とが、一体に感じられるような納まりとした。

　楕円形をしたラウンジの床面はガラス貼りとした。外部の水面に深さがあるようにガラスの下にも深さをつくり出すことで、室内に水面が延長する感覚を生み出したかったのである。

　ガラスの下には、照明器具と空調機器が仕込まれ、上部のステンレスルーバーのさらに上には、可動の遮光スクリーンを取り付けた。

　立ち上がる諸要素は、可能な限り弱く弱くデザインされる。しかしだからといって退屈なわけではない。水面は絶えず動いている。一般に波と呼ばれているような大きな動きがあり、その一方で風に誘発される小さな動きがある。光がそれにつられてキラキラと変化し続けて飽きることがない。水面を眺めているうちに、水面の上にくるルーフはステンレス製の細かいルーバーでなければならないと確信するようになった。そのルーバーが光を細かい粒子へと粉砕し、水面の上に光の粒のダンスを躍らせるのである。光を通さない重たいルーフは

1992.7-1995.3

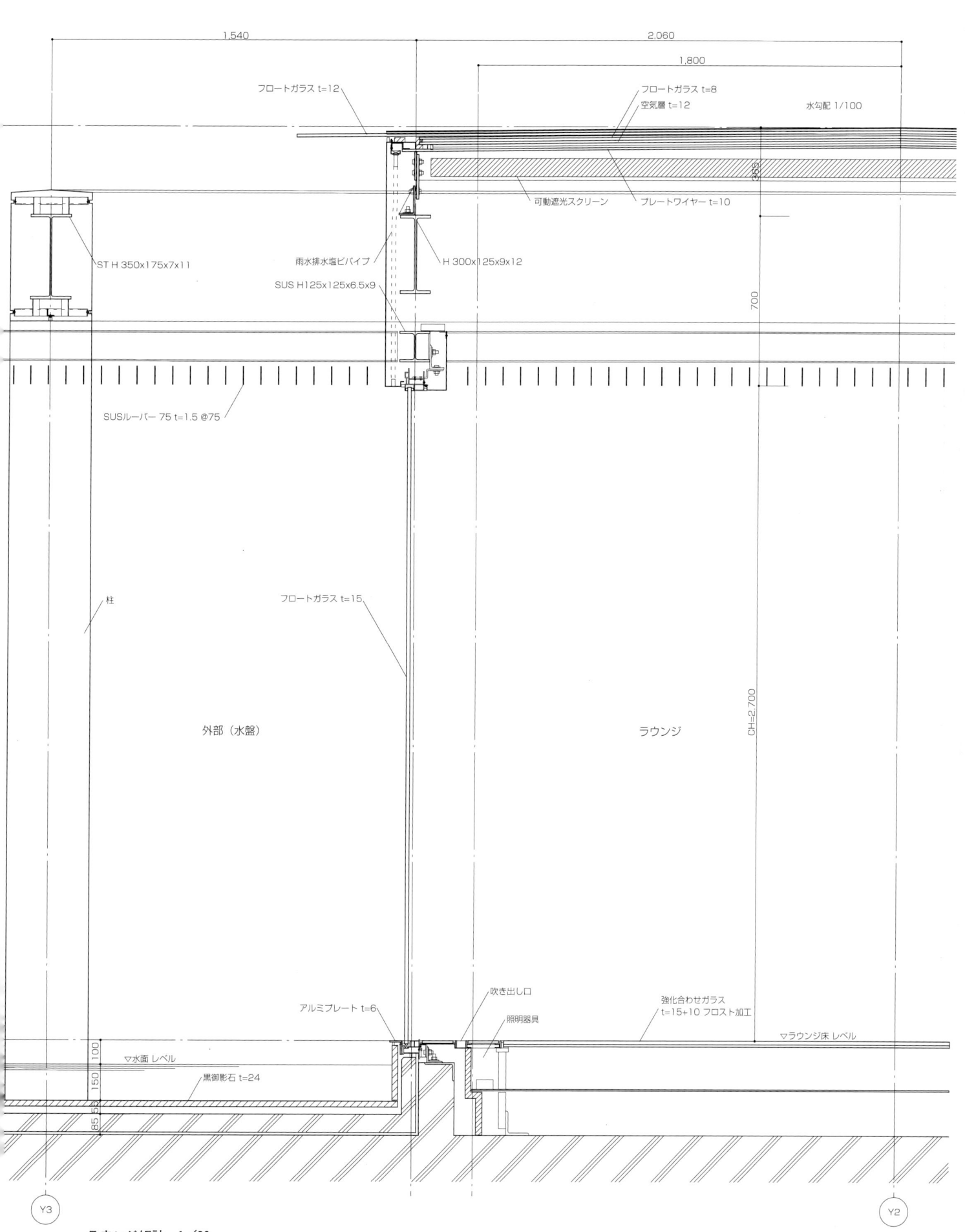

フロートガラス t=12
フロートガラス t=8
空気層 t=12
水勾配 1/100
可動遮光スクリーン
プレートワイヤー t=10
ST H 350x175x7x11
雨水排水塩ビパイプ
H 300x125x9x12
SUS H125x125x6.5x9
SUSルーバー 75 t=1.5 @75
柱
フロートガラス t=15
外部（水盤）
ラウンジ
CH=2,700
アルミプレート t=6
吹き出し口
強化合わせガラス
t=15+10 フロスト加工
照明器具
▽ラウンジ床 レベル
▽水面 レベル
黒御影石 t=24

Y3　Y2

ラウンジ矩計　1/20

| 幕張集合住宅 | PC |

1996.10-2000.3

パズルを解く必要があった。都市計画サイドからは横連窓の禁止。クラシックなポツ窓タイプのエレベーションが求められた。一方、敷地に立って海を眺めたときには、透明感のある軽やかな外装こそふさわしいと思った。ソリューションは、ガラススクリーンと有孔のプレキャストコンクリートを併用して、ポツ窓のプロポーションを構成するという離れ技。ガラススクリーンは海からの強風を防ぎ、内側にハーフサンルームと呼べるスペースを形成するためのツールでもある。その種の中間的領域として集合住宅のバルコニースペースを再編成するきっかけになればと考えた。

　ディテール上の課題は、ガラスのフレームの寸法を最小として、あくまで、「フレーム」ではなく、「ガラスの皮膜」として見せること。ガラスのつややかな皮膜性が、人間が住むという繊細な行為が行われる施設にふさわしいと考えた。そのつややかさが、日本の集合住宅に最も欠落している。ガラススクリーンは、幅150mmのスリットを切ることで、バルコニー側から内外とも清掃可能なディテールとした。

　バルコニーの腰壁は、150mm厚の有孔のPCコンクリートパネルとした。現場打ちの腰壁にはないハードエッジな乾いた質感が欲しかったからである。構造上および安全上最大限の穴（120mm×510mm）をあけ、穴の断面は内側にテーパーをかけて、パネルの外側が汚れないようなディテールとした。長円の穴の形状は「作新学院」以来しばしば登場することになった。

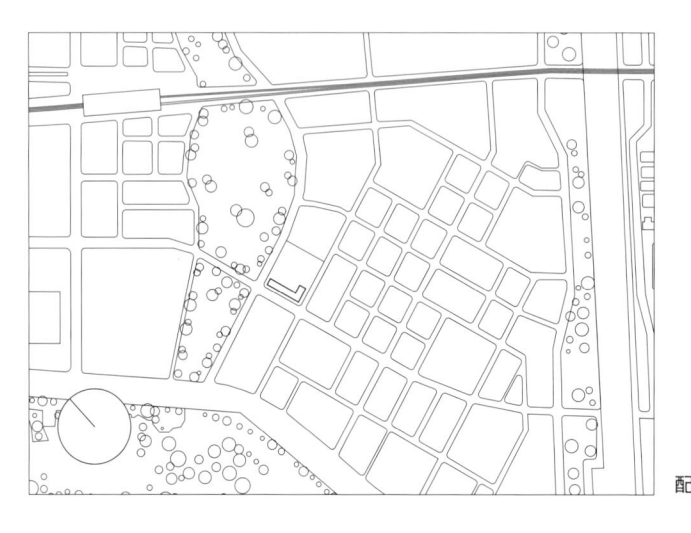

配置　1／20000

　海に近く、強風で知られるエリアである。エントランス部分が風の通り道となることを避けるため、アルミのルーバーで垂れ壁をつくり、風除け、日除けとした。同一断面の角パイプのルーバーの繰り返しを避け、変形断面の押出材のアルミルーバーを、取り付け方向、ピッチに変化を与えながら配置することで、光と影のリズムを生み出そうと考えた。

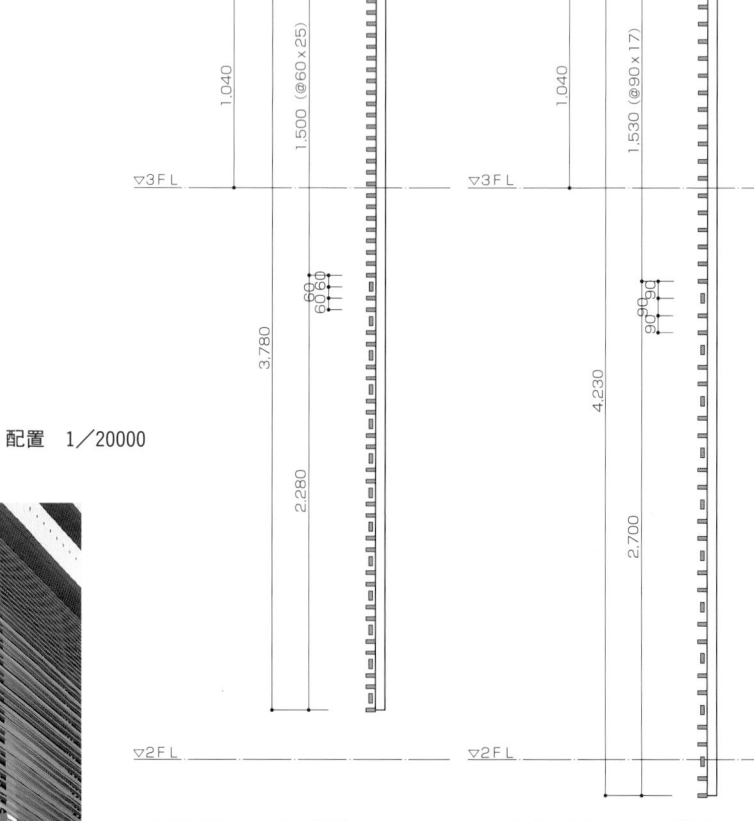

C棟西面ルーバー断面　1／40　　C棟南面ルーバー断面

穴あきPC板立面　1/20

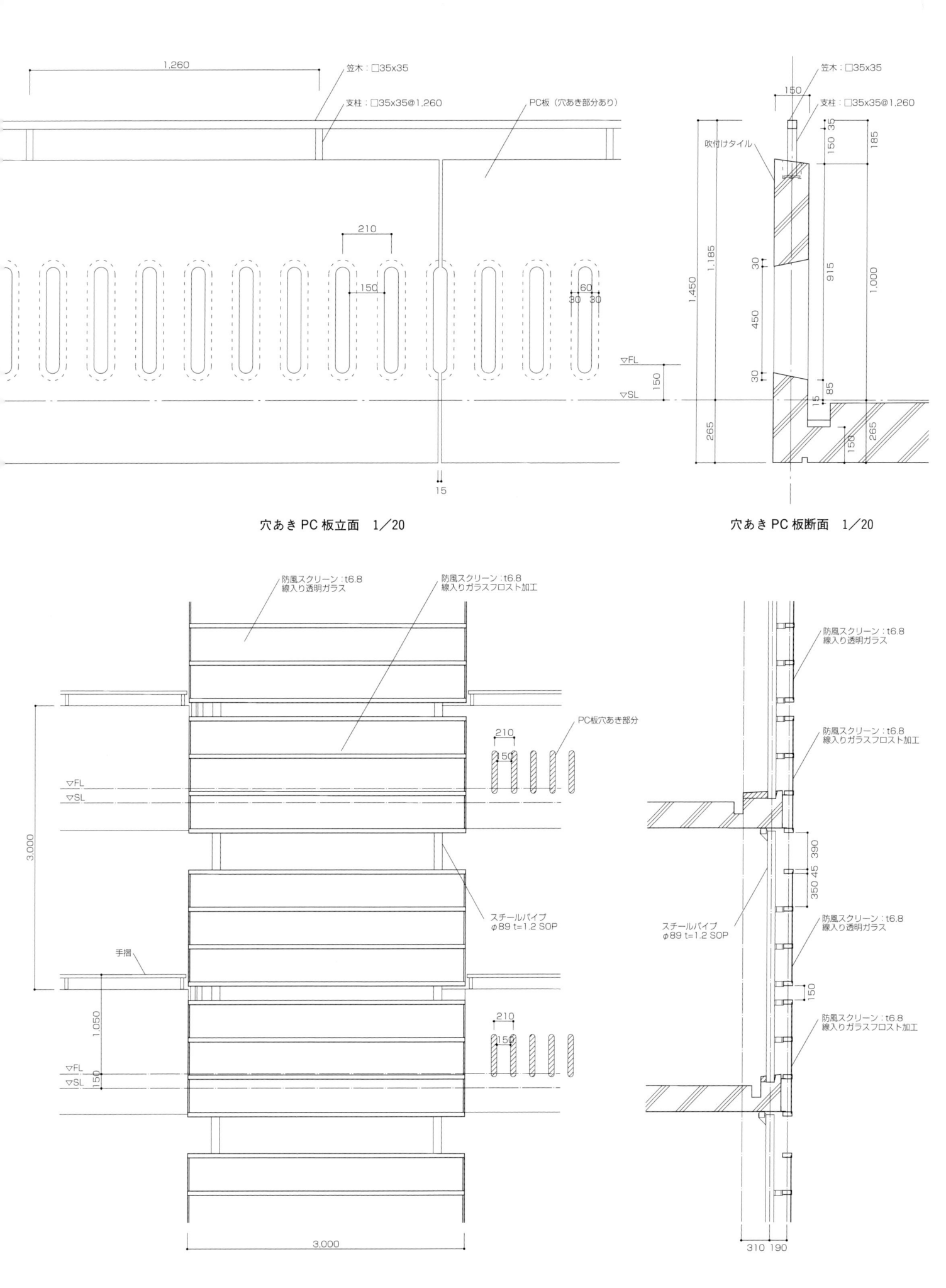

穴あきPC板断面　1/20

バルコニー立面　1/50

バルコニー断面　1/50

高柳町陽の楽家 | 和紙

1998.2-2000.4

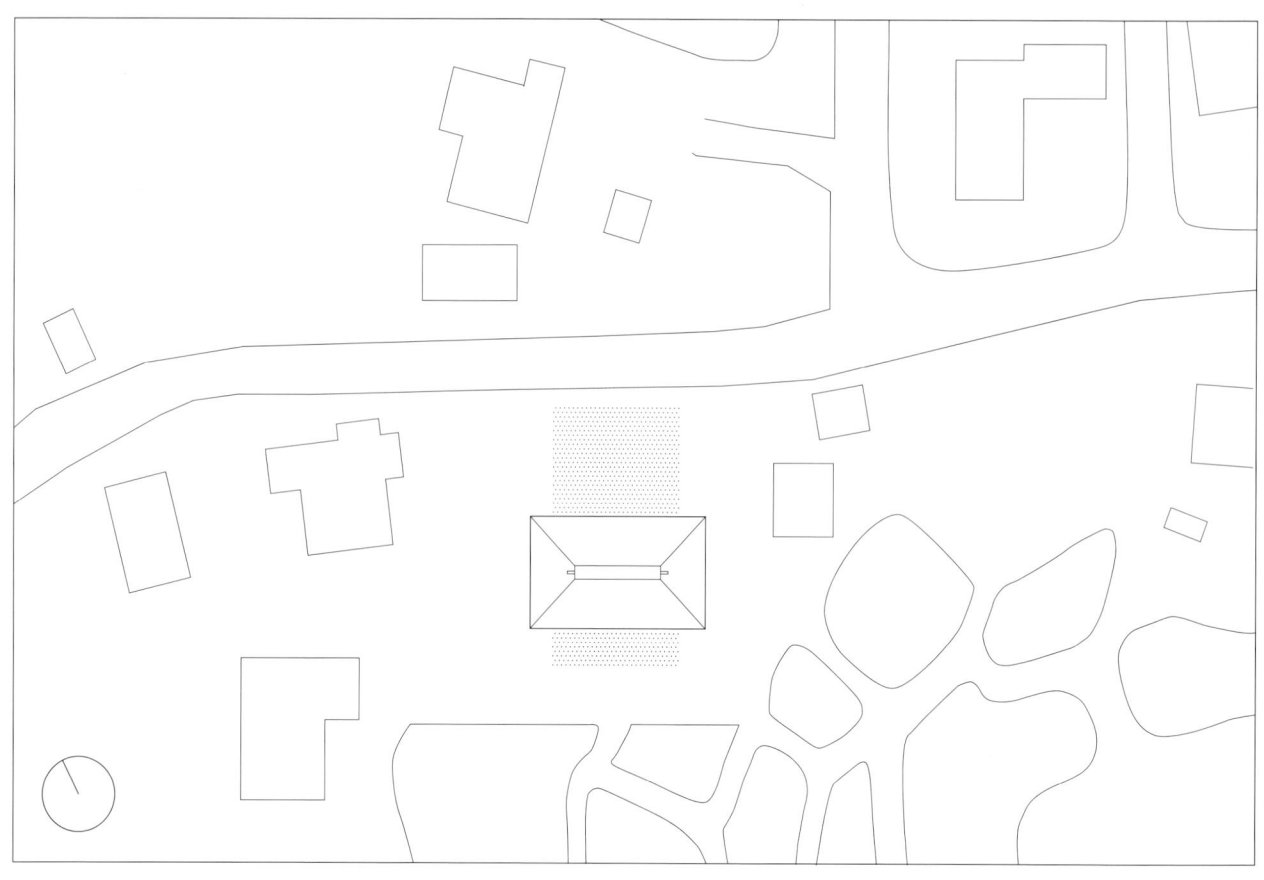

配置 1/600

　建築はシルエット（輪郭線）ではないという考え方を突き詰めた作品。シルエットは周囲に並ぶ茅葺きの民家と何ら変わるところはない。変わる必要は全くないと思った。異なるのはセッティング（境界条件）とマテリアリティー。

　水田の中に、直接建築が浮かんでいるようなセッティングを行った。建築と水田の間に、ちゃちな庭園が介在するのではなく、直接水田と建築とが接続されるディテールである。前例のないディテールではあるが、できあがった風景はとても懐かしい感じがするものとなった。

　もうひとつの課題は、和紙というマテリアリティーが建築の全体を優しく支配する状態をつくること。同じ高柳町内に、日本を代表する和紙の職人、小林康生さんが工房を構えている。何回も会って話を聞いているうちに、すっかり小林さんの和紙独特の柔らかくしかも強靱なマテリアリティーにまいってしまい、建築を和紙で覆い尽くすことを試みた。

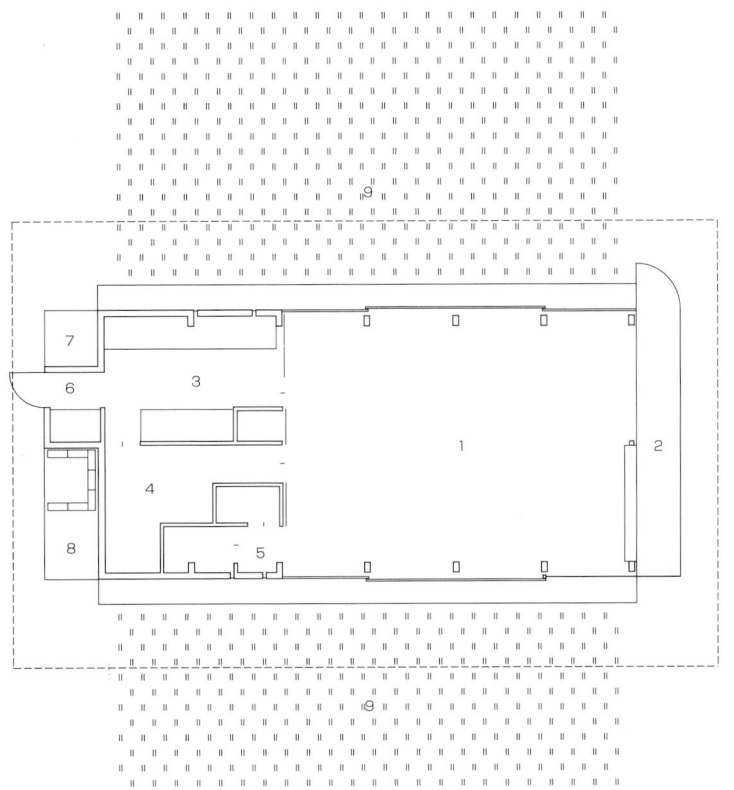

1 集会場
2 土間
3 キッチン
4 倉庫
5 化粧室
6 勝手口
7 落とし板置場
8 室外機置場
9 水田

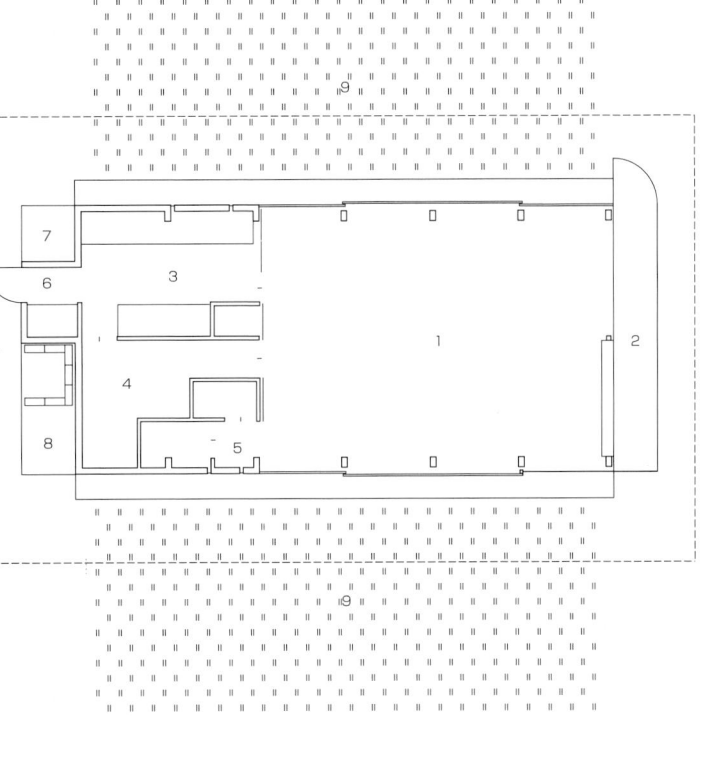

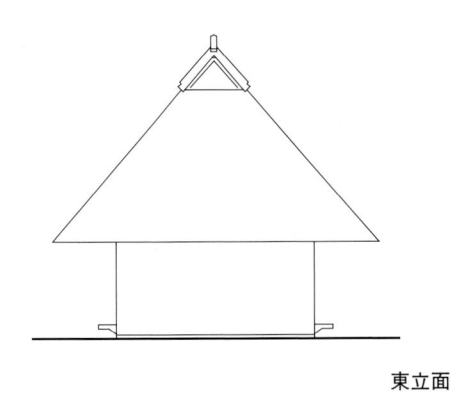

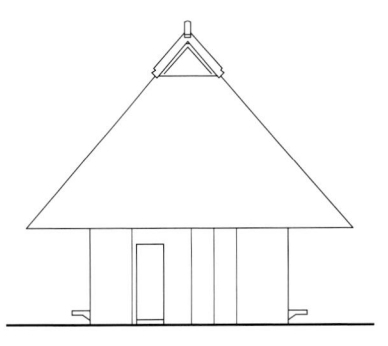

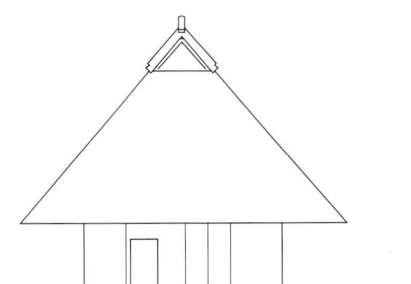

平面 1/150

東立面

北立面 1/200

西立面

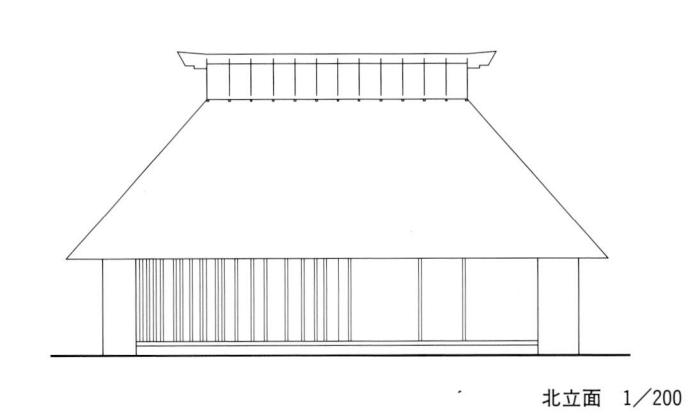

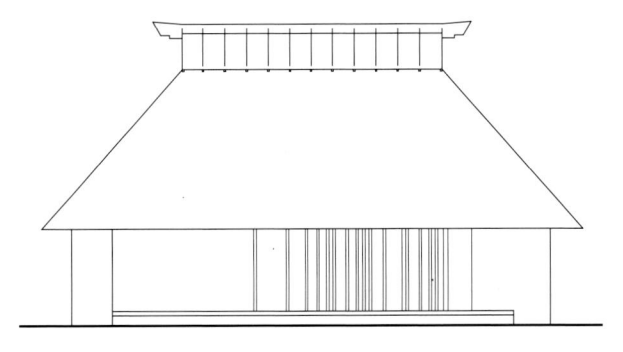

南立面

## 縁側断面詳細 1/20

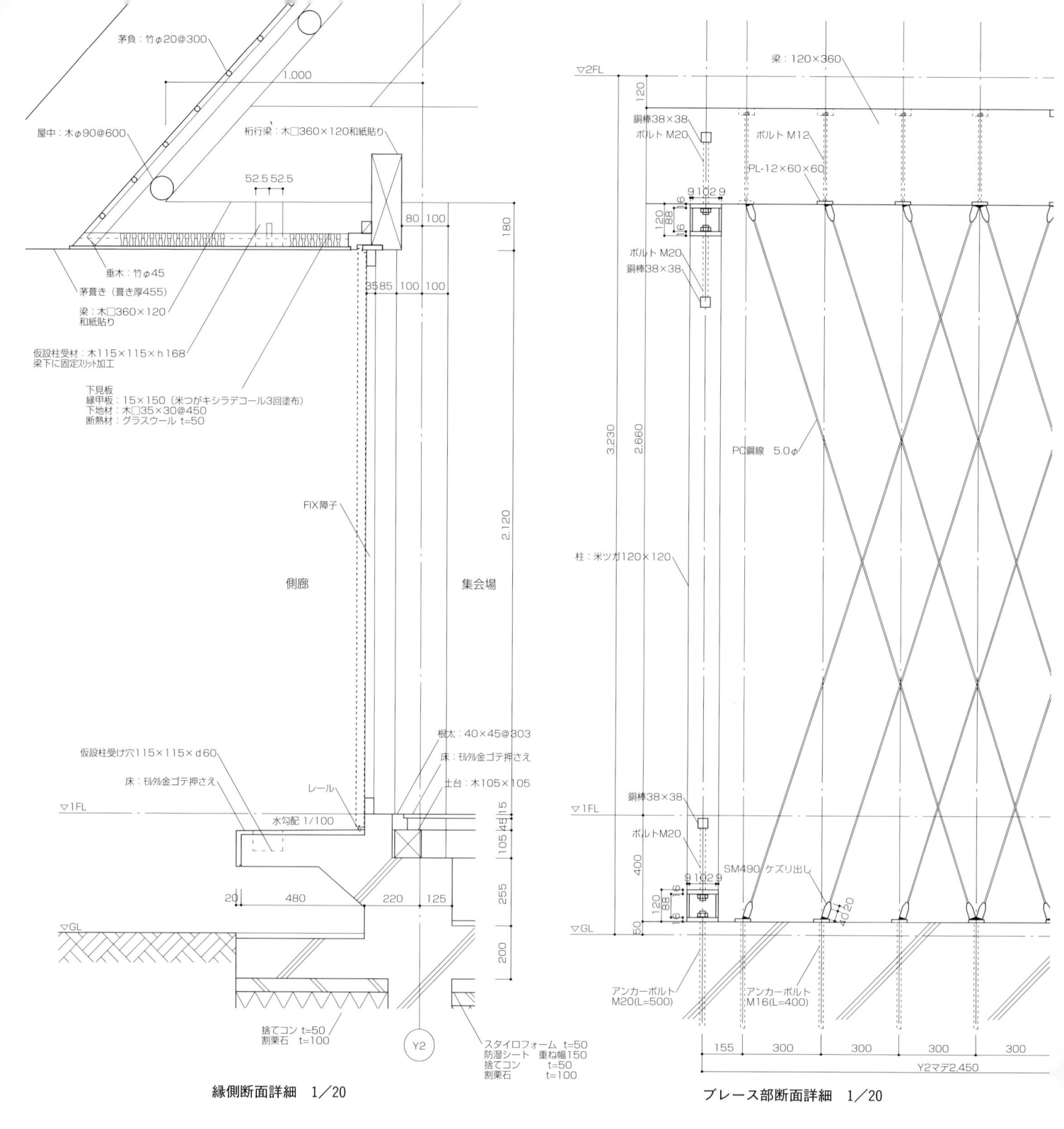

茅負：竹φ20@300
屋中：木φ90@600
桁行梁：木□360×120和紙貼り
垂木：竹φ45
茅葺き（葺き厚455）
梁：木□360×120 和紙貼り
仮設柱受材：木115×115×h168 梁下に固定スリット加工
下見板
縁甲板：15×150（米つがキシラデコール3回塗布）
下地材：木□35×30@450
断熱材：グラスウール t=50
FIX障子
側廊
集会場
仮設柱受け穴115×115×d60
床：モルタル金ゴテ押さえ
レール
根太：40×45@303
床：モルタル金ゴテ押さえ
土台：木105×105
▽1FL
水勾配 1/100
▽GL
捨てコン t=50
割栗石 t=100
スタイロフォーム t=50
防湿シート 重ね幅150
捨てコン t=50
割栗石 t=100

## ブレース部断面詳細 1/20

▽2FL
梁：120×360
銅棒38×38
ボルトM20
ボルトM12
PL-12×60×60
ボルトM20
銅棒38×38
PC鋼線 5.0φ
柱：米ツガ120×120
銅棒38×38
ボルトM20
SM490 ケズリ出し
▽1FL
▽GL
アンカーボルト M20(L=500)
アンカーボルト M16(L=400)
Y2マデ2,450

　庇は極力長く出し、縁側も張り出したが、それでも和紙だけで内部と外部を切断することは難しい。和紙に柿渋とコンニャクを塗るという方法を小林さんから教わり、多少の雨水が当たっても、またコーヒーをこぼしても耐えられるだけの性質を得ることができた。この方法は、第二次世界大戦中の風船爆弾の製法と同じであった。この話を新聞に書いたところ、実際に風船爆弾の製作に携わっていた方からお手紙をいただき、当時のエピソードまで伺うことができた。

83

# 高崎駐車場 | PC

1999.4–2001.3

配置 1/5000

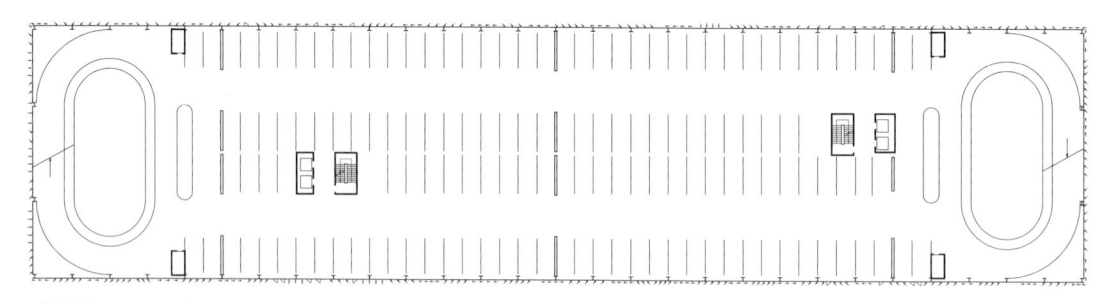

基準階平面 1/1000

　レンガを用いた町づくりが高崎の都市景観デザインの基本コードとなっている。新幹線の線路脇の駅前に建つこのプロジェクトにも同じコードの適用が求められた。しかし、土木と建築のはざまにある駐車場のようなザッハリッヒな施設に、レンガそのものを用いると建築が甘くなると考え、レンガ色の色粉を混ぜて発色させたプレキャストコンクリート製のルーバーを用いることを提案して、受け入れられた。

　新幹線で高崎駅を通過する際、まず建築はマッシブなヴォリュームとして前方に現れる。ルーバーの側面が重層してマッスとなるからである。次の瞬間、新幹線の真横に駐車場はそのスケルトンをさらけ出す。ルーバーと視線との方向が重なるからである。さらに次の一瞬には、駐車場は後方に取り残された暗褐色のマッスでしかない。速度とそのベクトルによって変幻自在に姿を変えるところに、ルーバーのおもしろさがある。すなわち存在自体が不安定なのである。

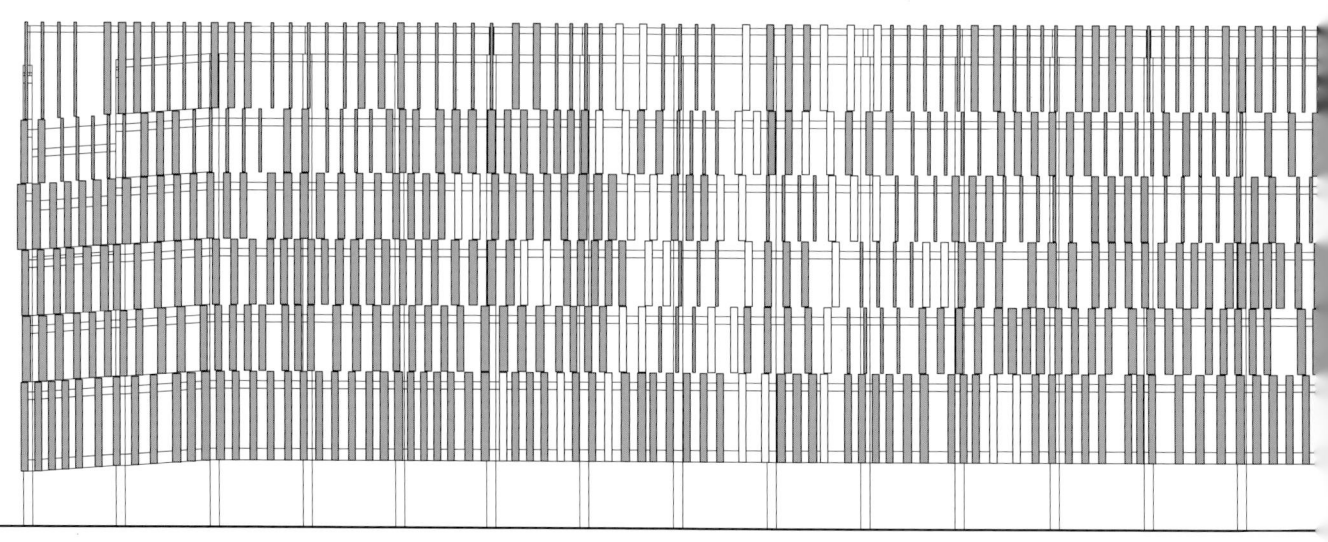

西立面 1/400

87

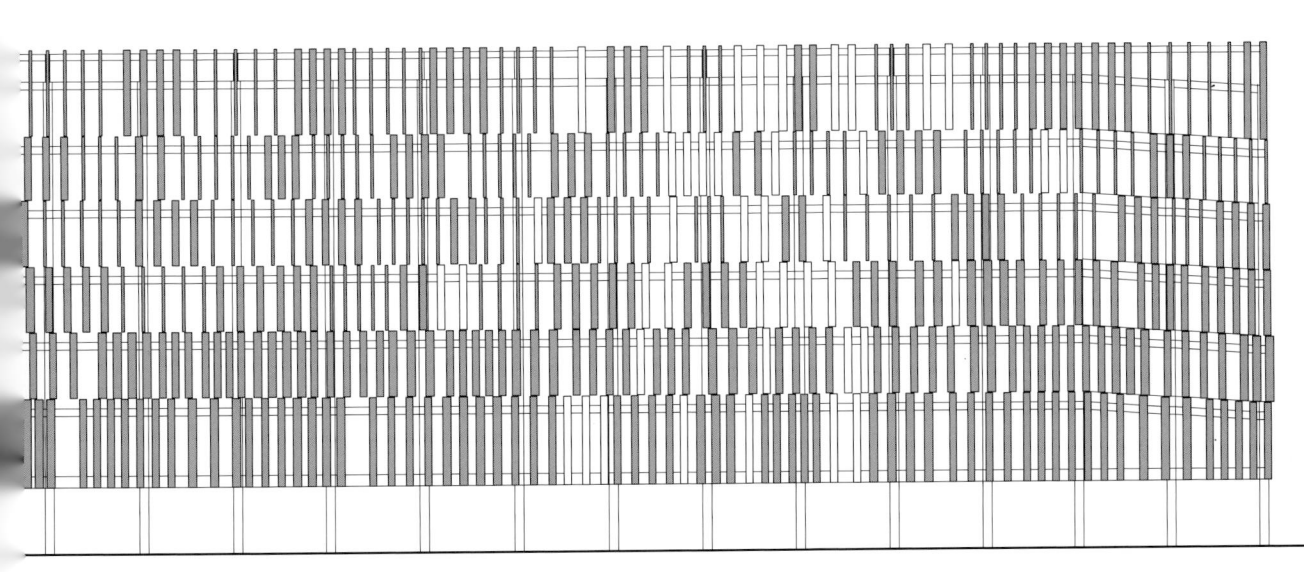

## 断面詳細 1/50

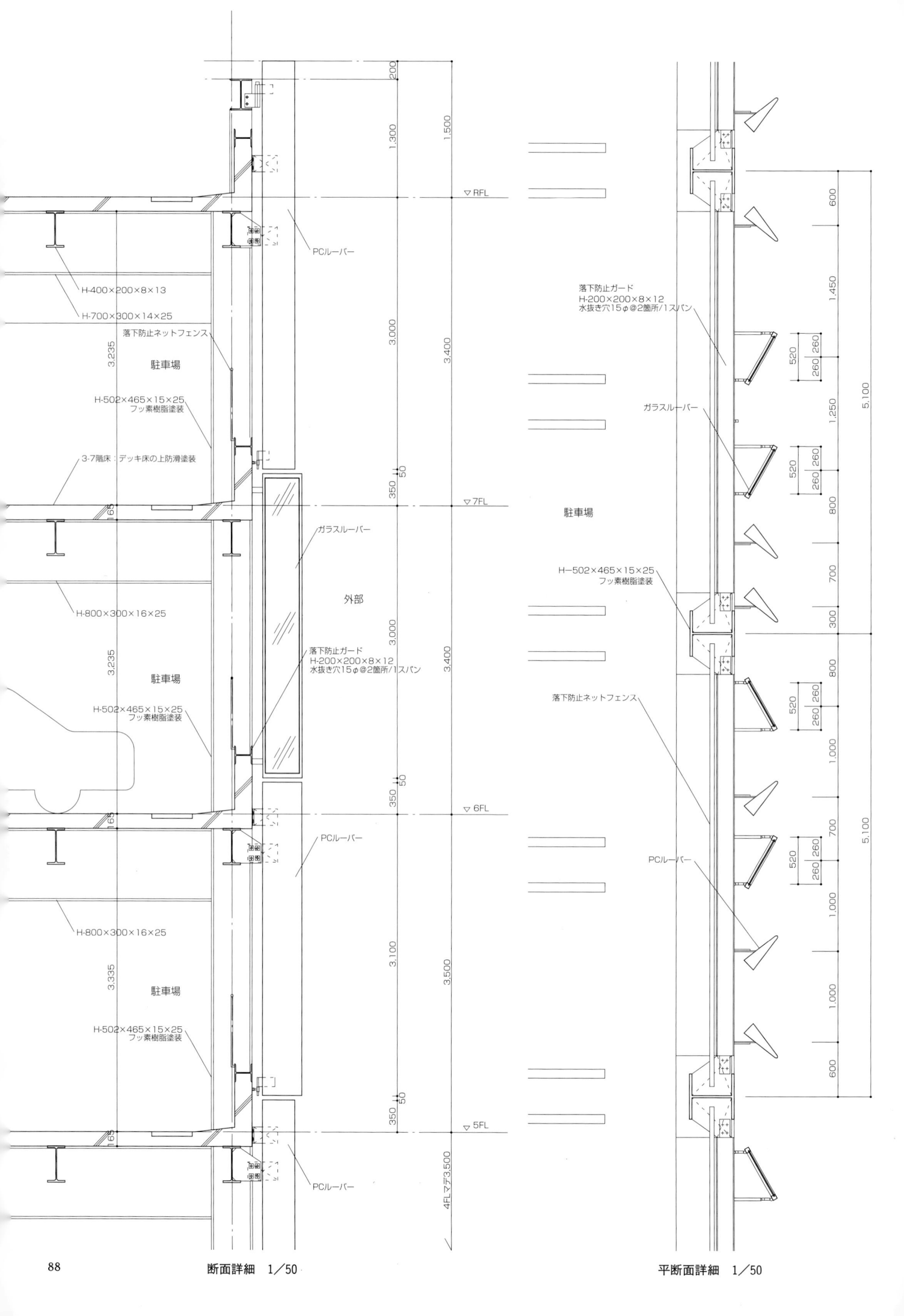

- H-400×200×8×13
- H-700×300×14×25
- 落下防止ネットフェンス
- 駐車場
- H-502×465×15×25 フッ素樹脂塗装
- 3-7階床：デッキ床の上防滑塗装
- H-800×300×16×25
- 駐車場
- H-502×465×15×25 フッ素樹脂塗装
- H-800×300×16×25
- 駐車場
- H-502×465×15×25 フッ素樹脂塗装
- PCルーバー
- ガラスルーバー
- 外部
- 落下防止ガード H-200×200×8×12 水抜き穴15φ@2箇所/1スパン
- PCルーバー
- PCルーバー

▽RFL ▽7FL ▽6FL ▽5FL

## 平断面詳細 1/50

- 落下防止ガード H-200×200×8×12 水抜き穴15φ@2箇所/1スパン
- ガラスルーバー
- 駐車場
- H-502×465×15×25 フッ素樹脂塗装
- 落下防止ネットフェンス
- PCルーバー

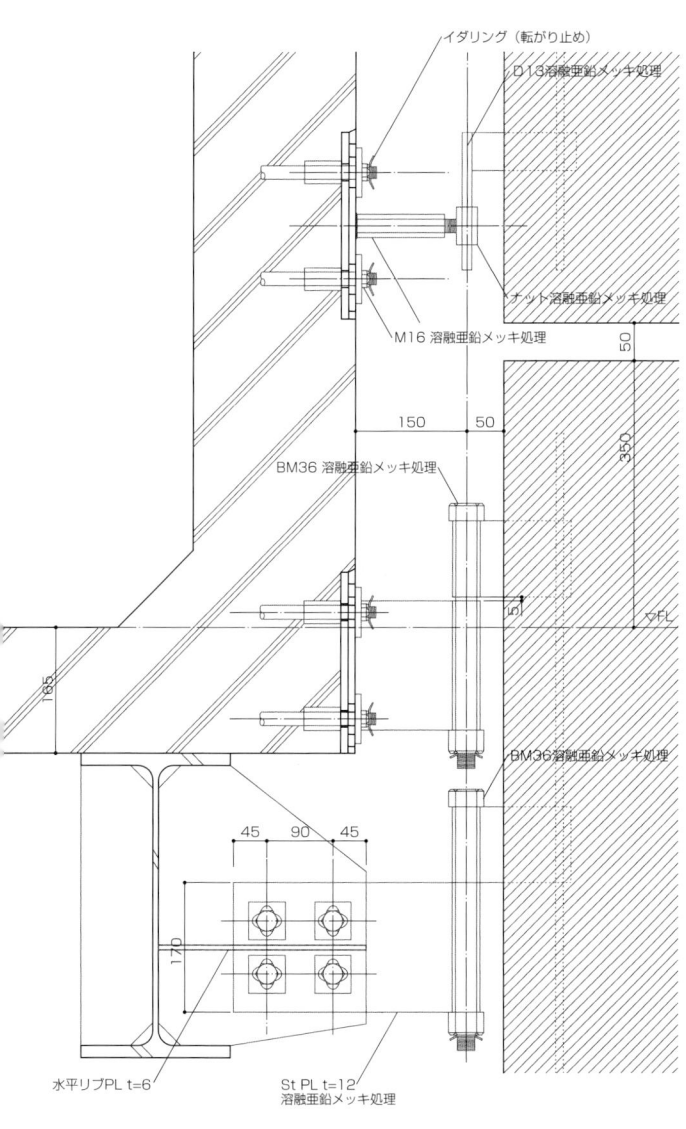

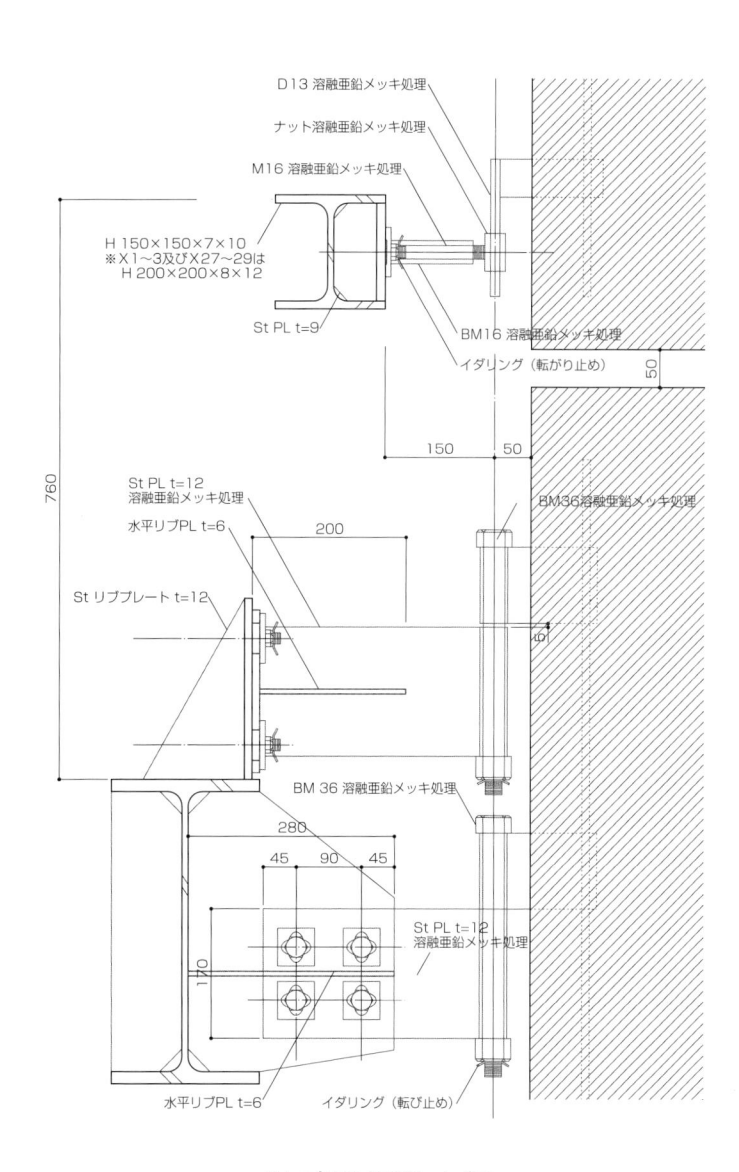

一般部取付詳細　1/10　　　　　　　　　　　　　　　　　ランプ部取付詳細　1/10

　プレキャストコンクリートは先端を可能な限り、とがらせたかった。そうすることでルーバーから厚みを消し、三次元の物体性（オブジェクト）を消去したいと考えたのである。すなわち平行してみれば無であり、直交してみれば面であるという形で、ルーバーの存在自体が大きく揺らぐのである。三次元のオブジェクトとなってしまったならば、向きを変えたところで、オブジェクトからの逸脱、三次元からの逸脱は不可能となるからである。

　とがらすには、先端に鉄筋を入れず、代わりにステンレス製のメッシュを敷き込んだ。コルビュジエがラ・トゥーレット修道院の回廊のルーバーで用いたのと同じ手法だが、ラ・トゥーレットのルーバーは僕にはオブジェクトそのままに見える。

　一部、タペストリー加工を施したガラスの板のルーバーも併用した。ガラスがフレームにはまっている表現を避けるためにアルミフレームは避け、乳白色のシリコン・ガスケットでガラスルーバーを固定した。背後にエレベーターなどの縦動線がある部分を中心として、ガラスルーバーの密度が高まるような配置とし、夜間は発光するガラスルーバーが動線の位置のインディケーターとなるような仕掛けである。

　ルーバーの向きは、壁面線に対し45度、90度、135度、180度と4種類とし、周囲の建物との距離や視界の広げ方を考慮して、それぞれの角度を設定した。当初は、ルーバー1枚、1枚で角度を変えてランダムな印象を生み出そうと考えたのだが、模型で確認したところ、かえってランダムに思えない。全体が単調で重たく感じられる。逆に5枚程度ずつを同じ角度にグルーピングしたほうが、ランダムな印象が強まって全体が軽くなる。ランダムネスとは何か、軽さとは何かということについて、いろいろと考えさせられた。

銀山温泉共同浴場「しろがね湯」 | 木＋アクリル

2000.11-2001.7

猫の額のような狭小の敷地が連なる銀山川の谷底。その結果、木造3階、4階建てからなるユニークな景観が大正期に誕生した。この共同浴場の敷地も例にもれず狭小で、男湯女湯ふたつの浴室をふたつのL字の立体的な組み合わせとして解くことで、光の質の全く異なるふたつの空間をつくり出すことができた。

　道路に面する外壁には、無双格子のディテールが用いられている。2層の可動の格子をスライドさせることによって、開、半開、閉などのさまざまな境界条件をつくり出す、優れた伝統的ディテールであるが、今回は木製と乳白のアクリル製の2層の格子のスライドとすることによって、内部にさまざまな質の光を導入することが可能となった。

　脱衣室の壁には木製の桟の上にワーロン紙をフクロ貼りとしたものを用い、無双格子から進入した外光が、さらに脱衣室の中にまで到達する仕掛けとした。

配置　1/600

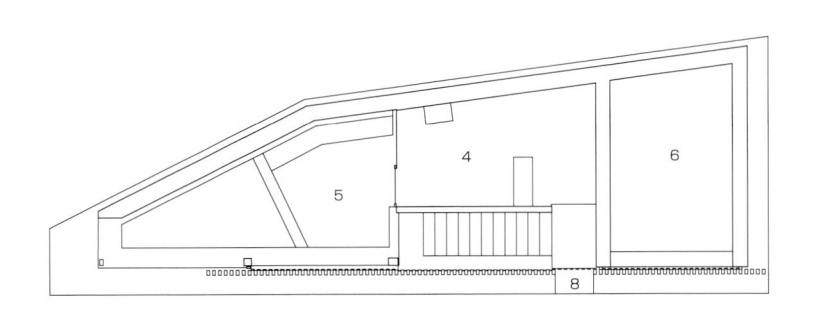

2階平面

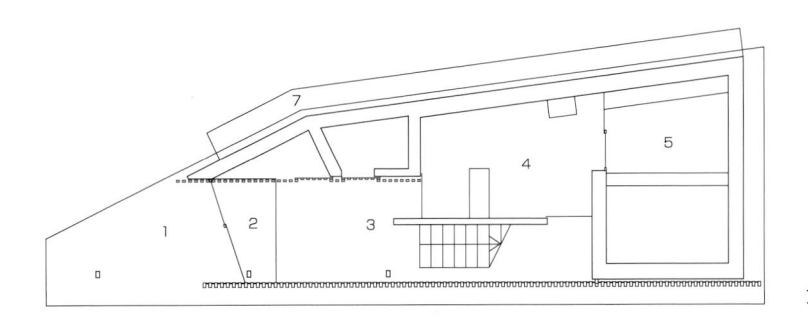

1階平面　1/400

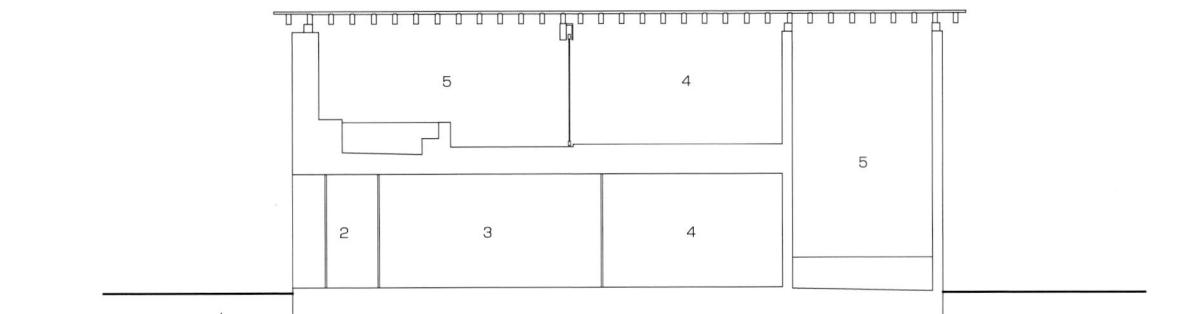

1　ピロティ
2　エントランス
3　待合室
4　脱衣所
5　浴室
6　吹抜け
7　融雪プール
8　展望テラス

断面　1/400

93

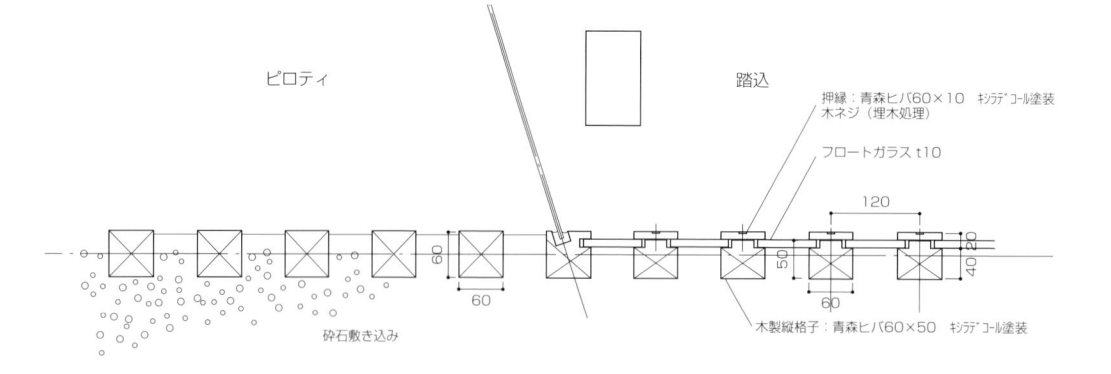

A 部平断面詳細　1/10

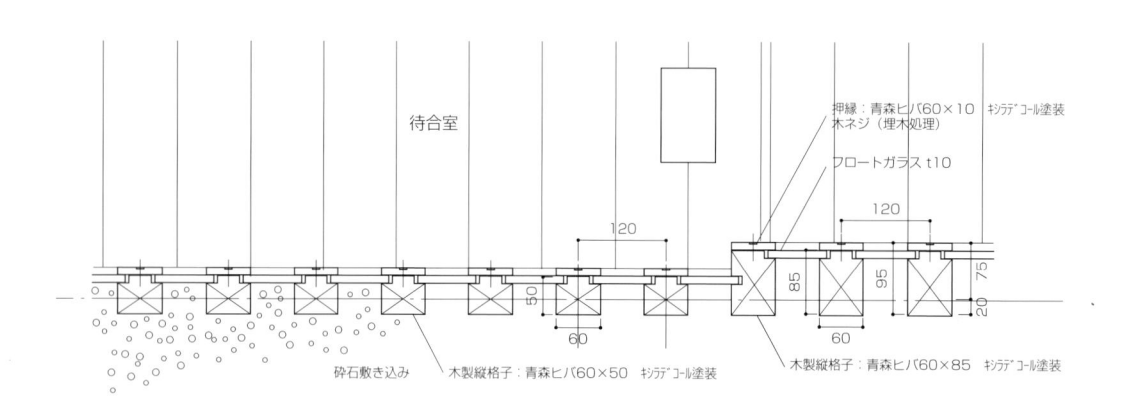

押縁：青森ヒバ60×10　キシラデコール塗装
木ネジ（埋木処理）
フロートガラス t10
木製縦子：青森ヒバ60×50 キシラデコール塗装
砂石敷き込み

ピロティ　　踏込

B 部平断面詳細　1/10

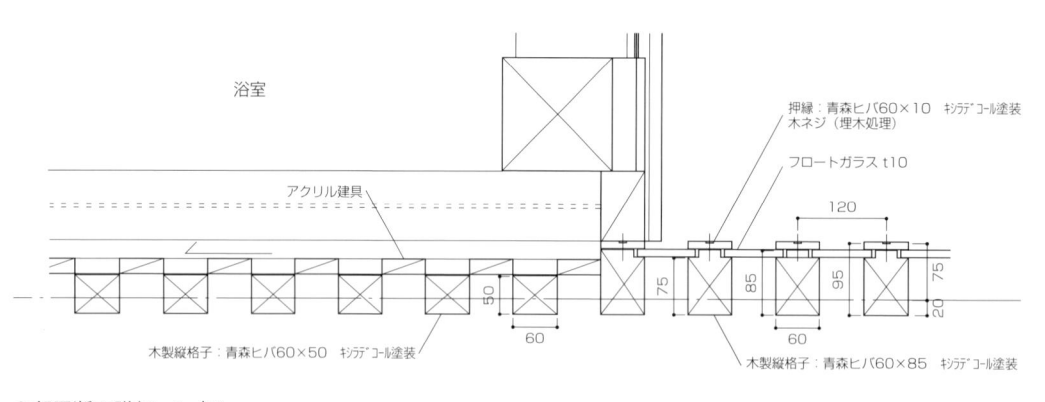

待合室
押縁：青森ヒバ60×10　キシラデコール塗装
木ネジ（埋木処理）
フロートガラス t10
砂石敷き込み
木製縦子：青森ヒバ60×50 キシラデコール塗装
木製縦子：青森ヒバ60×85 キシラデコール塗装

C 部平断面詳細　1/10

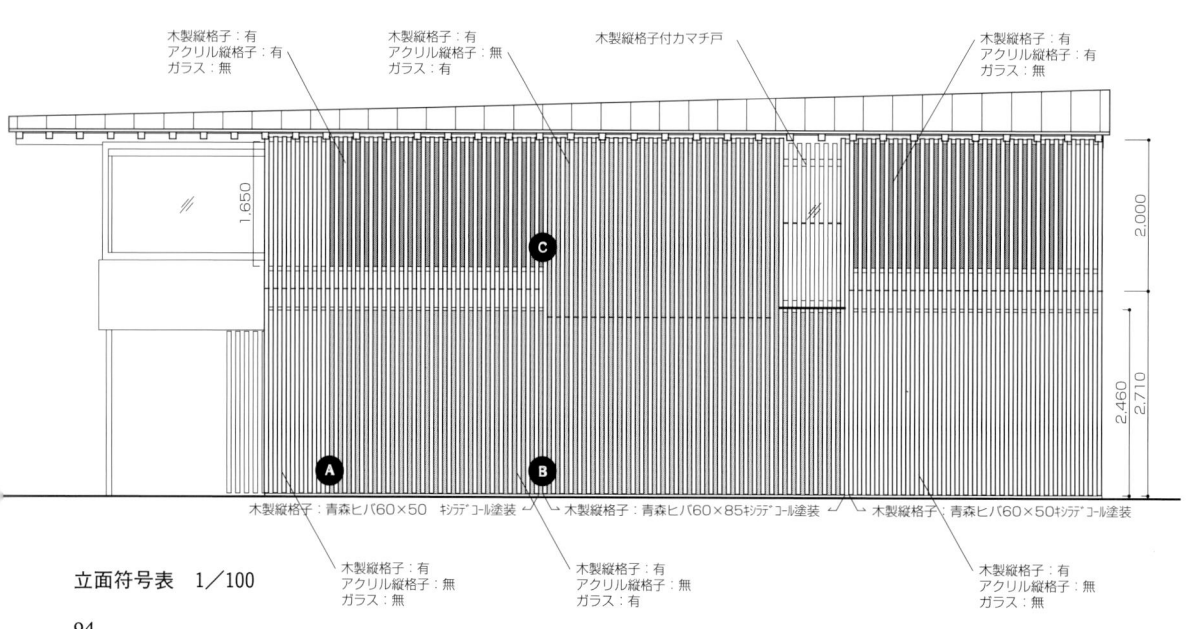

浴室
アクリル建具
押縁：青森ヒバ60×10　キシラデコール塗装
フロートガラス t10
木製縦子：青森ヒバ60×50 キシラデコール塗装
木製縦子：青森ヒバ60×85 キシラデコール塗装

立面符号表　1/100

木製縦格子：有
アクリル縦格子：有
ガラス：無

木製縦格子：有
アクリル縦格子：無
ガラス：有

木製縦格子付カマチ戸

木製縦格子：有
アクリル縦格子：有
ガラス：無

木製縦子：青森ヒバ60×50 キシラデコール塗装
木製縦子：青森ヒバ60×85キシラデコール塗装
木製縦子：青森ヒバ60×50 キシラデコール塗装

木製縦格子：有
アクリル縦格子：無
ガラス：無

木製縦格子：有
アクリル縦格子：無
ガラス：有

木製縦格子：有
アクリル縦格子：無
ガラス：無

ルーバーの詳細でいつも気を使うことは、可能な限り端部だけでルーバーを固定し、中途をつなぐ桟をいかに省略するかである。そのディテールが成功して初めて実と虚との中間点に位置する不思議な存在形式としてのルーバーを手に入れることができるのである。

　アクリル無双格子はアクリルが半透明な素材であるだけに、余計、中途の桟は気になる。20mmのアクリル板を用いることで、約2mの高さ寸法のルーバーを、上下端だけで固定することが可能となった。

　透明のアクリルにサンドブラスト加工を施すことで乳白のアクリル板をつくった。乳白の既製品アクリルももちろんあるが、透過する光の質を比較し、サンドブラストの柔らかいテクスチャーに惹かれて、透明板にサンドブラスト加工を選択した。

1階平面詳細 1/40

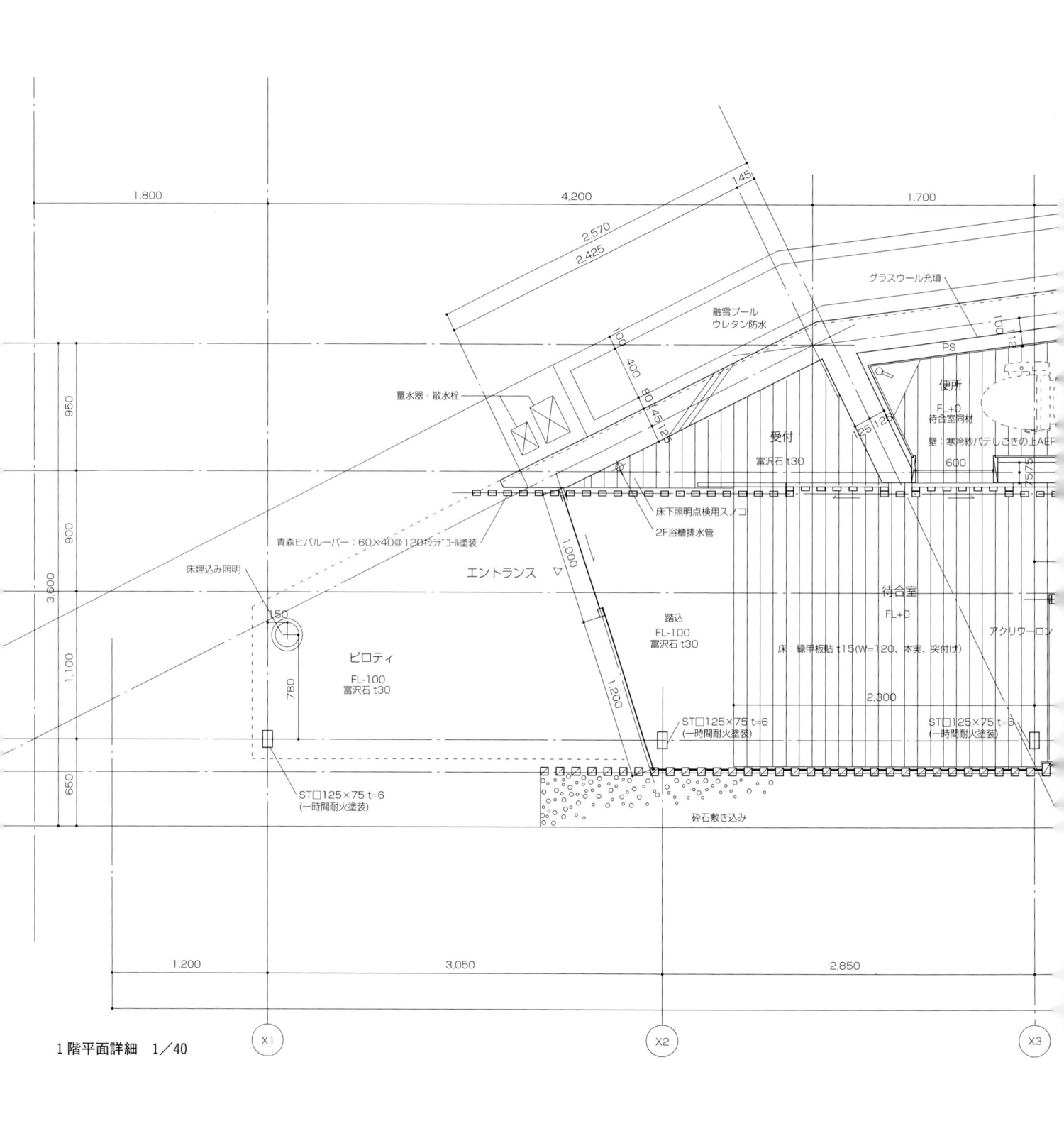

- 1,800
- 4,200
- 145
- 1,700
- 2,570
- 2,425
- 100
- 400
- 80 45 125
- 100
- グラスウール充填
- 融雪プール ウレタン防水
- 量水器・散水栓
- PS
- 便所 FL+0 待合室同材
- 受付 富沢石 t30
- 壁：寒冷紗パテしごきの上AEP
- 600
- 125 125
- 950
- 床下照明点検用スノコ
- 2F浴槽排水管
- 900
- 青森ヒバルーバー：60×40@120キシラデコール塗装
- 床埋込み照明
- エントランス ▽
- 待合室 FL±0
- 3,600
- 150
- 780
- 踏込 FL-100 富沢石 t30
- 床：縁甲板貼 t15(W=120、本実、突付け)
- アクリワーロン
- 1,100
- 1,000
- 1,200
- 2,300
- ピロティ FL-100 富沢石 t30
- ST□125×75 t=6 (一時間耐火塗装)
- ST□125×75 t=6 (一時間耐火塗装)
- 650
- ST□125×75 t=6 (一時間耐火塗装)
- 砕石敷き込み
- 1,200
- 3,050
- 2,850
- X1
- X2
- X3

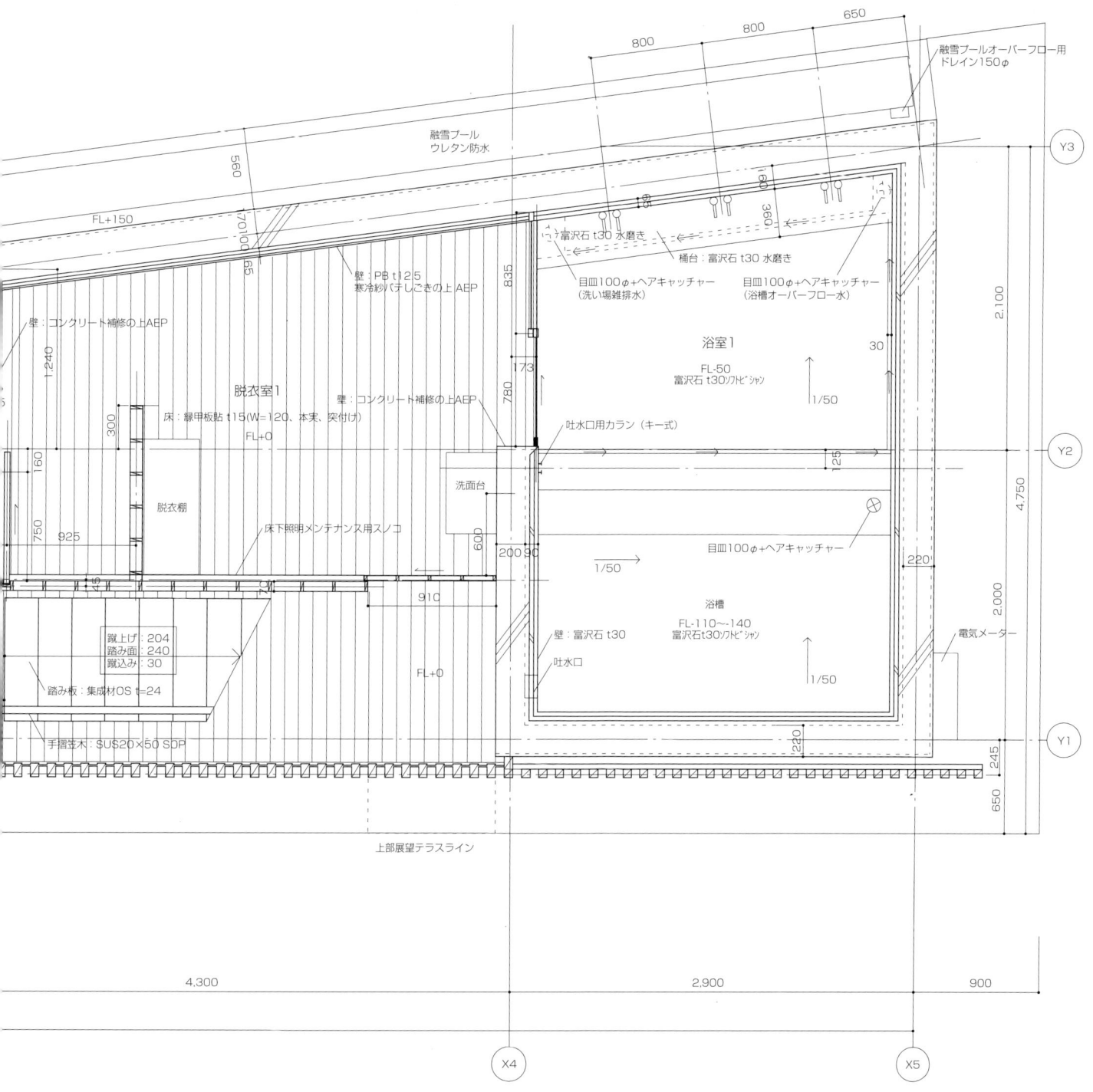

融雪プールオーバーフロー用
ドレイン150φ

融雪プール
ウレタン防水

壁：PB t12.5
寒冷紗パテしごきの上AEP

富沢石 t30 水磨き
桶台：富沢石 t30 水磨き

目皿100φ+ヘアキャッチャー
（洗い場雑排水）

目皿100φ+ヘアキャッチャー
（浴槽オーバーフロー水）

壁：コンクリート補修の上AEP

浴室1
FL-50
富沢石 t30 ソフトビシャン

脱衣室1
床：縁甲板貼 t15 (W=120、本実、突付け)
FL+0
壁：コンクリート補修の上AEP

脱衣棚

床下照明メンテナンス用スノコ

吐水口用カラン（キー式）

洗面台

目皿100φ+ヘアキャッチャー

蹴上げ：204
踏み面：240
蹴込み：30
踏み板：集成材OS t=24

浴槽
FL-110〜-140
壁：富沢石 t30
富沢石 t30 ソフトビシャン

吐水口

手摺笠木：SUS20×50 SOP

電気メーター

上部展望テラスライン

4,300　　2,900　　900

X4　X5

Y1 Y2 Y3

海／フィルター｜レンガ

2000.5–2001.3

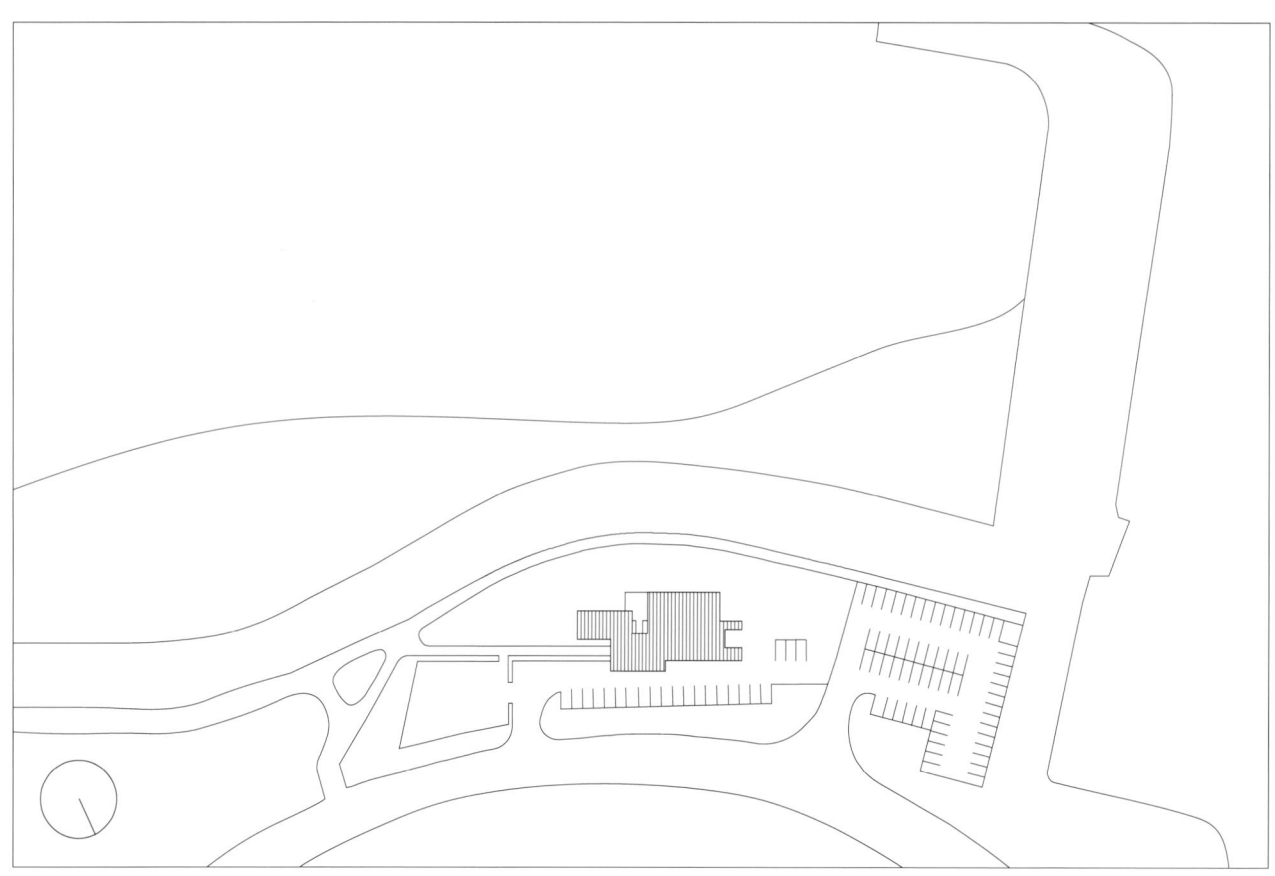

配置　1/2000

　建物を2棟に割るというのが敷地に立ったときの最初のイメージで、幸いにこのイメージを最後まで守り通し、実現することができた。2棟の隙間からガラスにも何にも邪魔されずにまず裸の海を眺め、そこから左右の2棟にアプローチするのである。
　この配置計画の背後にあるのは、建築とはものではなく、ものの間にある隙間だという思いである。「亀老山展望台」のときにモニュメント（もの）を出さず地面にスリット（隙間）をつくるということを思いついた辺りから、この隙間志向は始まったように思う。その後の配置計画を見ると「森舞台」も隙間、「川／フィルター」「馬頭町広重美術館」「石の美術館」すべて不思議なことに2棟に割れた隙間型の配置計画である。

　さらに考えてみれば、ルーバーもまた隙間そのものである。巨視的（配置図的）に見ても、また微視的（詳細図的）に見ても、僕の興味の中心は隙間にあるらしい。しかも隙間はアドルフ・ロースたちがモダニズム初期に言い出したラウム（空間）とも違っていて、「空」自体よりも「空」の向こうにあるものが重要なのである。

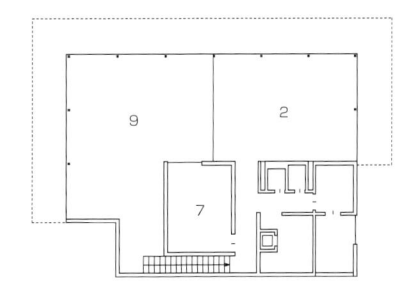

2階平面

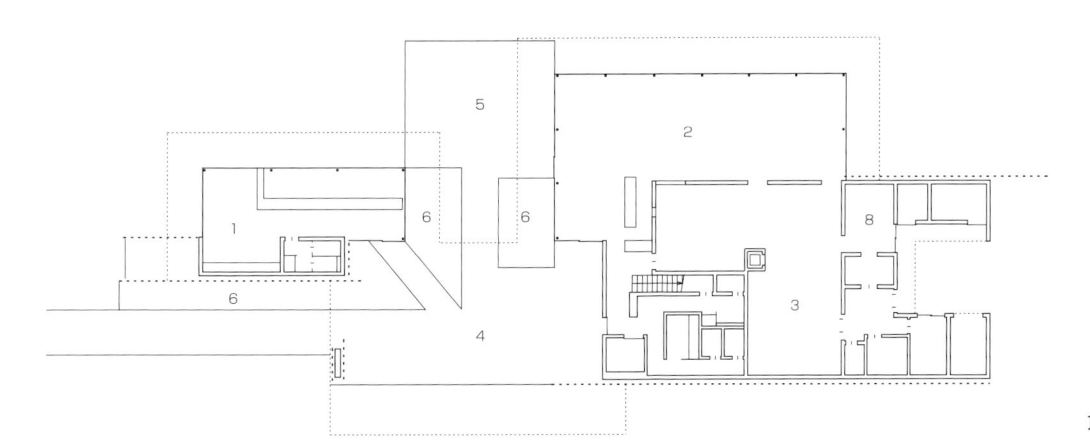

1階平面　1/400

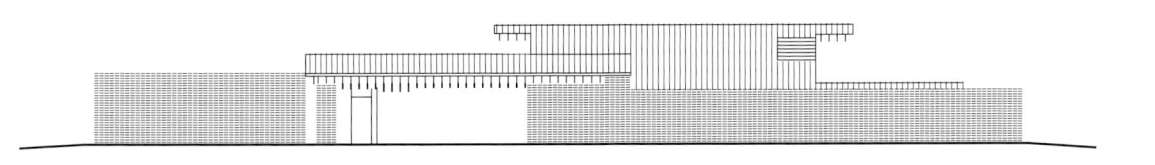

北立面　1/400

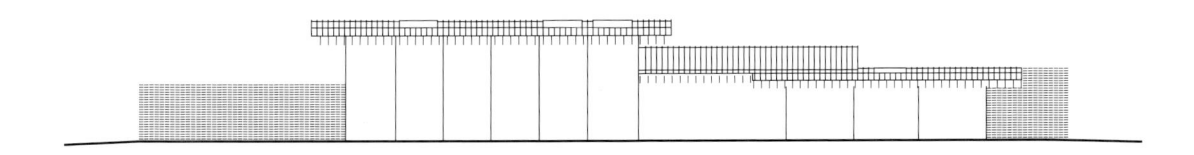

南立面

1　バー
2　レストラン
3　厨房
4　エントランスポーチ
5　テラス
6　池
7　個室
8　パントリー
9　吹抜け

東立面

開放サイド（海側）の透明性をマックスとするために、まず閉鎖サイド（陸側）に立てたコンクリート壁に地震力を負担させることで海側の柱を極小寸法とし、さらに構造柱とガラスのサポートを兼用し、ガラス固定のディテールをミニマルなものとした。この形式のディテールは、「馬頭町広重美術館」「那須歴史探訪館」でも採用しているが、与条件に応じて微妙な差異がある。ここでは、海側の柱と陸側の壁とをIジョイントで構成した剛性のある屋根でつなぐ方法を初めて試みた。天井を貼らずに、露出した木製のジョイントで室内空間にリズムを与えようと考えたからである。

　天井はところどころにトップライトを設け、連続するIジョイントの上部から光を入れて、屋根面自体がべたっとした面ではなく線の集合体であるということを暗示させたいと思った。この方法は「馬頭町広重美術館」の屋根面で行ったのと同様のディテールである。

　椅子に関しても建築のディテールと同型の、細い線が反復される形式を適用しようと考えた。9mmφのスチールの細い骨組みをつくり、それに対して黒い塩ビ製のチューブを巻きつけていく方法である。1脚当たり約80mに及ぶチューブを交差させながら、同一のテンションを保ちつつ巻きつけていく職人の技術は、こちらの予想をはるかに超えていた。

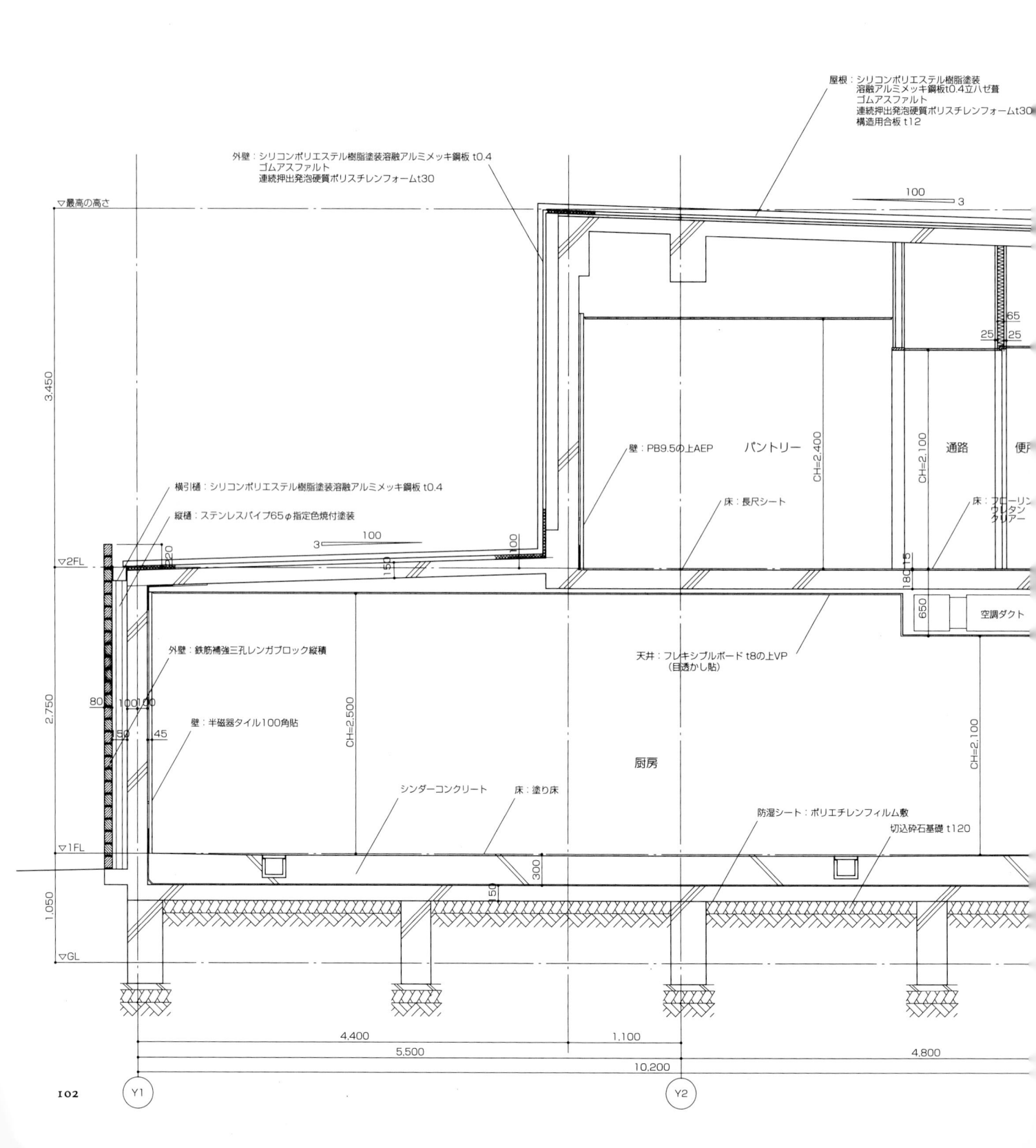

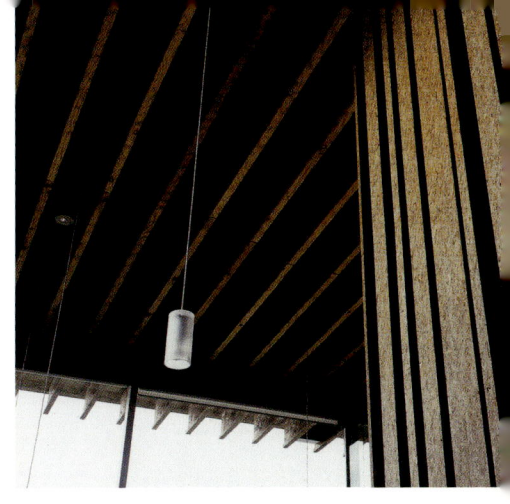

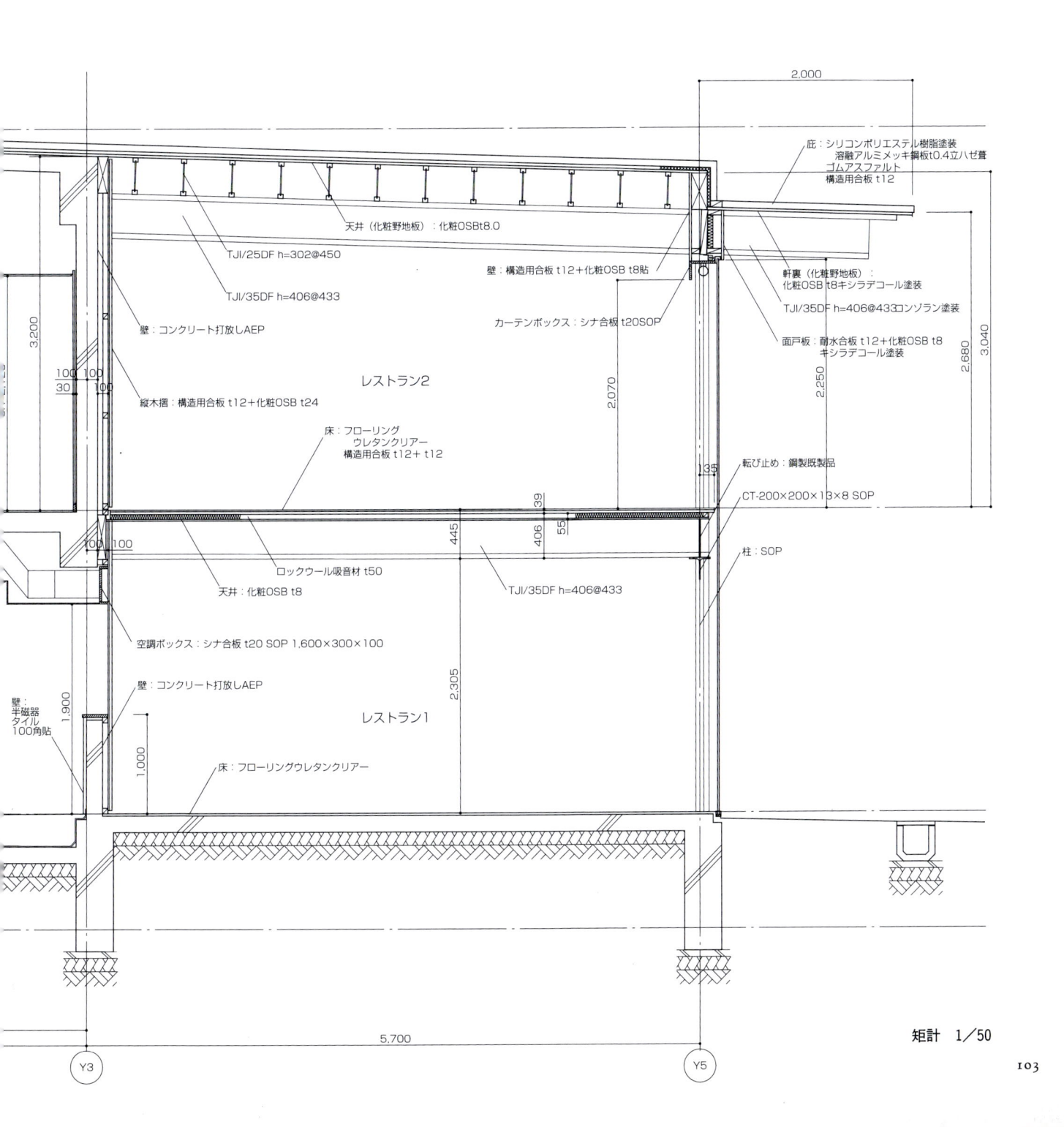

庇：シリコンポリエステル樹脂塗装
溶融アルミメッキ鋼板t0.4立ハゼ葺
ゴムアスファルト
構造用合板 t12

天井（化粧野地板）：化粧OSBt8.0

TJI/25DF h=302@450

TJI/35DF h=406@433

壁：構造用合板 t12＋化粧OSB t8貼

軒裏（化粧野地板）：
化粧OSB t8キシラデコール塗装

TJI/35DF h=406@433コンゾラン塗装

壁：コンクリート打放しAEP

カーテンボックス：シナ合板 t20SOP

面戸板：耐水合板 t12＋化粧OSB t8
キシラデコール塗装

レストラン2

縦木摺：構造用合板 t12＋化粧OSB t24

床：フローリング
ウレタンクリアー
構造用合板 t12＋t12

転び止め：鋼製既製品

CT-200×200×13×8 SOP

ロックウール吸音材 t50

柱：SOP

天井：化粧OSB t8

TJI/35DF h=406@433

空調ボックス：シナ合板 t20 SOP 1,600×300×100

壁：
半磁器
タイル
100角貼

壁：コンクリート打放しAEP

レストラン1

床：フローリングウレタンクリアー

矩計 1/50

Y3　　　　　　　Y5

飲食店であるという性格を考えて、木の内装を施したい。しかも仕上げ材として木を用いるのではなく、構造材として木を用いたいと考えて、天井をIジョイントとした。しかし一方で、海側に対しては透明性を確保するため、木の柱を用いず、鉄骨のミニマルな断面形状の柱を用いたいと考えた。この細い鉄骨の上に天井を載せる形にして、外に庇状に大きく張り出す方法は、「水／ガラス」以来の一貫した方法だが、耐久性・強度で鉄骨やコンクリートに劣るIジョイントを外にキャンチレバーで持ち出すために、幾つかの困難を克服する必要があった。ひとつは、雨がかりとなるジョイントの先端木口部への特殊な塗装処理。もうひとつは、コーナーでXY方向へのダブルのキャンチレバーとなる部分の固め方である。このコーナーは、スチールパイプでIジョイントを串刺しにするユニークな構造ディテールで解決した。

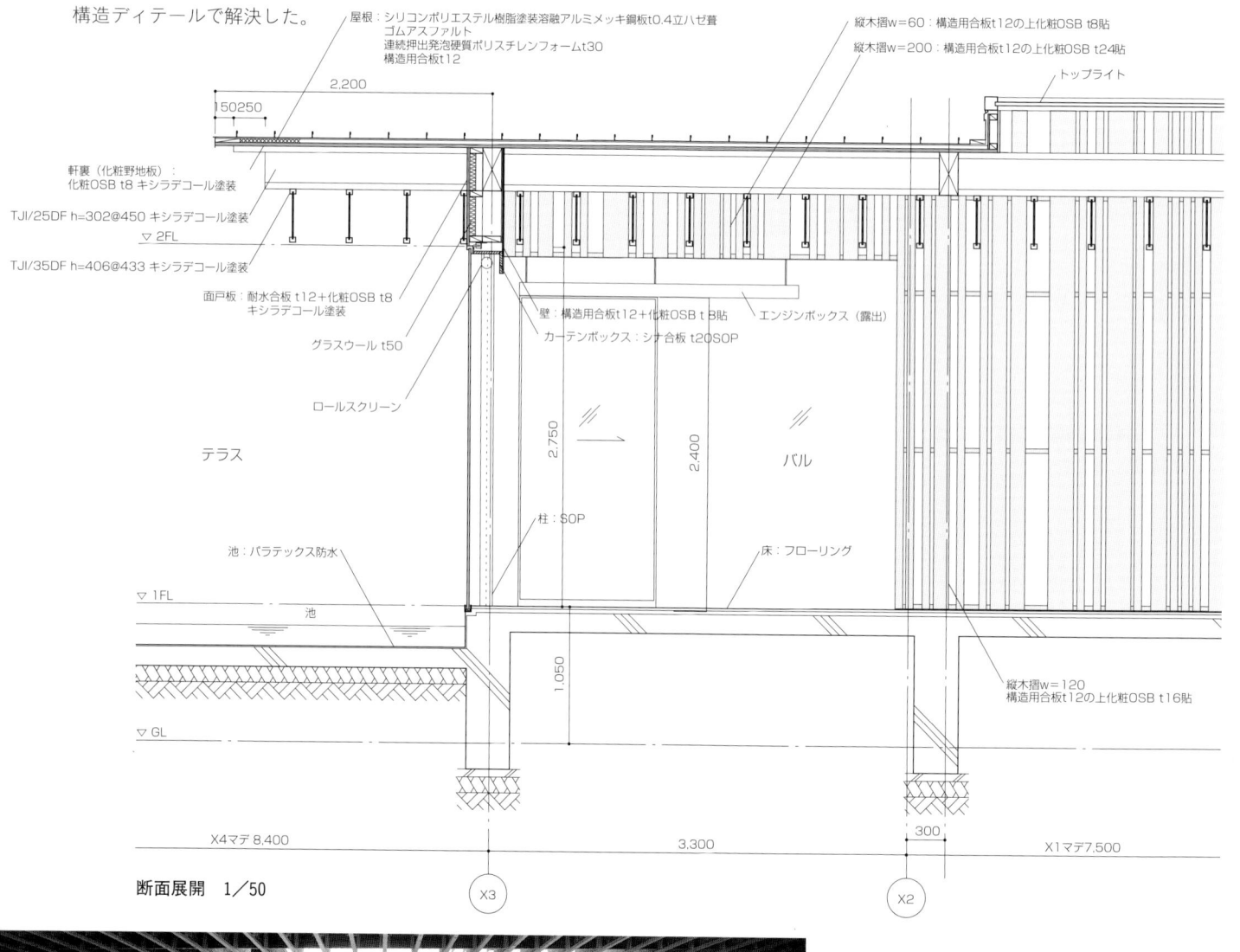

断面展開　1／50

陸側に立つコンクリートの壁面に並行して穴あきレンガの壁面を自立させ、半透明で奥行き感のある垂直面をつくろうと考えた。レンガの穴はそもそもはそこに鉄骨を通すためにあけられていたものだが、そのレンガを縦使いとして穴を露出し、逆に上下左右のジョイント部分に鉄筋を仕込むという手の込んだディテールとした。60mm厚の穴だらけのレンガ壁はあまりに軽快だったため、竣工時に行政側から再度の強度テストを求められるほどであった。

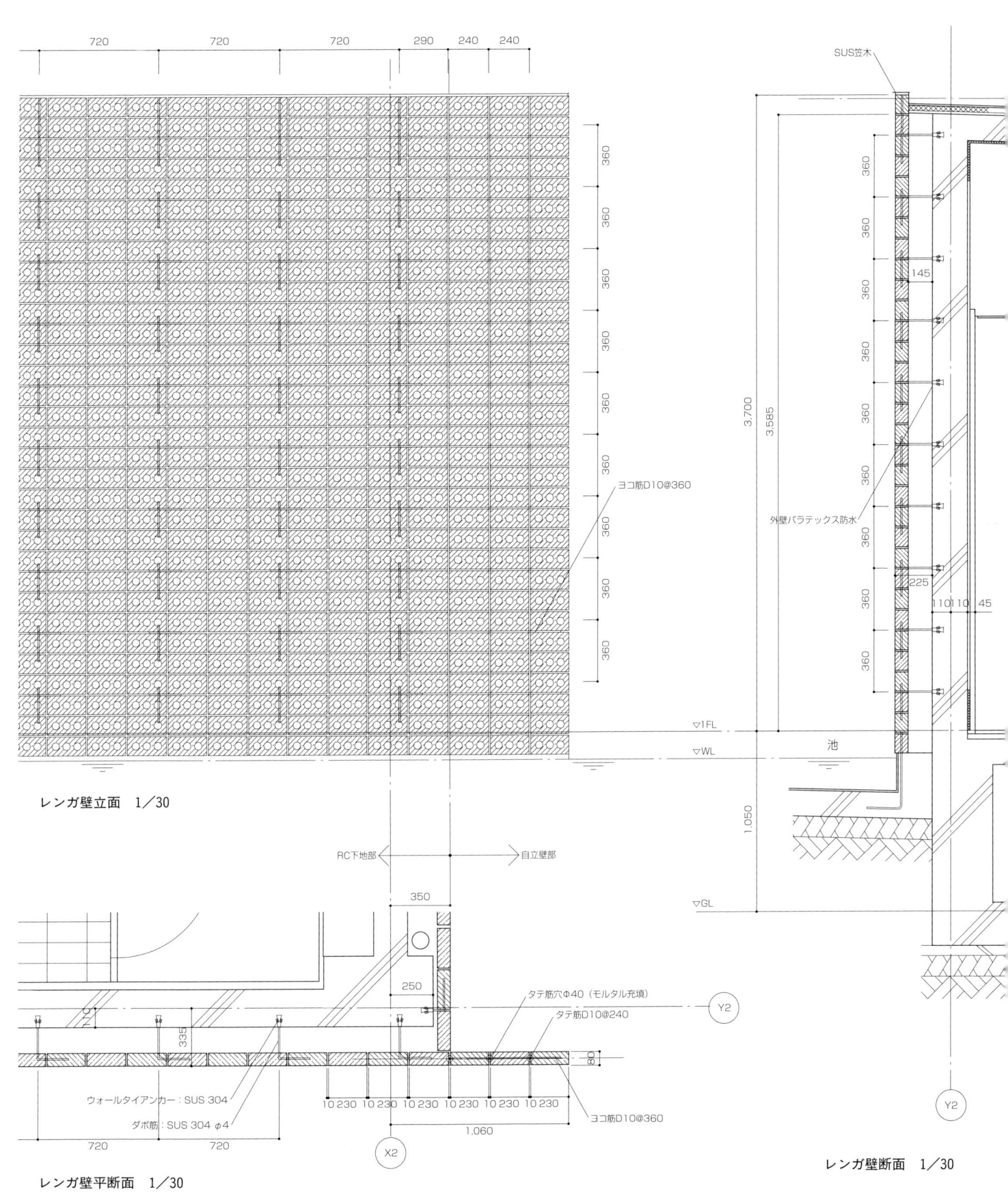

レンガ壁立面　1/30

レンガ壁平断面　1/30

レンガ壁断面　1/30

# GREAT (BAMBOO) WALL 竹

2000.12-2002.4

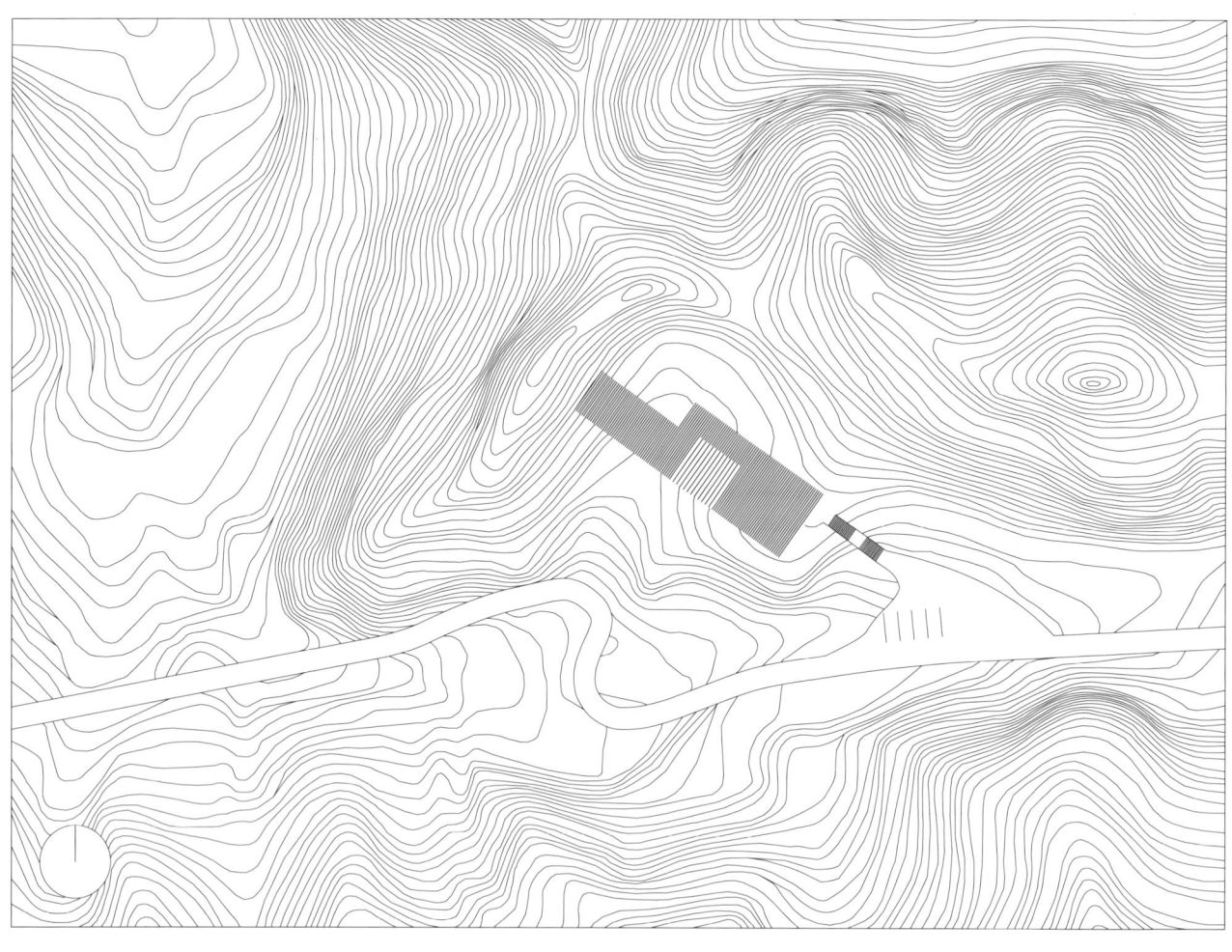

配置　1/1500

北京の北郊、万里の長城に隣接する丘陵地に建つ住宅。造成を避け、複雑な地形を残しながら地形の上を這うようなリニアーな壁のような建築をつくるアイデアは、長城から学んだ。
　外壁はガラスと竹ルーバーの二重スキンで、竹ルーバーは一部開閉可能で視線や日射のコントロールが可能である。

　日本で試みたバンブーハウス#1では、竹の節を抜いてスチールアングルとコンクリートを流し込み、φ150 mmの竹のCFT柱を製作したが、中国では竹の節を抜くことが技術的に不可能で、φ150 mmのコンクリートの柱の上に、短冊状にカットされた竹を貼り付けるディテールとなった。
　ほとんど同じディテール図を渡して施工を始めたにもかかわらず、最後にはその他の技術レベルや施工の癖が投影され、印象が微妙に異なる建築になるところがおもしろい。日本のバンブーハウスは数寄屋風の精度と繊細さがあったが、中国のものは長城付近の乾き荒れた風景に似合った力強いものとなった。

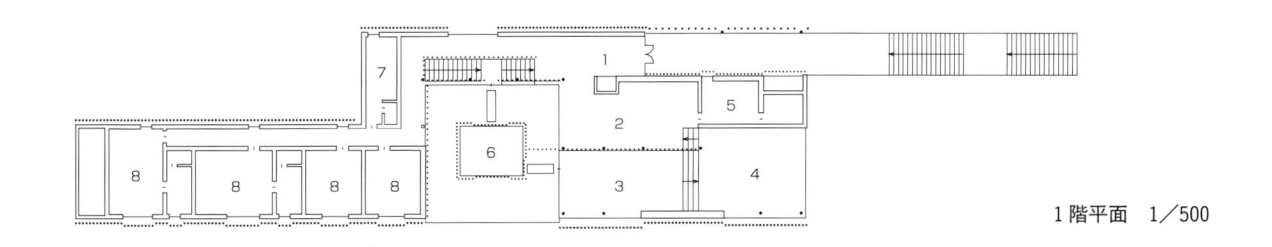

1階平面　1/500

地階平面

1　エントランス
2　キッチン
3　ダイニングルーム
4　リビングルーム
5　倉庫
6　ラウンジ
7　バスルーム
8　客室
9　機械室
10　スタッフルーム

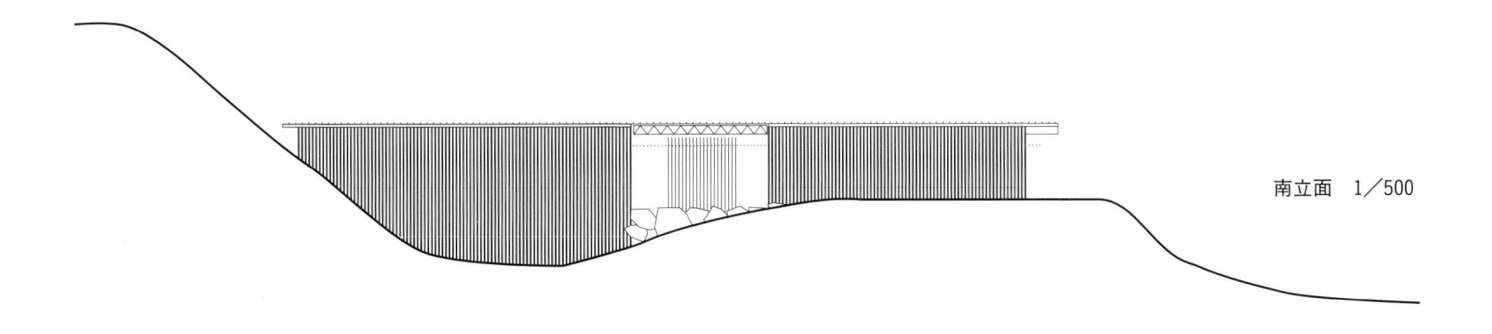

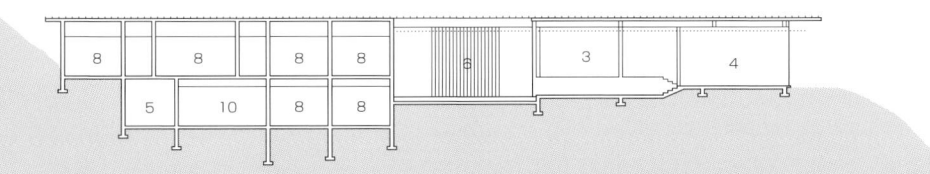

南立面　1/500

断面　1/500

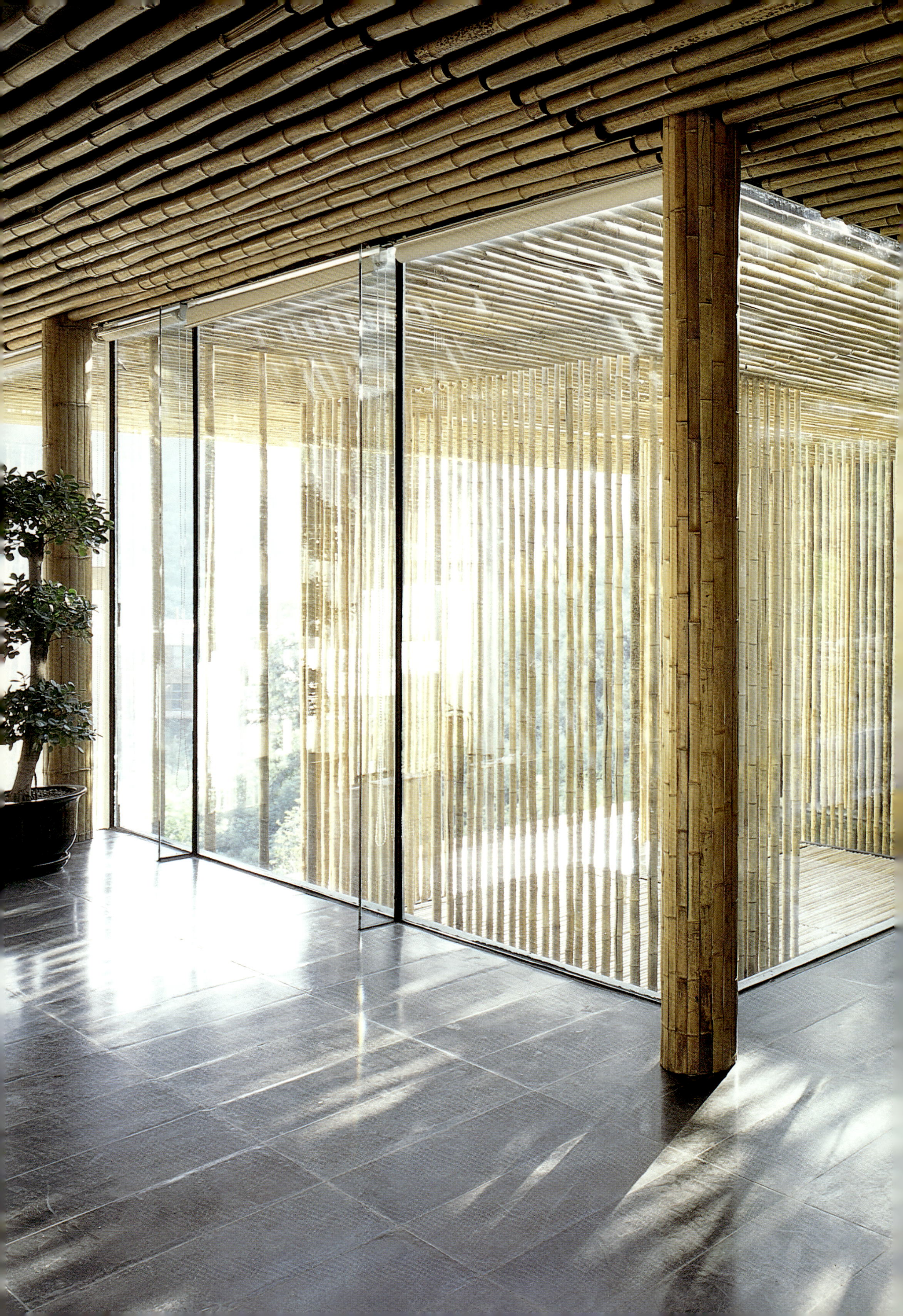

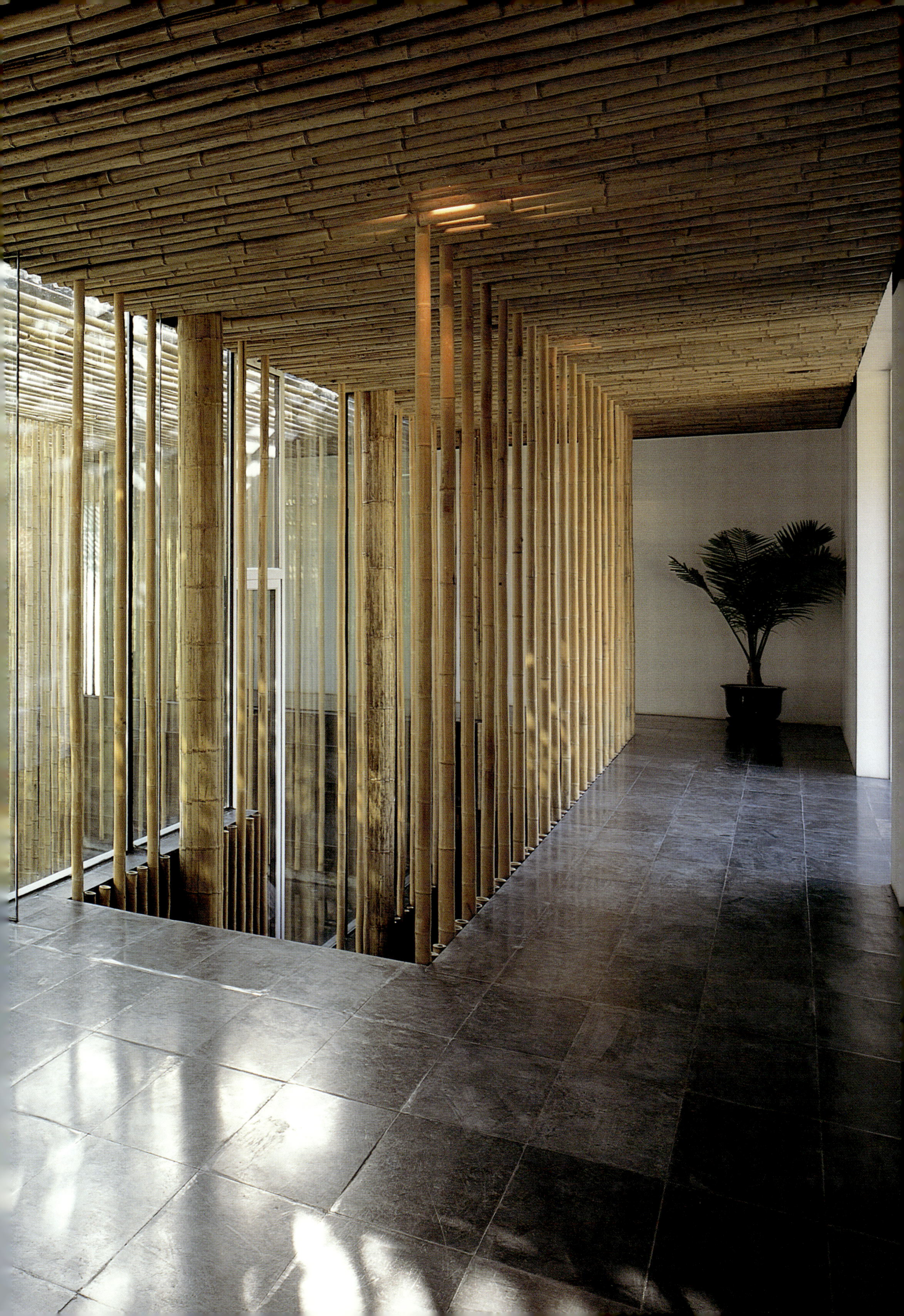

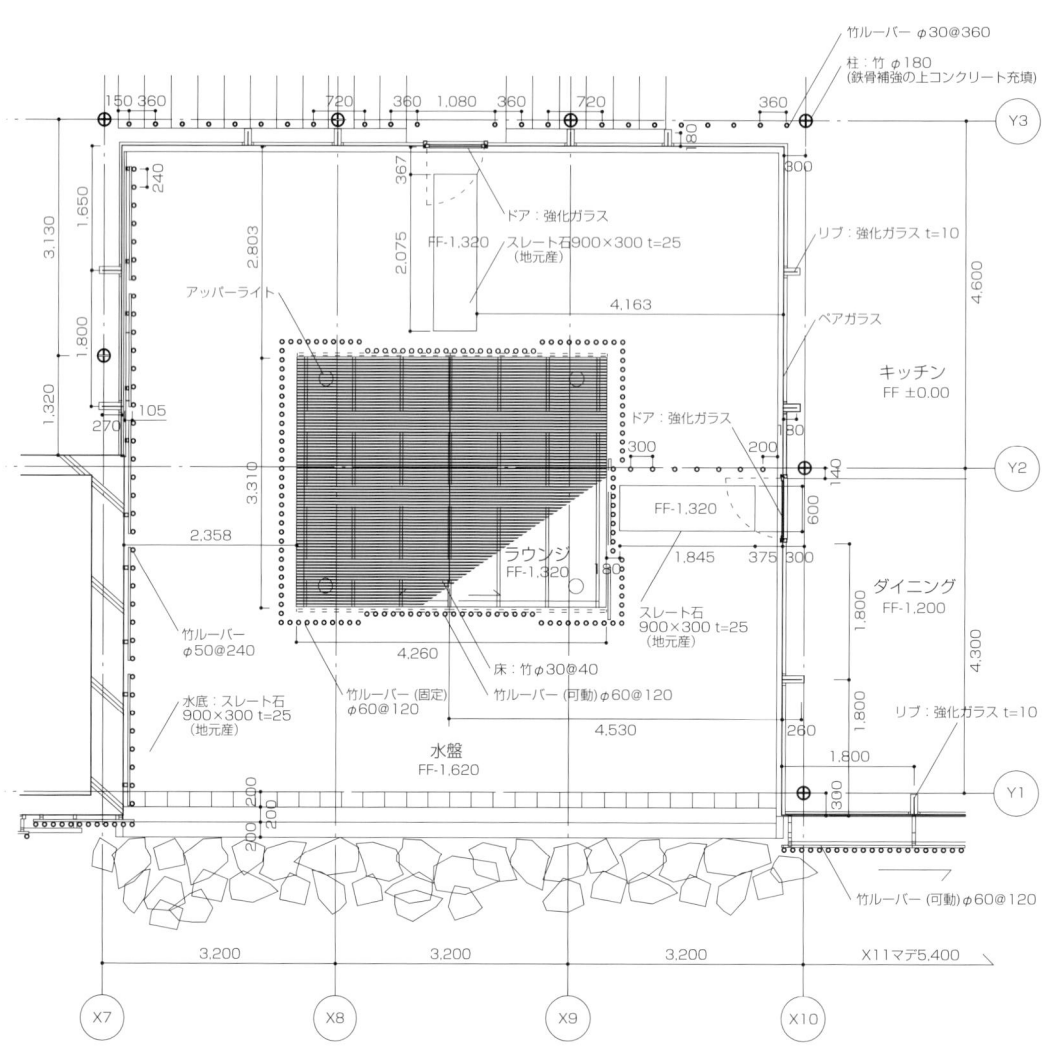

ラウンジ平面詳細　1/100

竹の耐久性をどう高めるかが、ディテールのテーマであった。ひとつには長い庇(1.7m)で雨から守ること。通常、建物は地面をフラットにし上部のシルエットで形態的変化を演出する。今回は逆にルーフ面をフラットとし地面が地形に応じて変化する。そのフラットなルーフ面が竹を守る役割も果たす。陸上に建つ建築のイメージではなく、海中に建つ建築のイメージである。

竹自体は約280度で熱処理し、竹に住む微生物を殺し、その上から油を塗布した。この熱処理によって緑だった竹が変化し、周囲のランドスケープになじんだ色彩となる。油の塗布は日本では行わないが、中国の職人たちと幾つかサンプルをつくりながら議論し、この方法を選択した。

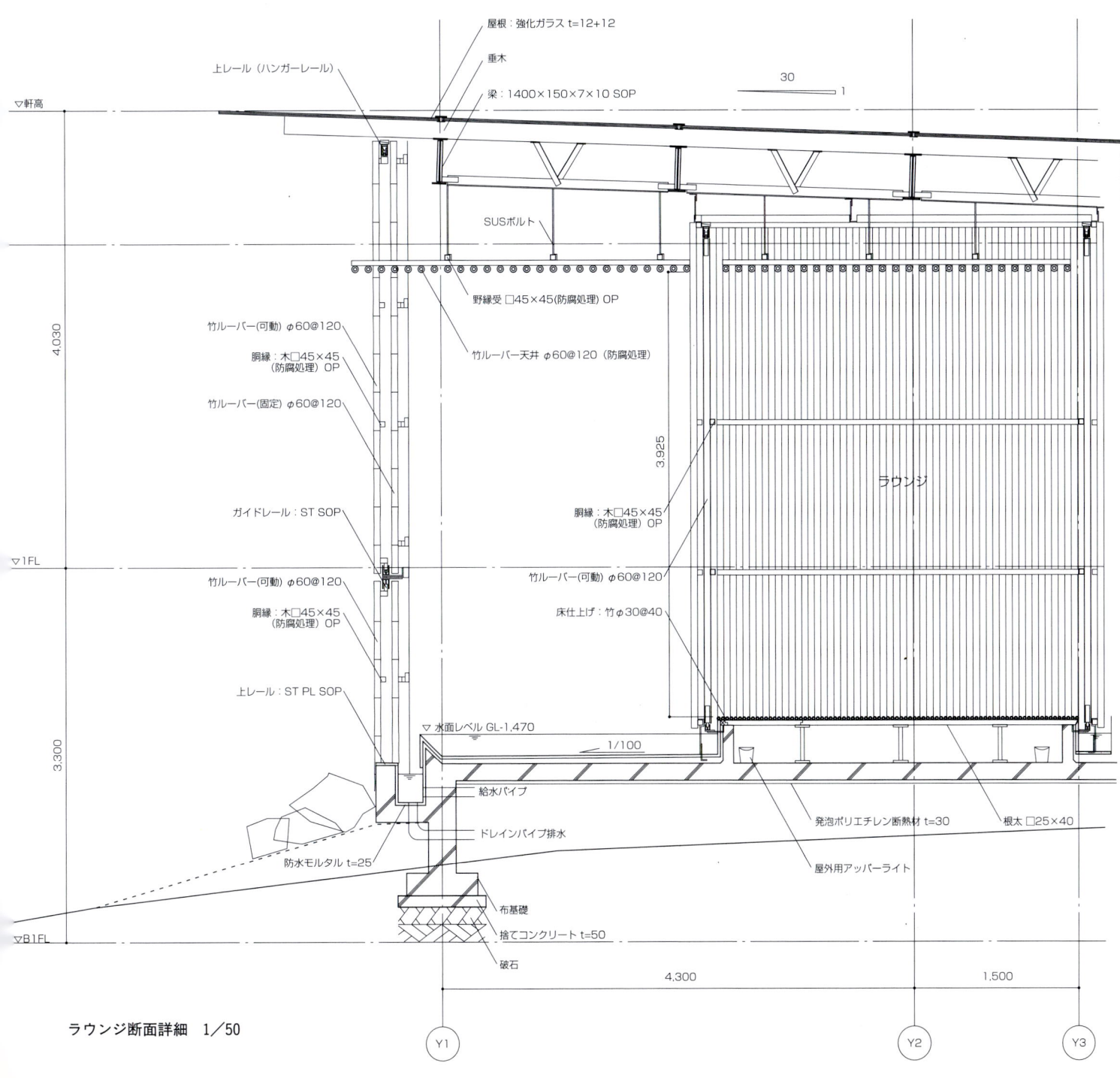

ラウンジ断面詳細 1/50

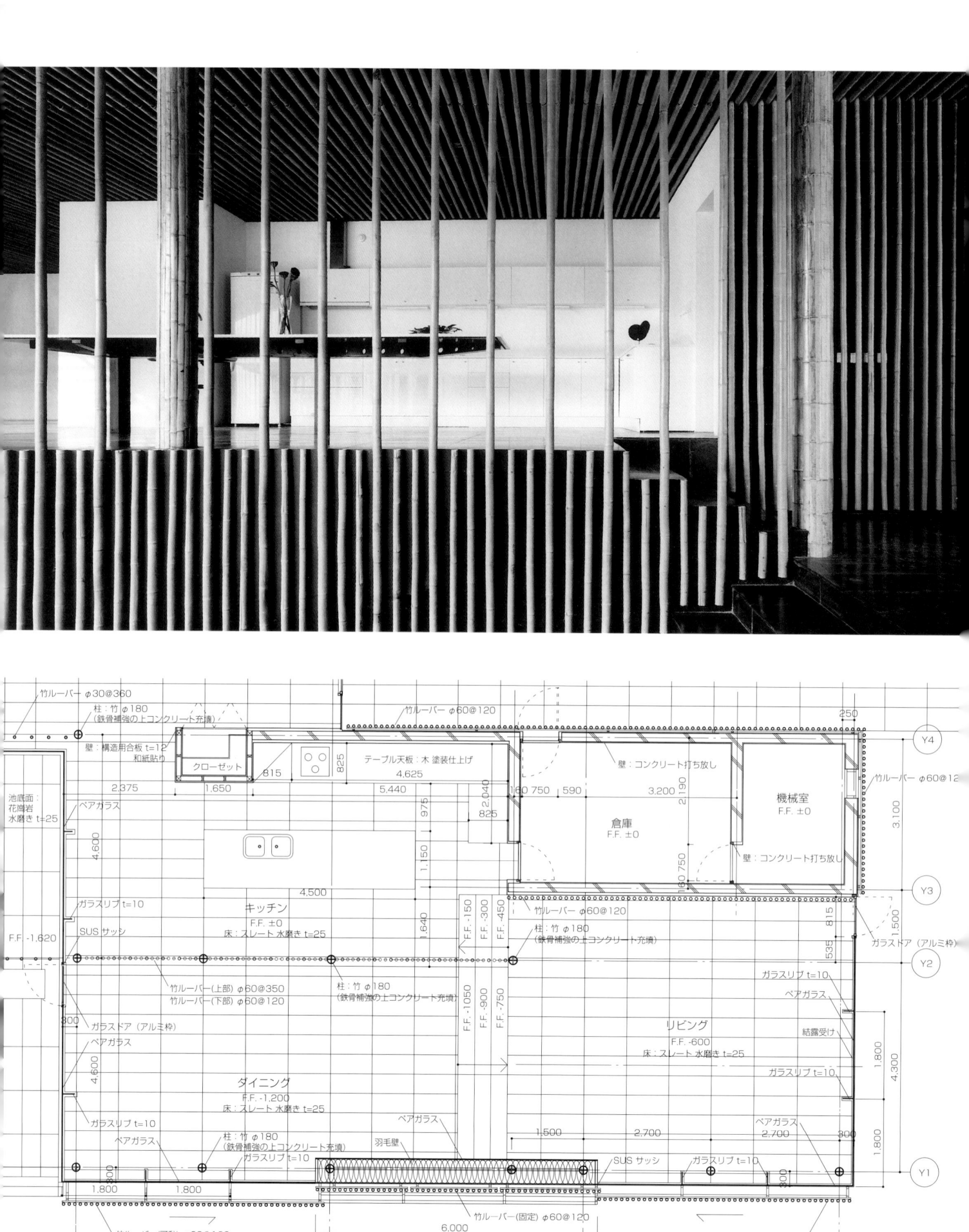

LDK 平面詳細　1/100

居住空間には段差をつけ、いわゆるスキップフロアになっている。起伏に富んだランドスケープを極力いじらず、その起伏に沿って室内の床をつくっていこうとしたからである。外壁はペアガラスと可動竹ルーバーの二重スキンを基本としている。一部ブレース部分のガラスは二重にしてボックスとし、そこに羽毛を詰めて、断熱性能を高めた。北京ダックを食べながら、このダックの羽毛はどこに行くのだろうとひらめき、羽毛の断熱壁のディテールを思いついた。

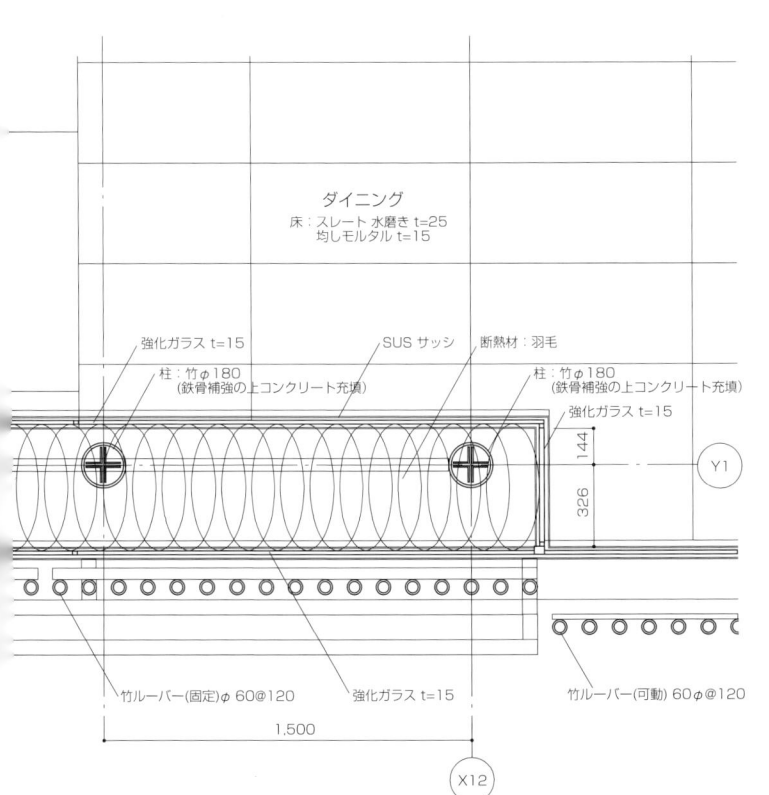

平断面詳細 1/30　　　断面詳細 1/30

# PLASTIC HOUSE | プラスチック

2000.8-2002.5

配置 1/500

118

地下に母親の住居、2階にカメラマンである息子の住居、1階がスタジオという複合住宅。外壁に光を透過するあわい緑色をしたFRPのパネル（厚4mm）とFRP製のルーバー（100mm×22mm）を用いることで、コンクリートの壁や木の壁によって囲われた空間とは異なる「やさしい」内部空間を実現した。

FRPパネルはブチルゴムを挟み込むようにして鉄骨のフレームにビスで固定し、止水には万全を期すためにポリサルファイド系コーキングを内外、両サイドから二重打ちしている。押縁を用いないことでプラスチックのつややかな質感を保つディテールとした。

断熱にはFRPシートの内側に10mmのスチレンフォームを接着し、断熱性と光の透過性を両立させた。1階の東側の庭は外部の茶室としての利用を想定し、FRPルーバーで壁面と床面を構成し、床面を透過した自然光は、さらに地下のドライエリアへと到達する断面構成とした。

1 ガレージ
2 リビング
3 キッチン
4 ベッドルーム
5 洗面所
6 ドライエリア
7 バスルーム
8 野点用スペース
9 テラス

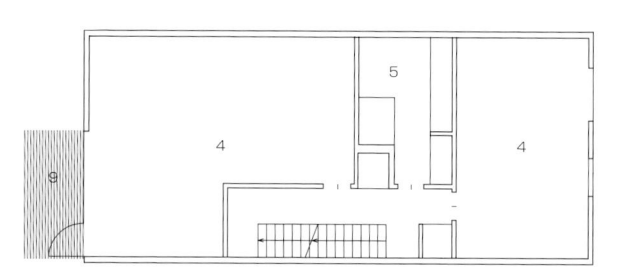

2階平面

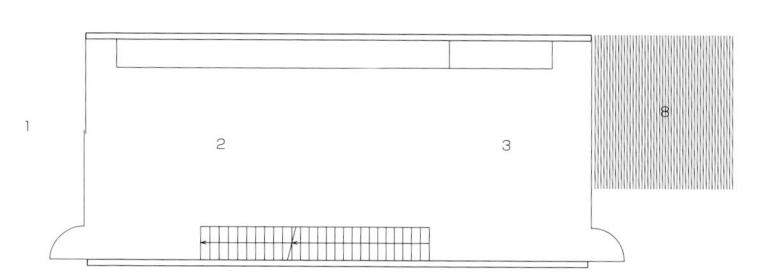

1階平面 1/200

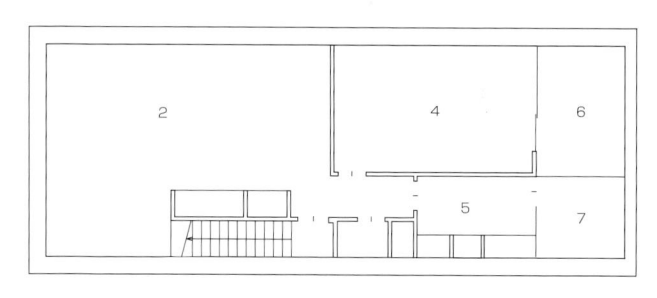

地階平面

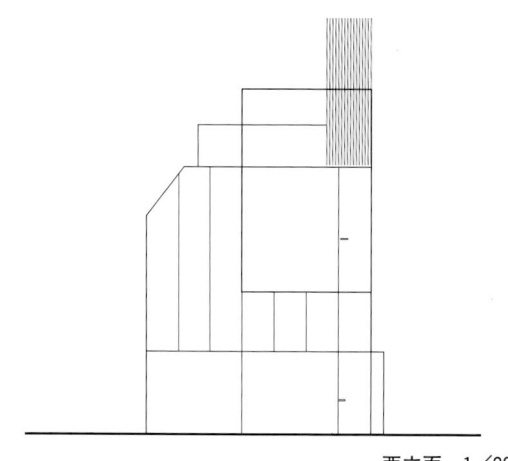

西立面 1/200

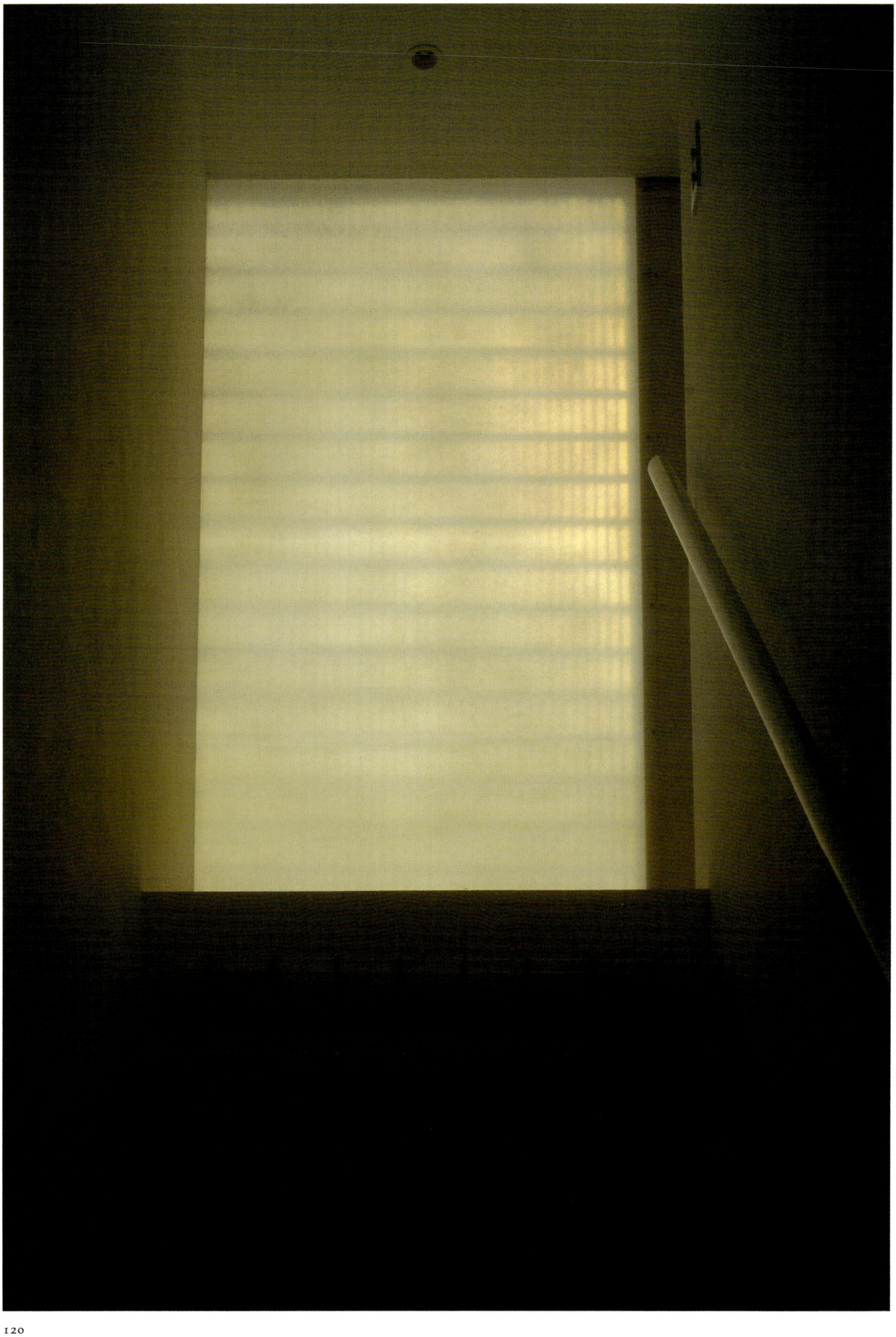

階段詳細 1/5

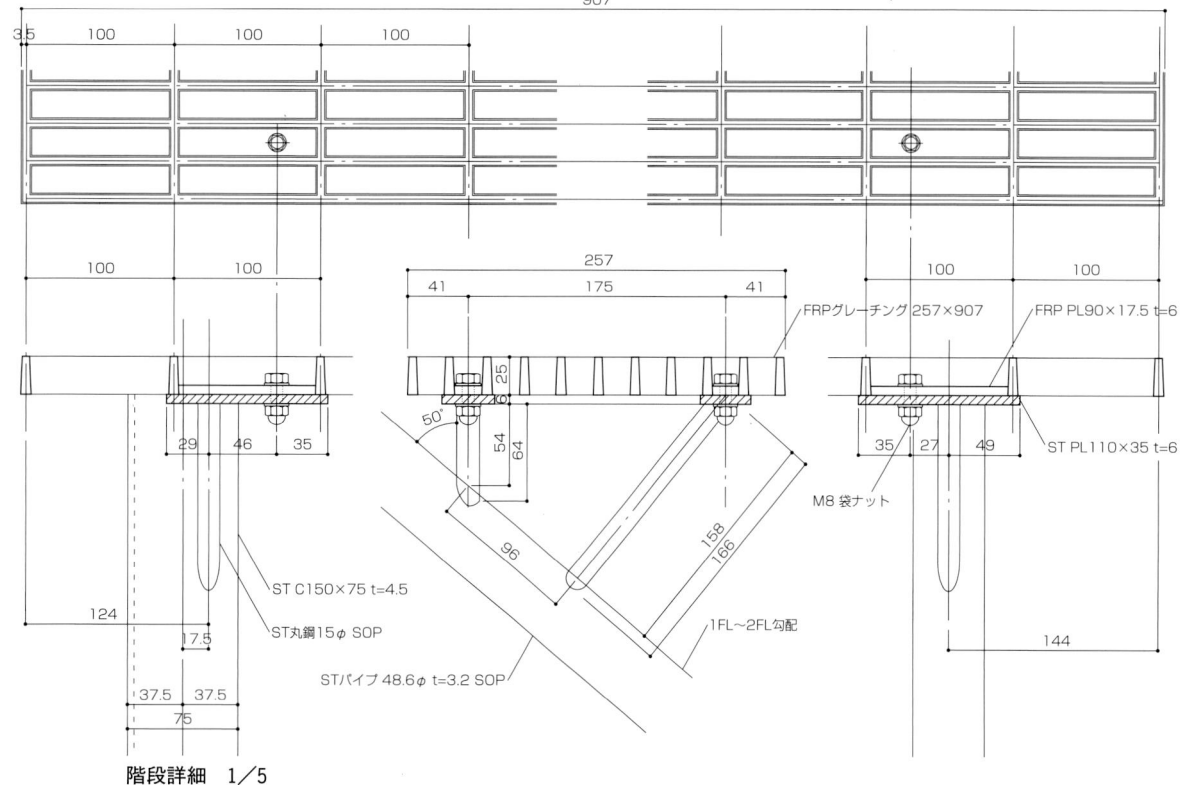

階段を光の通路としたかった。構造は鉄骨の竜骨階段とし、上にFRPのグレーチングを載せる。そのディテールによって屋上階のペントハウスのFRPのボックスが捕まえた自然光が、地下室まで配送される。ペントハウスが西日をキャッチする夕方、特にこの装置は効果を発揮する。薄い緑色の光が白い室内をあわく染めるのである。

FRPグレーチングは、歩きにくいと言う人と、足への感触が気持ちいいという人とがいる。住み手の愛犬は当初怖がってこの階段を上り下りできなかった。1カ月経ったある日、突然コツを飲み込み、階段を恐れなくなった。

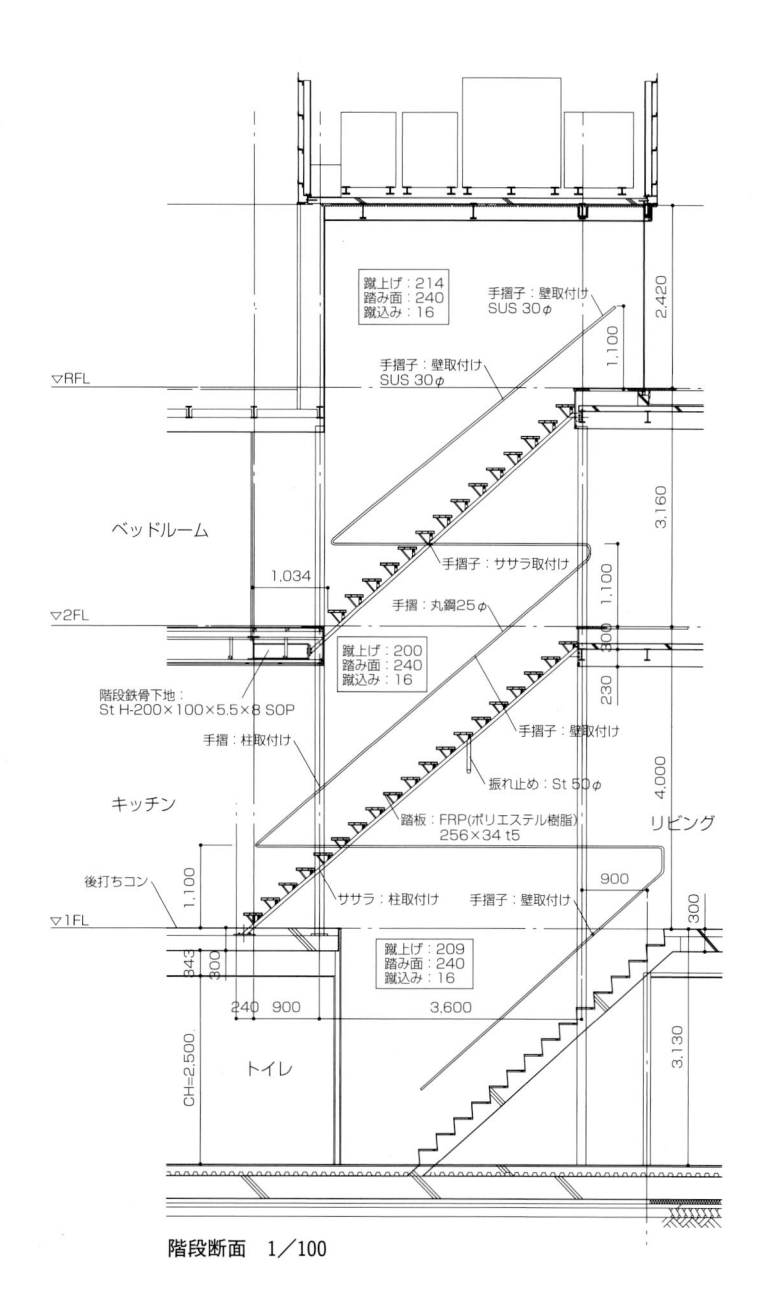

階段断面 1/100

## テラス断面詳細 1/50

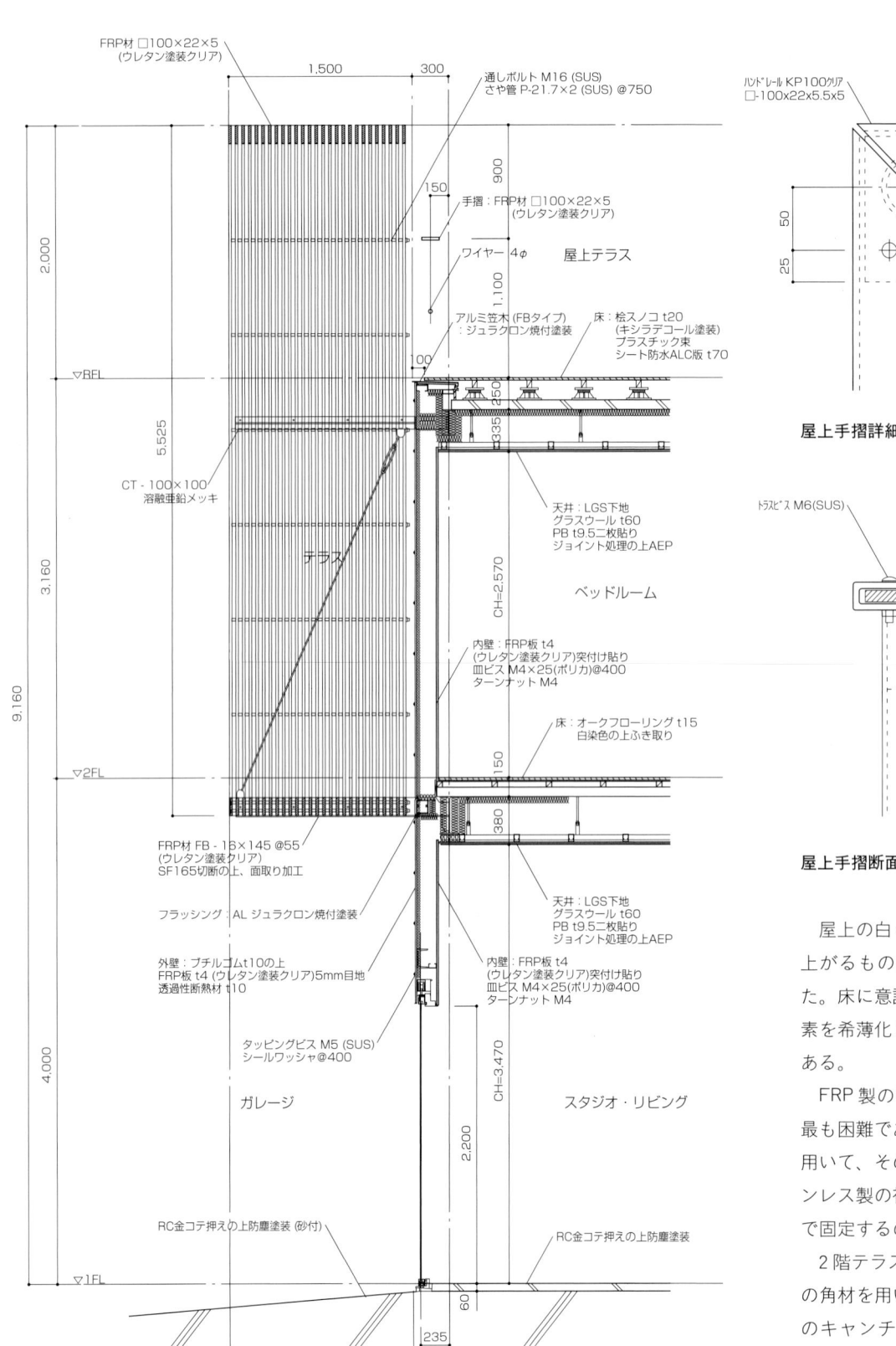

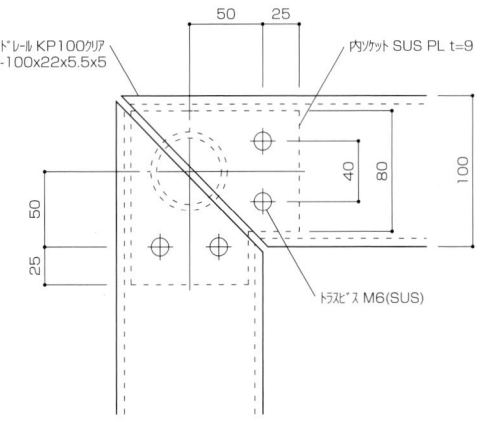

主な記載事項：
- FRP材 □100×22×5 (ウレタン塗装クリア)
- 通しボルト M16 (SUS) さや管 P-21.7×2 (SUS) @750
- 手摺：FRP材 □100×22×5 (ウレタン塗装クリア)
- ワイヤー 4φ
- 屋上テラス
- アルミ笠木 (FBタイプ) ジュラクロン焼付塗装
- 床：桧スノコ t20 (キシラデコール塗装) プラスチック束 シート防水ALC版 t70
- CT-100×100 溶融亜鉛メッキ
- テラス
- 天井：LGS下地 グラスウール t60 PB t9.5二枚貼り ジョイント処理の上AEP
- ベッドルーム　CH=2,570
- 内壁：FRP板 t4 (ウレタン塗装クリア) 突付け貼り 皿ビス M4×25(ポリカ)@400 ターンナット M4
- 床：オークフローリング t15 白染色の上ふき取り
- FRP材 FB-16×145 @55 (ウレタン塗装クリア) SF165切断の上、面取り加工
- フラッシング：AL ジュラクロン焼付塗装
- 外壁：ブチルゴム t10の上 FRP板 t4 (ウレタン塗装クリア) 5mm目地 透過性断熱材 t10
- タッピングビス M5 (SUS) シールワッシャ@400
- ガレージ
- スタジオ・リビング　CH=3,470
- 内壁：FRP板 t4 (ウレタン塗装クリア) 突付け貼り 皿ビス M4×25(ポリカ)@400 ターンナット M4
- 天井：LGS下地 グラスウール t60 PB t9.5二枚貼り ジョイント処理の上AEP
- RC金コテ押えの上防塵塗装 (砂付)
- RC金コテ押えの上防塵塗装

## 屋上手摺詳細 1/5

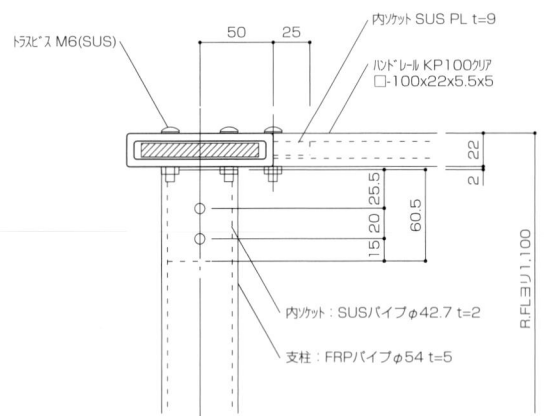

- ハンドレール KP100クリア □-100×22×5.5×5
- 内ソケット SUS PL t=9
- トラスビス M6(SUS)

## 屋上手摺断面詳細 1/5

- トラスビス M6(SUS)
- ハンドレール KP100クリア □-100×22×5.5×5
- 内ソケット SUS PL t=9
- 内ソケット：SUSパイプ φ42.7 t=2
- 支柱：FRPパイプ φ54 t=5
- RFLヨリ1,100

　屋上の白く染色した木デッキの上に立ち上がるものは、可能な限りFRPで製作した。床に意識を集中させ、その上の垂直要素を希薄化しようとするいつものやり方である。

　FRP製の手摺、手摺子のディテールが、最も困難であった。既成断面の角パイプを用いて、そのジョイント部分の内側にステンレス製の補強材を挿入し、外側からビスで固定するのである。

　2階テラスは、床、立ち上がりともFRPの角材を用いたルーバーで構成した。鉄骨のキャンチレバーの構造体の固い印象をFRPでどう柔らげるかが、ディテールのテーマだった。

## 野点スペース

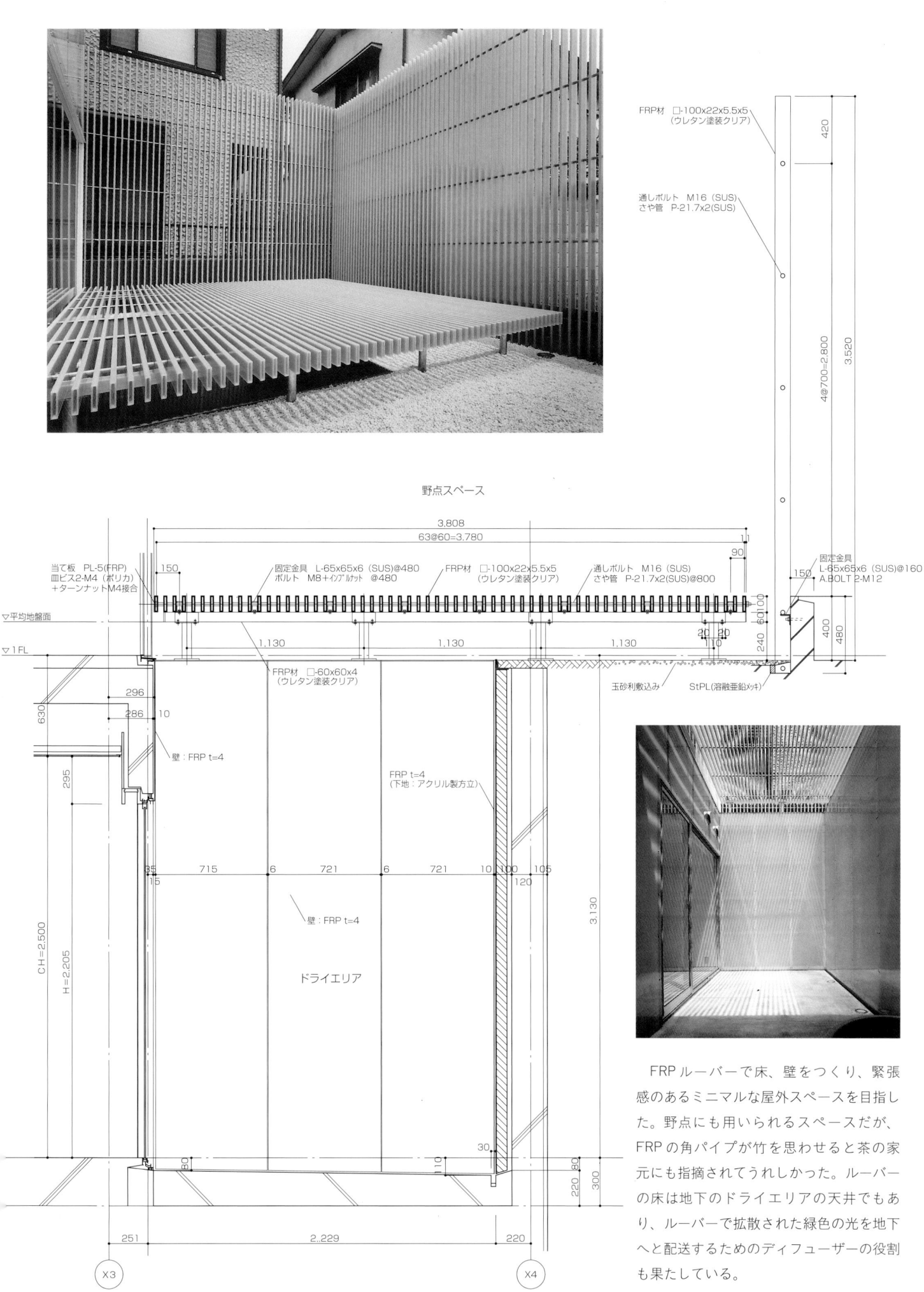

**FRP材 □-100×22×5.5×5**
（ウレタン塗装クリア）

**通しボルト M16（SUS）**
さや管 P-21.7×2（SUS）

420
4@700=2,800
3,520

**固定金具 L-65×65×6（SUS）@160**
A.BOLT 2-M12

150 / 400 / 480

### 断面図ラベル

- 当て板 PL-5（FRP）
- 皿ビス2-M4（ポリカ）＋ターンナットM4接合
- 固定金具 L-65×65×6（SUS）@480
- ボルト M8＋インサートナット @480
- FRP材 □-100×22×5.5×5（ウレタン塗装クリア）
- 通しボルト M16（SUS）
- さや管 P-21.7×2（SUS）@800
- FRP材 □-60×60×4（ウレタン塗装クリア）
- 玉砂利敷込み
- StPL（溶融亜鉛メッキ）
- 壁：FRP t=4
- 壁：FRP t=4（下地：アクリル製方立）
- ドライエリア

3,808
63@60=3,780
150 / 90
1,130 / 1,130 / 1,130
20 / 20 / 240
60 100
▽平均地盤面
▽1FL
296 / 630 / 286 / 10
295
35 / 715 / 6 / 721 / 6 / 721 / 10 / 100 / 105
120
3,130
CH=2,500
H=2,205
80 / 110
220 / 80
30
220 / 300
251 / 2,229 / 220

X3　　　X4

野点スペース断面詳細　1/30

FRPルーバーで床、壁をつくり、緊張感のあるミニマルな屋外スペースを目指した。野点にも用いられるスペースだが、FRPの角パイプが竹を思わせると茶の家元にも指摘されてうれしかった。ルーバーの床は地下のドライエリアの天井でもあり、ルーバーで拡散された緑色の光を地下へと配送するためのディフューザーの役割も果たしている。

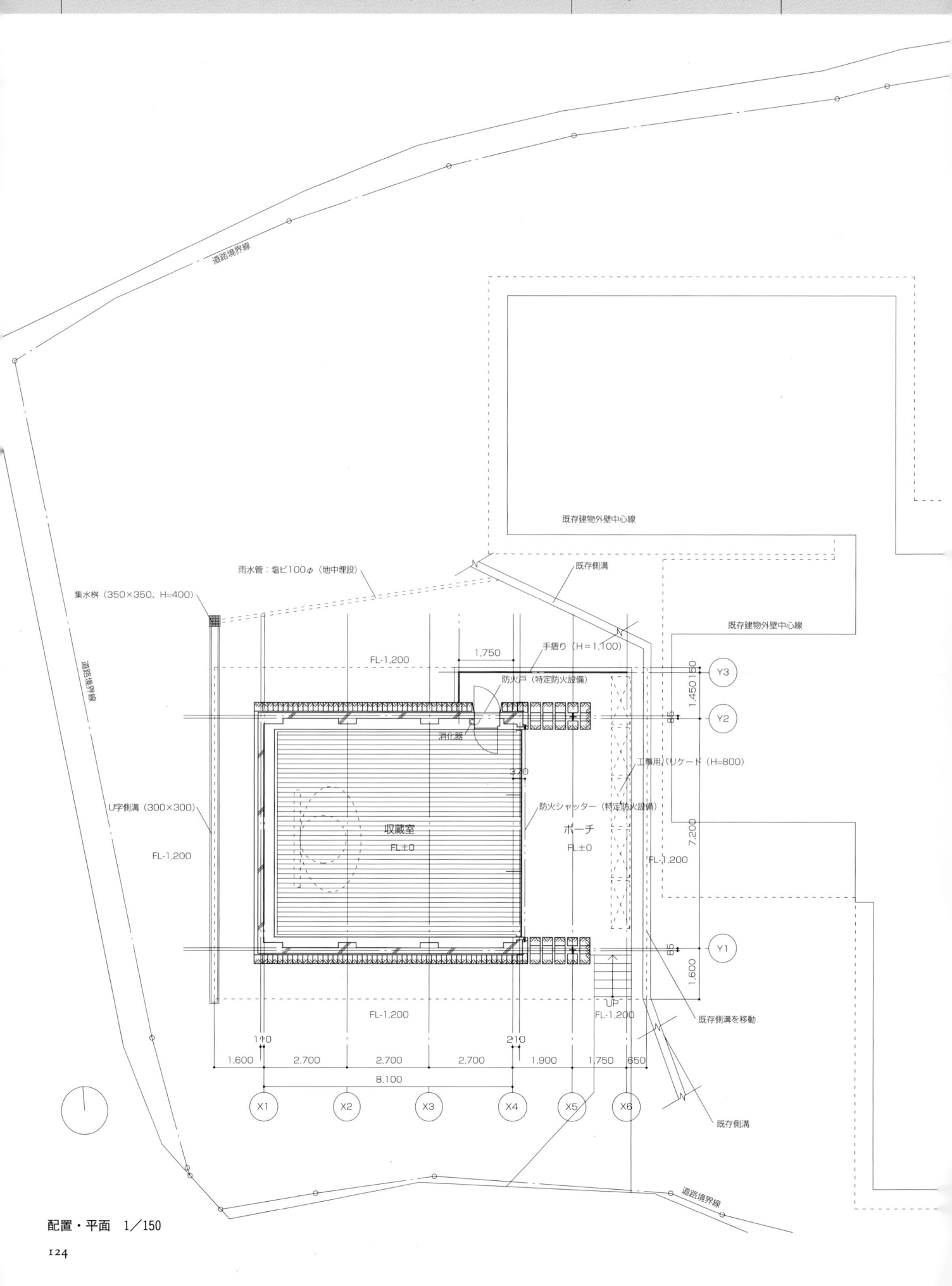

# 安養寺木造阿弥陀如来座像保存施設 │ 版築ブロック

配置・平面 1/150

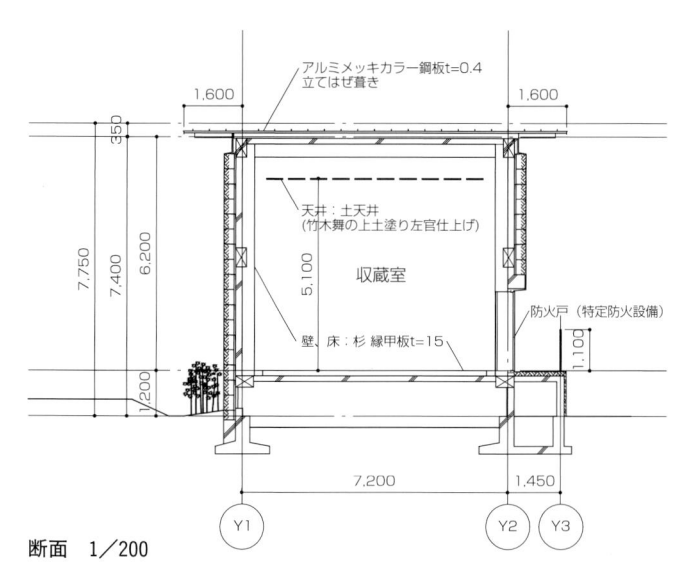

2001.2-2002.10 竣工予定

断面 1/200

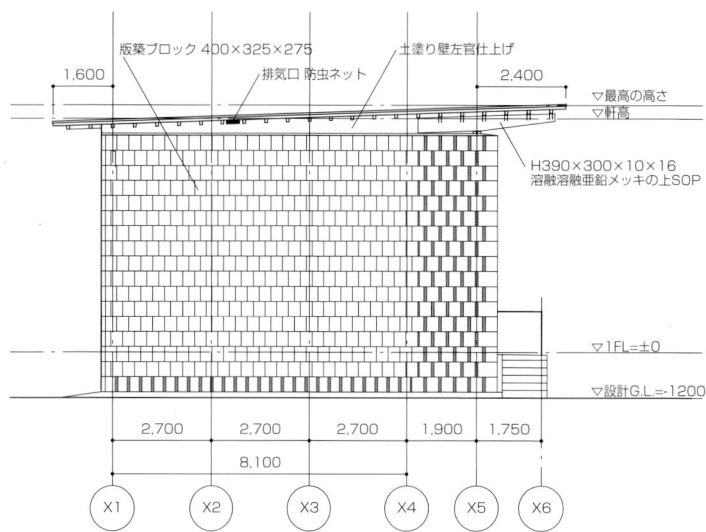

南立面 1/200

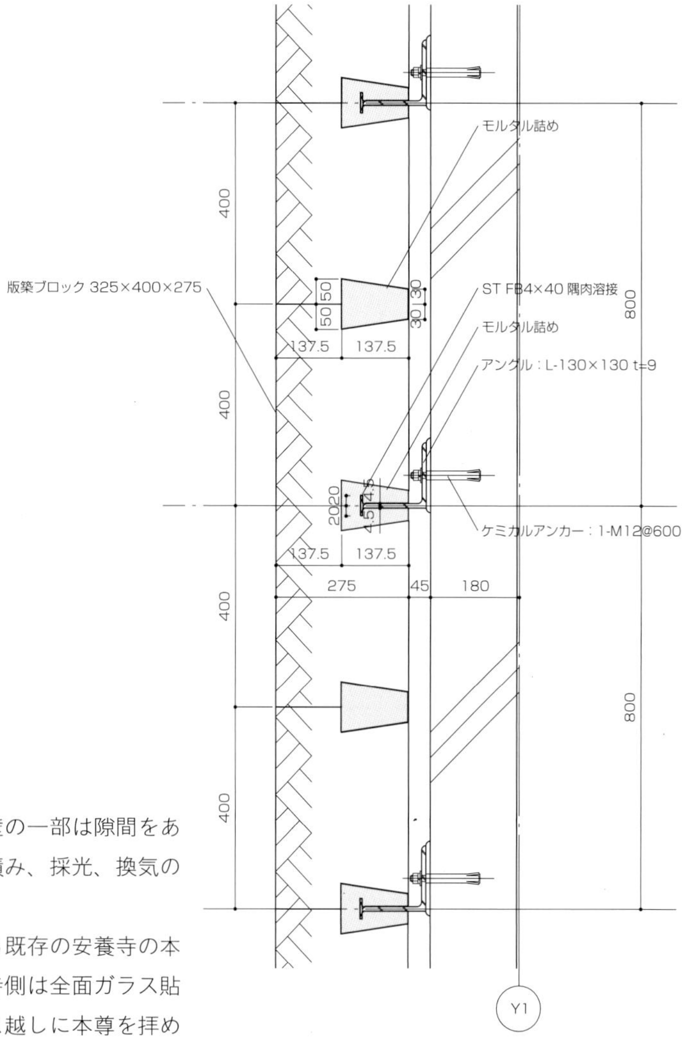

版築ブロック取付詳細 1/15

　重要文化財指定の平安時代の木造阿弥陀如来を収蔵するための小美術館。
　敷地に隣接する土塀が版築ブロックという特殊な技術でつくられていることを知り、その方法の建築への応用を試みた。版築は中国の殷、周の時代にすでに見られる極めて古い建築技術で木の型枠の中に土、わら、石灰を流し込み、棒で突き固めて、固まるのを待つだけの単純な技法である。版築ブロックはそれを簡略化したもので、300mm立方程度の土のブロックをオフサイトで製作して、それを現場でひとつひとつ積み上げていった。壁の一部は隙間をあけながら、ブロックを積み、採光、換気の機能も持たせている。
　阿弥陀如来は隣接する既存の安養寺の本尊でもあるため、安養寺側は全面ガラス貼りとして寺からもガラス越しに本尊を拝める仕掛けとなっている。
　版築ブロックの高い調湿機能に期待し、特別な空調設備は設けていない。版築という物質自体が構造体でもあり、空調設備でもあると考えた。

125頁写真2点提供＝隈研吾建築都市設計事務所

# 蓬萊古々比の湯｜プラスチック

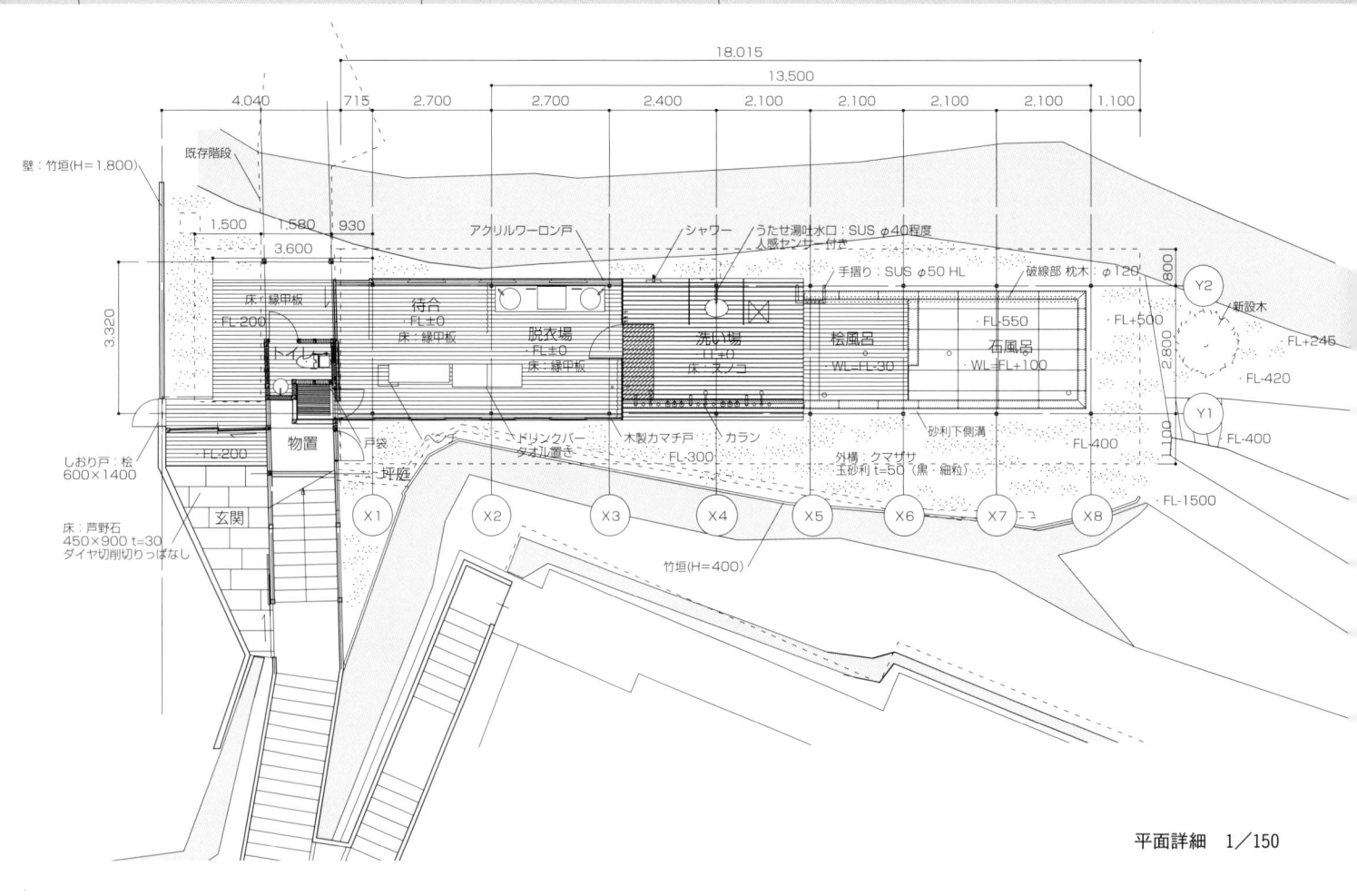

平面詳細　1/150

　原生林の巨木が茂る急勾配の崖地である。崖と崖との間のわずか数メートルの奥行きしかない踊り場状の平地に建築を建てるしかない。巨木と崖とがつくる圧倒的ランドスケープの中で建築はそれらには対抗のしようもない。逆に可能な限り、軽やかで存在感が希薄なものとして建築を消去したかった。巨木の下で眼前の海を眺めながら露天風呂を浴びるような気楽な感じに可能な限り近づけたいということで、女将と建築家の意見は一致した。

　無垢の鉄骨の柱（60 mm×60 mm）の上にポリカーボネートの透明な折板を載せるだけという単純極まりない架構とした。50 mmの背のある折板はそれ自体で剛性があるため、垂木のような二次的構造部材を必要としない。その性質を利用することで全体をミニマライズすることができた。ガラスや壁で囲うことも避け、脱衣コーナーのみ障子を立てかけて視界をさえぎることとした。

2000.3-2003.1 竣工予定

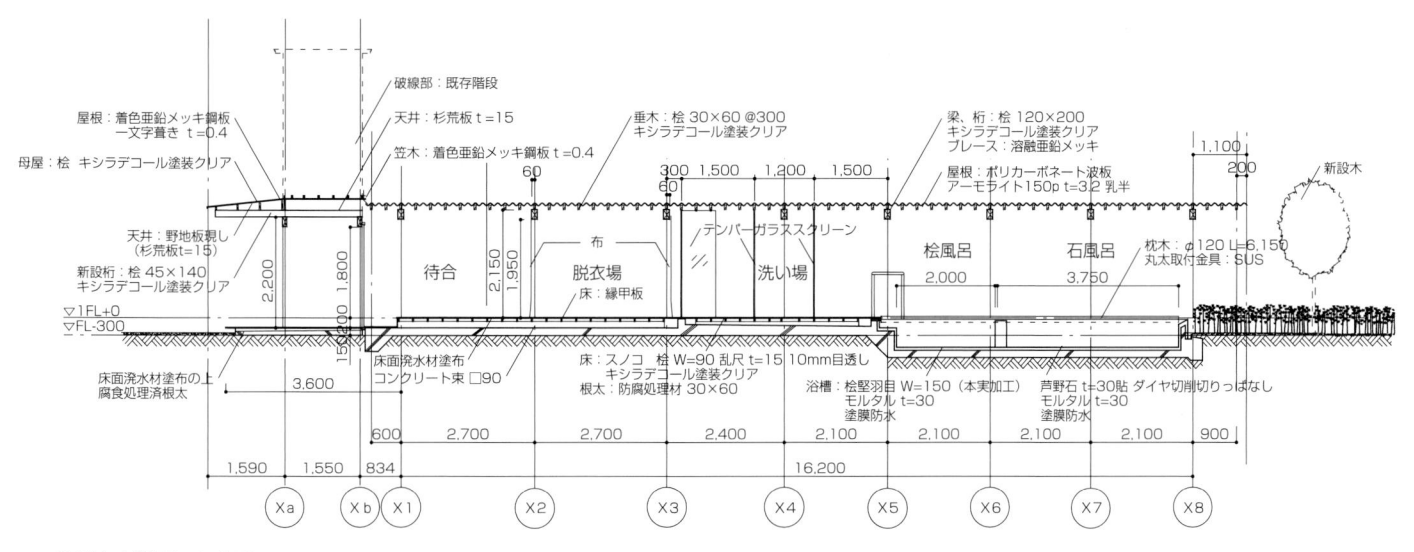

長手方向断面　1/150

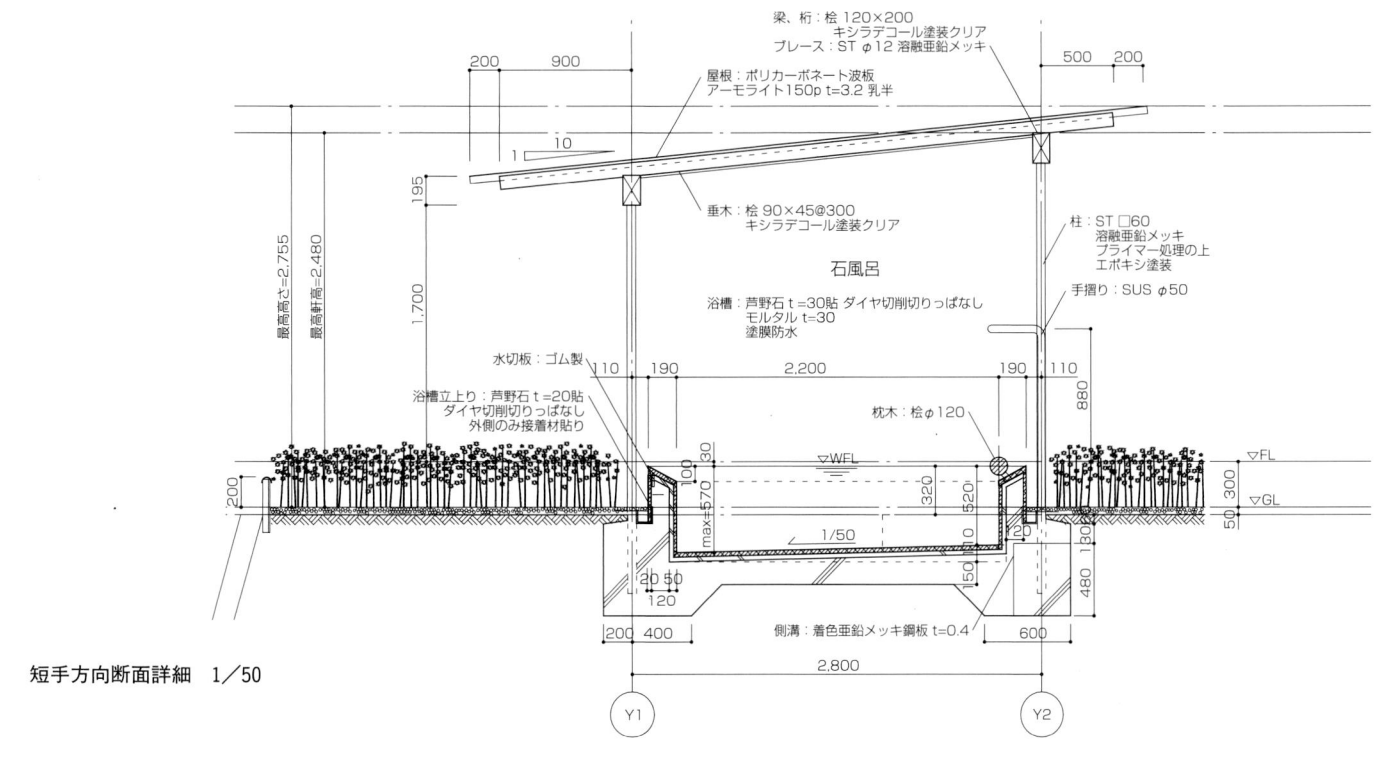

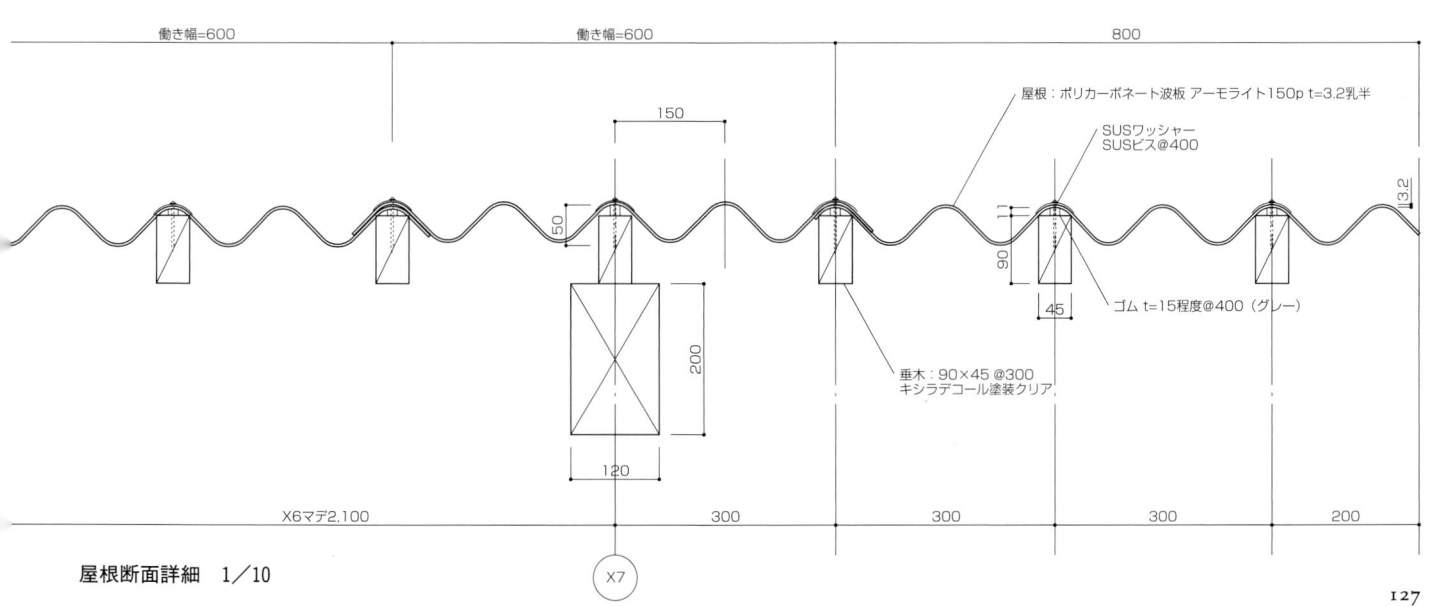

短手方向断面詳細　1/50

屋根断面詳細　1/10

# N 美術館 ｜ 石

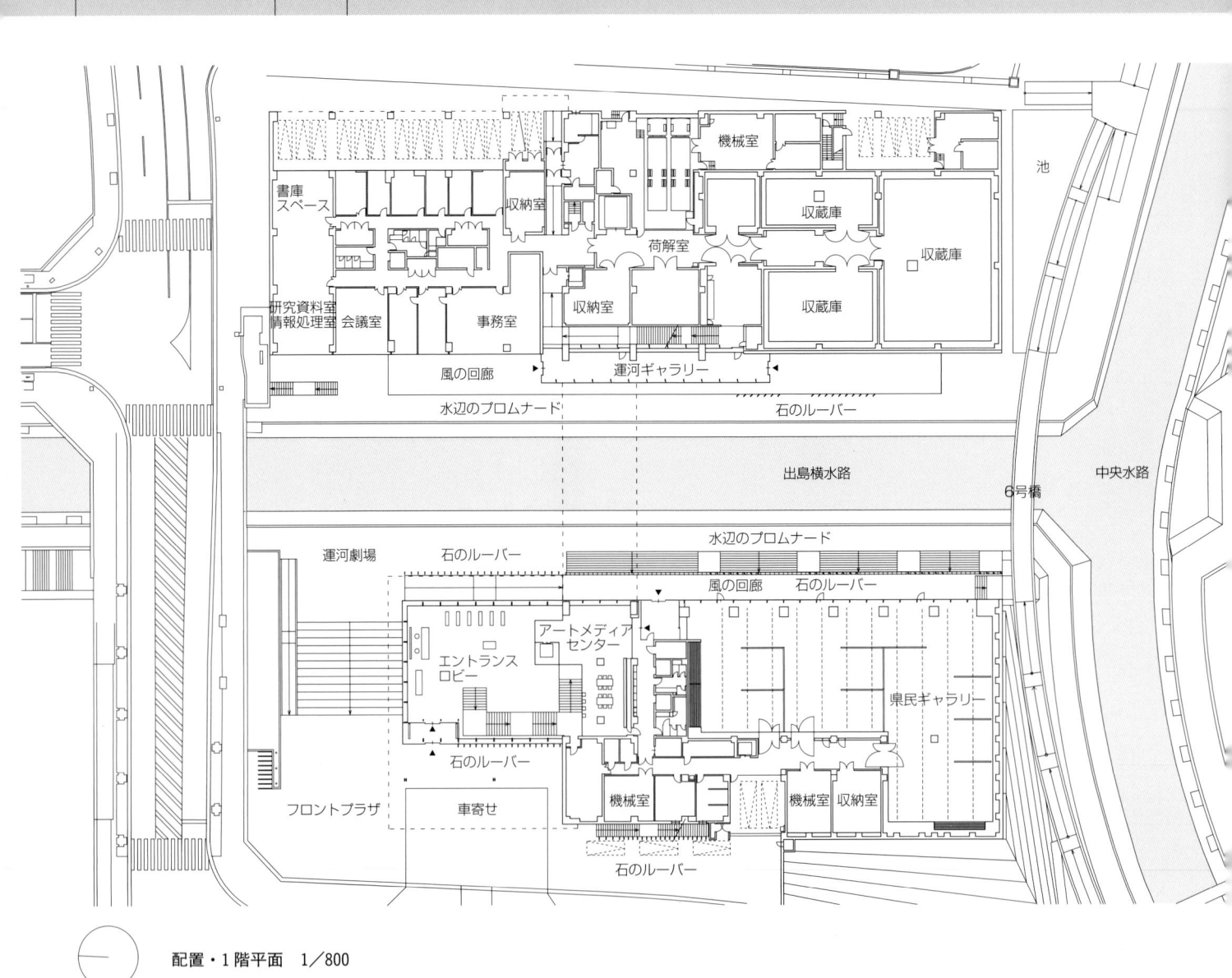

配置・1 階平面　1/800

2001.11-2005竣工予定

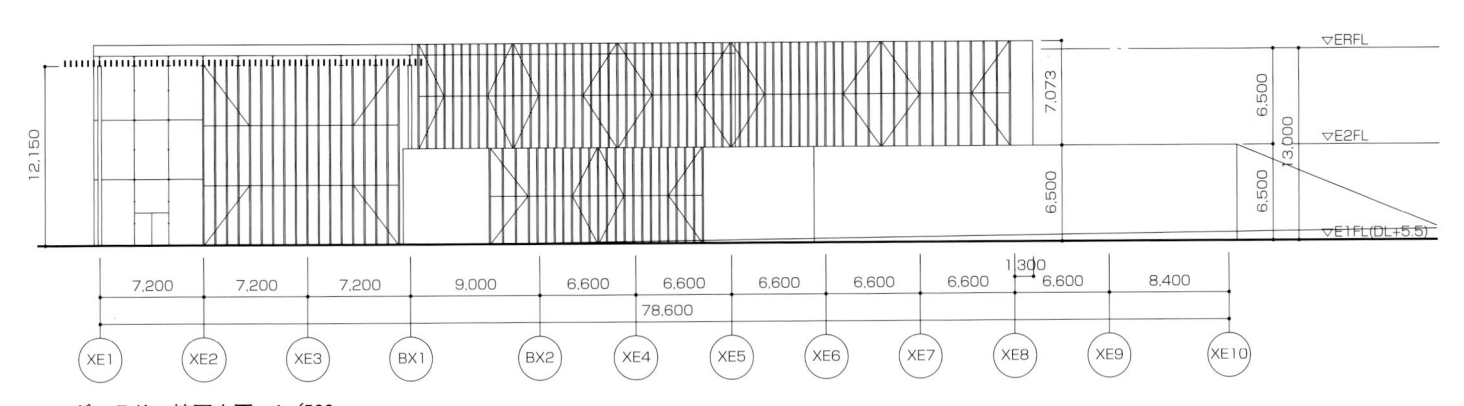

ギャラリー棟西立面　1/500

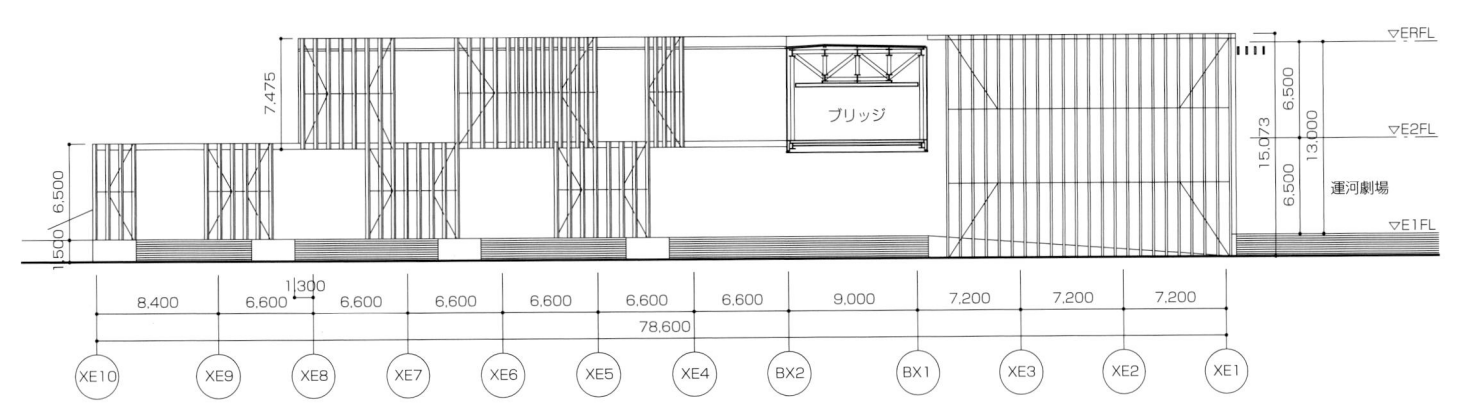

ギャラリー棟東立面

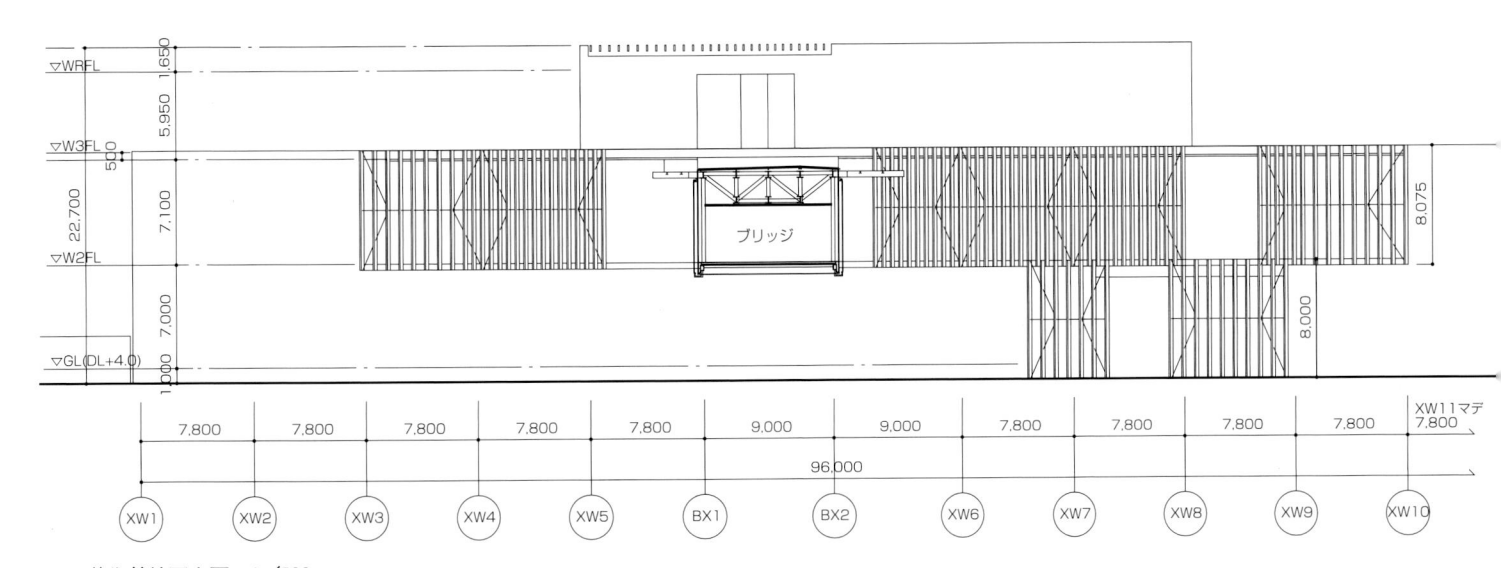

美術館棟西立面　1/500

　ウォーターフロントの敷地の中央に運河が流れ、敷地が真っ二つに分割されるという、ほかにはない魅力的な与条件であった。まず2棟に分割し、運河に並行する各ファサードを石のルーバーで構成することにより、水際に透明なレイヤーが幾重にも重層する迷宮的空間をつくりたいと考えた。かつてビエンナーレの仕事のために1カ月滞在したベネチアは、水と一体になった透明な迷宮都市であった。僕の頭の中にあるベネチアの迷宮を、より透かし、より研ぎ澄ましながら、プランニングとディテールへと落とし込んでいった。

　迷宮都市の動線には行き止まりがなく、人は果てしなく巡回することができる。この美術館でも人は運河に沿ってさまざまなアートと空間に出会いながら、いつしか屋上にまで到達する。海を眺め、潮の香りを胸に吸い込みながら、再び屋外のアートを巡ることになる。屋上でもまた床のエッジに気を使った。ステンレスフラットバーのミニマルな手摺をエッジからセットバックした位置に取り付け、その外側にはアイビーの植栽を配置して石のペーブメントの硬さを緑が和らげる。アイビーはエッジぎりぎりまで延長し、スパッと切断したように終わらせる。そのディテールによって、海と屋上とがひとつにつながるのである。「水／ガラス」で水を用いてつくったディテールの繰り返しである。

断面 1/600

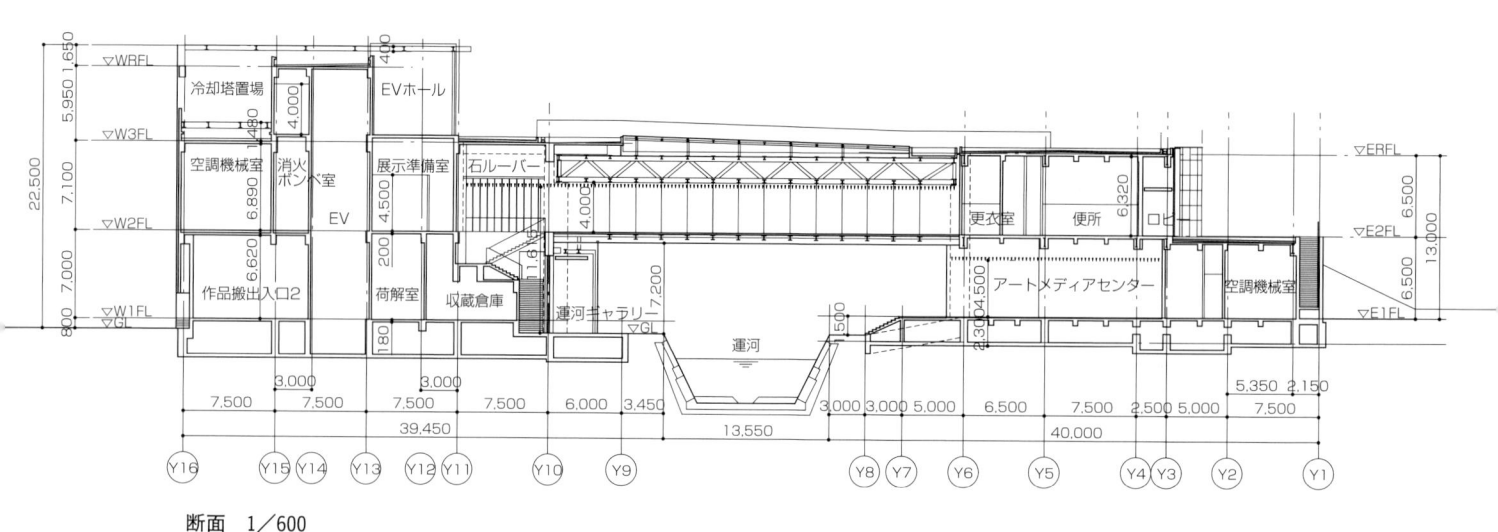

「石の美術館」では石の横ルーバーに挑戦したが、今回は石の縦ルーバーを試みた。外部ルーバーは高さが15mにも及び、風圧も馬鹿にできない。石貼りのプレキャストコンクリートの可能性も検討した。「高崎駐車場」のルーバーに石を貼ったようなものだが、石を貼ったとたんに厚みが出過ぎて透明感が失われる。バックの鉄骨にステンレスボルトで厚み25mmの石を固定するディテールに最終的に到達した。乾式の石貼り工法の応用といっていいだろう。石と鉄骨の間も密着させずスリットとし、そのスリットを見せることで、軽やかなディテールとなった。骨となる鉄骨は構造計算をすると思った以上の断面積が必要とされ、コストも大きくなることがわかった。不要な部分をそぎ落としてイレギュラーな断面形状とすることによって、コストの削減とエッジのシャープさを獲得した。

室内の石ルーバーは耐風性能も必要とされず、条件はかなり楽である。ステンレスロッドで、直接、石を吊るディテールを開発した。石という重たいものを使いながら、軽やかで透明な空間を獲得することで、空間に緊張感とやさしさとを同時に与えたいと思った。

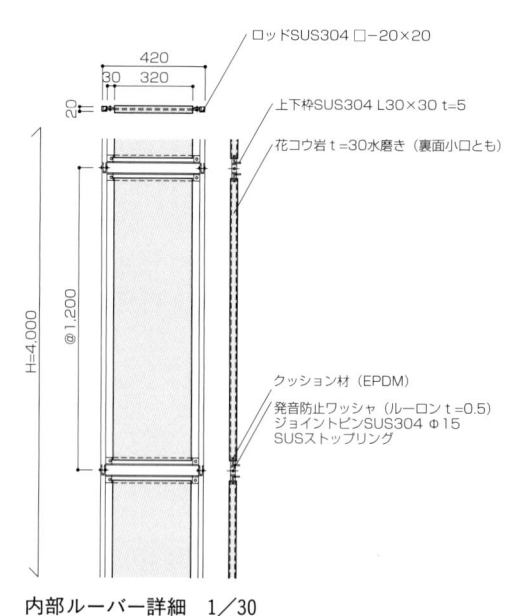

内部ルーバー詳細 1/30

振れ角 0°パターン平断面詳細　1/15

振れ角 45°パターン平断面詳細　1/15

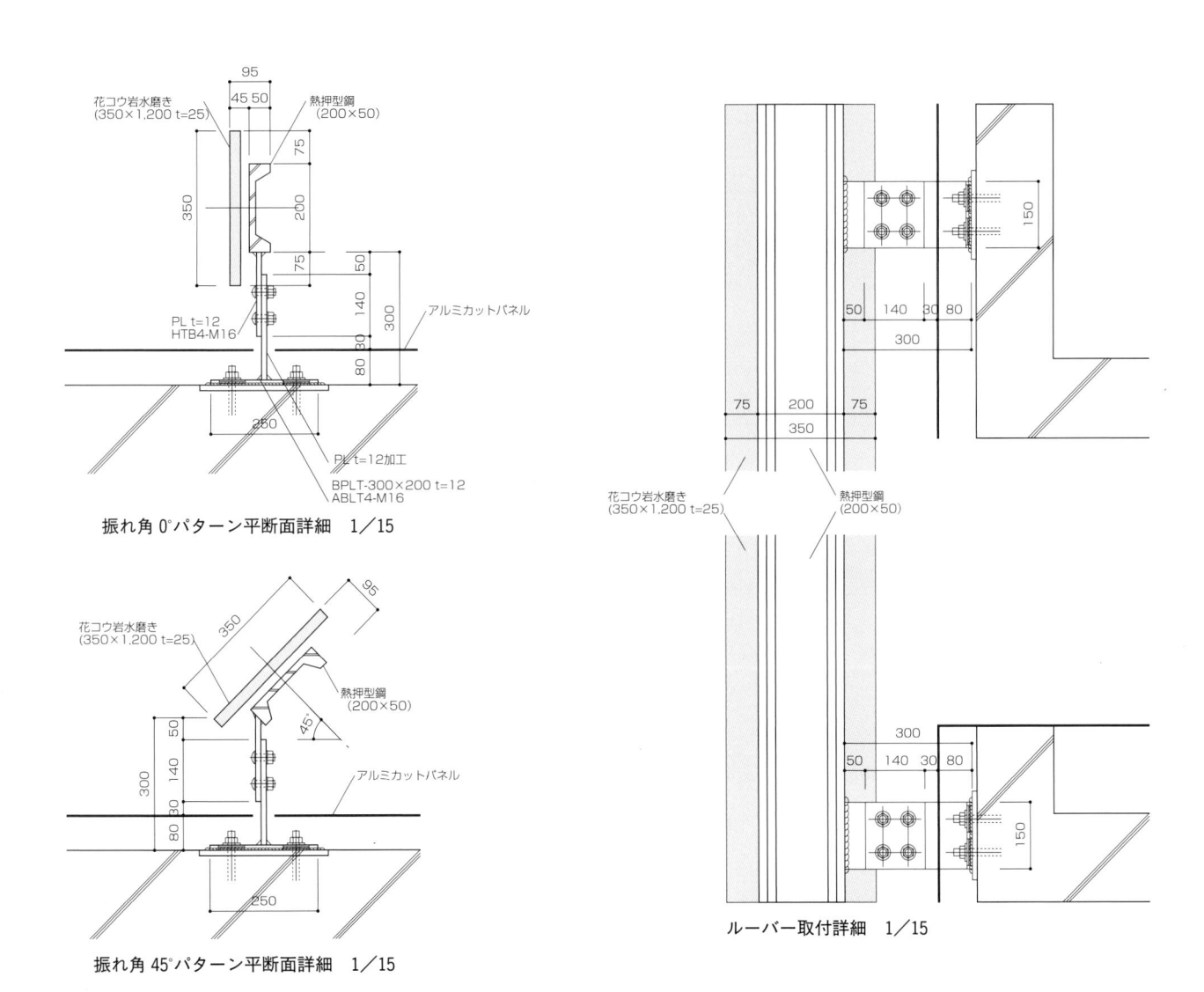

ルーバー取付詳細　1/15

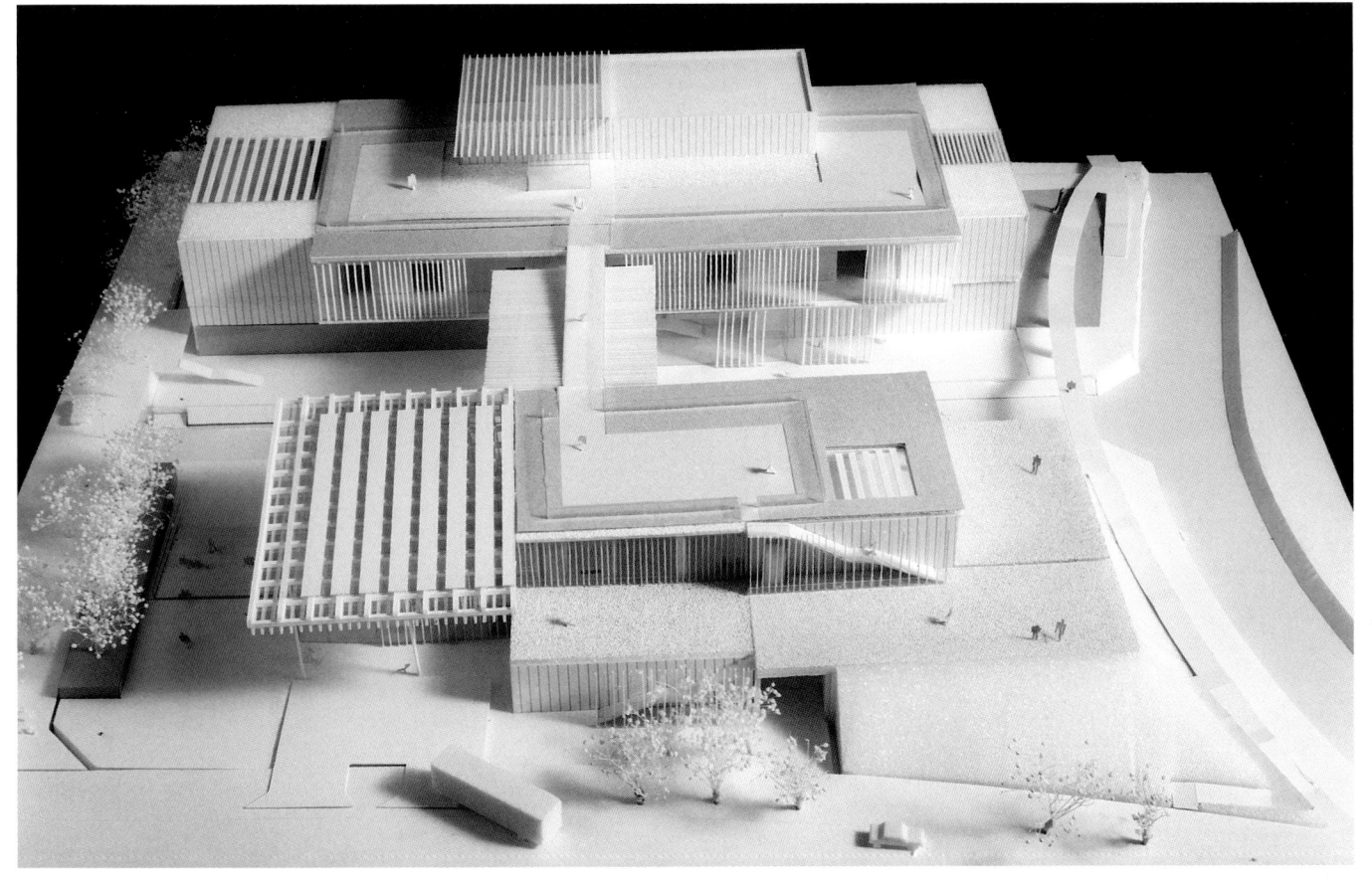

■ 石の美術館
01　栃木県那須郡那須町芦野
02　1996年5月～1999年12月
03　1997年12月～2000年7月
04　建築：隈研吾建築都市設計事務所　担当＝隈研吾, 後藤圭太*
　　設計協力＝茂木真一
05　構造：中田捷夫研究室　担当＝中田捷夫, 小川民子
06　設備：エム・アイ設備コンサルタント　担当＝森栄二
07　監理：隈研吾建築都市設計事務所
　　電気：本田電気　担当＝本田俊彦
　　照明計画：小泉産業　担当＝熊野裕章
08　1,382.60 m²
09　532.91 m²
10　527.57 m²
11　38.55%
12　38.16%
13　美術館
14　地上1階
15　最高高さ7.8 m　軒高5.5 m
16　組石造・S造
17　空調設備　空調方式：空冷ヒートポンプAC方式
　　　　　　　熱源：電気
　　電気設備　受電方式：低圧受電
18　外部仕上げ
　　屋根：耐水合板のうえシート防水, 白河石8t（茶室）
　　外壁：芦野石（組積）
　　外まわり建具：スチールサッシ
　　外構：芦野石, 白河石
　　ルーバー：芦野石 40×120 mm@80 mm
　　内部仕上げ
　　エントランスホール　床：白河石 t＝30 mm 水磨き
　　　　　　　　　　　壁：芦野石割肌（既存）
　　　　　　　　　　　天井：直天（既存）
　　展示室1　床：芦野石 t＝30 mm 水磨き
　　　　　　壁：芦野石（組積）, 一部大理石 t＝6 mm ハメコミ
　　　　　　天井：OSB t＝12 mm
　　ギャラリー1　床：白河石 t＝30 mm 水磨き
　　　　　　　　壁：芦野石（組積）
　　　　　　　　天井：OSB t＝12 mm
　　ギャラリー2　床：那須野石 t＝30 mm 水磨き
　　　　　　　　壁：芦野石割肌（既存）　天井：直天（既存）
　　ライブラリー　床：芦野石 t＝30 mm 水磨き
　　　　　　　　　壁：芦野石 t＝20 mm
　　　　　　　　　天井：OSB t＝12 mm
19　建築：石原工務店　担当＝鈴木康夫
　　石工事：白井石材　担当＝白井伸雄, 関谷忠
　　設備：エム・アイ設備コンサルタント　担当＝森栄二
　　電気：本田電気　担当＝本田俊彦

■ 馬頭町広重美術館
01　栃木県那須郡馬頭町馬頭 116-9
02　1998年5月～1998年11月
03　1998年12月～2000年3月
04　隈研吾建築都市設計事務所　担当＝隈研吾, 押尾章治*, 安河内進*, 弥田俊男, 坂野由典, 後藤武*, 藤枝隆介*
　　設計協力：安藤設計　担当＝中津雅美　柴田崇
05　構造：青木繁研究室　担当＝牧野里美, 岡本育子
06　設備：森村設計　担当＝金井誠, 河内孝夫, 上杉一浩, 佐藤栄幹
07　監理：隈研吾建築都市設計事務所　担当＝隈研吾, 押尾章治*　安藤設計　担当＝中津雅美
　　サイン：日本デザインセンター原デザイン研究所　担当＝原研哉, 井上幸恵
　　照明計画：キルトプランニング　担当＝豊久将三（展示室）　松下電工　担当＝大室俊朗（一般部）児玉由美子（外部舗道演出照明）
08　5,586.84 m²
09　2,188.65 m²
10　1,962.43 m²
11　39.18%（許容：40%）
12　35.13%（許容：200%）
13　美術館
14　地下1階　地上1階
15　最高高さ 6.5 m　軒高 3.2 m
16　鉄筋コンクリート造　一部鉄骨造　杭・基礎：杭基礎
17　空調設備　空調方式：単一ダクト方式（シングルコイル　ダブルコイル）
　　　　　　熱源：空冷ヒートポンプチラー×2基（ダブルバンドル併用）
　　衛生設備　給水：受水槽（4.0～）＋加圧給水ポンプユニット
　　　　　　　給湯：個別貯湯式電気湯沸かし器
　　　　　　　排水：屋内分流方式　合併浄化槽
　　電気設備　受電方式：3φ3W 6.6 kV　1回線架空引込　屋外キュービクル方式
　　防火設備　消化：室内消火栓設備　窒素ガス消化設備（収蔵庫）
　　　　　　　排煙：機械排煙
　　その他：非常照明設備　誘導灯設備
18　外部仕上げ
　　屋根　ルーバー：八溝杉 60×30 mm@120 mm　遠赤外線燻煙乾燥処理の上不燃同等処理　マイトレック ACQ, OS
　　　　　取付下地金物：溶融亜鉛メッキ処理の上 SOP
　　　　　屋根：フッ素樹脂鋼板 t＝0.6 mm　竪平葺　働き幅@360 mm（通し吊り子）　ポリスチレンフォーム t＝35 mm（外断熱工法）
　　　　　アスファルトルーフィング 940　高圧木毛セメント板 t＝20 mm
　　外壁　ルーバー：八溝杉 60×30 mm@120 mm　遠赤外線燻煙乾燥処理の上不燃同等処理　マイトレック ACQ, OS
　　　　　取付下地金物：溶融亜鉛メッキ処理の上 SOP
　　　　　屋根：フッ素樹脂鋼板 t＝0.6 mm　竪平葺　働き幅@360 mm（通し吊り子）　ポリスチレンフォーム t＝30 mm（外断熱工法）
　　　　　アスファルトルーフィング 940　高圧木毛セメント板 t＝18 mm
　　開口部　スチールサッシ　ガラスカーテンウォール　オートドア（床エンジンタイプ）　ガラリ：アルミサッシ
　　外構　植栽：キンメイモウソウチク　山ツツジ　寒竹　オカメザサ
　　　　　舗床：600×300 mm 平板ブロック　t＝60 mm
　　　　　庭・根回り：那智黒石　単粒度砕石
　　内部仕上げ
　　エントランスホール　展示通路　床：芦野石（黒目）t＝40 mm 水磨き仕上　表面硬化剤塗布　壁：CO下地補修の上 AEP
　　　　　和紙スクリーン：木下地アクリル補強の上ワーロン紙＋烏山手漉き和紙貼
　　　　　間仕切りルーバースクリーン：八溝杉 60×30 mm@120 mm の上烏山手漉き和紙貼
　　　　　間仕切りアルミルーバースクリーン：アルミ角パイプ 20×20 mm@40 mm
　　　　　天井：八溝杉 60×30 mm@120 mm　鉄骨下地 SOP
　　展示室　床：芦野石（黒目）t＝40 mm 水磨き仕上　表面硬化剤塗布
　　　　　　壁：LGS下地シナベニヤ t＝12 mm ペンキクロス AEP
　　　　　　天井：八溝杉 110×30 mm@210 mm　鉄骨下地 SOP
　　レストラン　床：芦野石（黒目）t＝40 mm 水磨き仕上　表面硬化剤塗布
　　　　　　　　壁：CO下地　芦野石（黒目）t＝40 mm 水磨き仕上（乾式工法）　一部高圧木毛セメント板 t＝20 mmCL
　　　　　　　　天井：八溝杉 60×30 mm@120 mm　鉄骨下地 SOP
　　トイレ　床：芦野石（黒目）t＝40 mm 水磨き仕上　表面硬化剤塗布
　　　　　　壁：CO下地　芦野石（黒目）t＝40 mm 水磨き仕上（乾式工法）
　　　　　　天井：LGS下地＋PB t＝9.5 mmVP
19　建築：大林組東京本社　担当＝佐藤敏夫, 青木武夫, 上江州宏行, 内田寿, 渡仲清孝, 笠正敏
　　設備・空調：朝日工業社　担当＝須藤克幸
　　電気：六興電気　担当＝増山剛
　　展示ケース：岡村製作所　担当＝松村隆史
　　手漉き和紙：烏山和紙会館　担当＝福田弘平
　　木工事：内外テクノス　担当＝関公宇, 吉岡裕徳
　　杉材不燃同等処理：安藤實　ウッドテック中村　担当＝沖津英一
　　石工事：関ヶ原石材　担当＝毛利益栄, 直井久幸　白井石材　担当＝白井伸雄
　　サイン：アトリエ g&b　担当＝岡嶋利英
　　家具：アクタス　担当＝塩澤秀樹

収録作品データ
■ 名称
01　所在地
02　設計期間
03　工事期間
04　設計
05　構造設計
06　設備設計
07　コンサルタント
08　敷地面積
09　建築面積
10　延床面積
11　建ぺい率
12　容積率
13　用途
14　規模
15　最高高さ
16　構造
17　設備
18　主な仕上げ
19　施工
*＝元所員

■ 幕張集合住宅
01　千葉県千葉市
02　1996年10月～1998年10月
03　1998年11月～2000年3月
04　隈研吾建築都市設計事務所　担当＝隈研吾, 細村研一, 坂野由典*　UG都市建築　担当＝山下昌彦, 坂上浩隆
05　構造：フジタ
06　設備：フジタ
07　監理：隈研吾建築都市設計事務所　担当＝隈研吾, 細村研一, 坂野由典*　UG都市建築　担当＝山下昌彦, 坂上浩隆
08　13,423.42 m²
09　7,702.70 m²（1,920.67 m² 2期のみ）
10　44,022.08 m²（19,654.43 m² 2期のみ）
11　57.38%（許容：70%）
12　235.05%（許容：300%）
13　共同住宅
14　地下1階　地上14階　塔屋1階
15　最高高さ 44.87 m　軒高 44.37 m
16　鉄筋コンクリート造

■ 那須歴史探訪館
01　栃木県那須郡那須町大字芦野字根古屋 2893 番地ほか
02　1999 年 1 月～1999 年 7 月
03　1999 年 9 月～2000 年 6 月
04　隈研吾建築都市設計事務所　担当＝隈研吾，押尾章治*，安河内進*，宮原賢次，大野三太，坂野由典，太田秀俊*，後藤武*
　　設計協力：安藤設計　担当＝中津雅美，柴田崇
05　構造：中田捷夫研究室　担当＝中田捷夫，小川民子，佐藤栄幹
06　設備：森村設計　担当＝金井誠，河内孝夫，上杉一浩，佐藤栄幹
07　監理：隈研吾建築都市設計事務所　担当＝隈研吾，押尾章治*，安河内進*
　　環境アドバイザー：担当＝堀繁
　　照明：ライトフィールドアーキテクツ　担当＝角館政英，内藤真理子
　　展示：丹青社　担当＝山田倫正，希代豪伸
08　3,186.16 m²
09　579.12 m²
10　458.17 m²
11　18.2%
12　14.4%
13　資料館
14　地上 1 階
15　最高さ 5.8 m　軒高 2.3 m
16　鉄筋コンクリート造＋鉄骨造　一部木造
　　杭・基礎：布基礎
17　空調設備　空調方式：空冷ヒートポンプ氷蓄熱 PA 方式
　　　　　　　熱源：電気
　　衛生設備　給水：タンク無ブースター方式
　　　　　　　給湯：局所方式
　　　　　　　排水：合併処理浄化槽
　　電気設備　受電方式：高圧受電方式
　　防火設備　消化：パッケージ型消火設備
　　　　　　　排煙：自然排煙
18　外部仕上げ
　　屋根　フッ素樹脂鋼板　t＝0.6 mm　フラット葺　一部瓦葺
　　外壁　アルミカーテンウォール　漆喰塗
　　開口部　スチールサッシ
　　外構　植栽：モウソウチク　ウメ　モミジアスナロ　オカメザサ　タマリュウ
　　　　　舗装：芦野石敷　砕石敷
　　内部仕上げ
　　展示室　床：芦野石敷 t＝40 mm 水磨き
　　　　　　壁：PB t＝12.5 mm の上和紙貼
　　　　　　天井：アルミエキスパンドメタルの上　藁左官仕上
　　事務室　床：長尺塩ビシート
　　　　　　壁：PB t＝12.5 mm の上 AEP
　　　　　　天井：PB t＝12 mm の上 AEP
　　トイレ　床：芦野石敷 t＝40 mm 水磨き
　　　　　　壁：コンクリート打放し
　　　　　　天井：PB t＝12 mm の上 AEP
　　収蔵庫　床：ブナフローリング
　　　　　　壁：調湿材複合ボード t＝36 mm
　　　　　　天井：調湿材複合ボード t＝24 mm
19　建築：川田工業　担当＝鈴木一，国沢義勝，高桑孝雄，勝倉修一，梅田祐二
　　空調・衛生：溝口設備工場所　担当＝半間茂，渡辺雄一
　　電気：那須電機メンテナンス　担当＝矢野目勝昭
　　展示：丹青社　担当＝三澤彰生

■ 水／ガラス
01　静岡県熱海市
02　1992 年 7 月～1994 年 3 月
03　1994 年 3 月～1995 年 3 月
04　隈研吾建築都市設計事務所　担当＝隈研吾，細村研一，安河内貴昭*
05　構造：中田捷夫研究室　担当＝中田捷夫，中野稔久
06　設備：川口設備研究所　担当＝川口洋輔
07　電気：山崎設備設計事務所　担当＝山崎克己
　　照明：EPK　担当＝小西武志
　　家具：隈研吾建築都市設計事務所
08　1,281.21 m²
09　568.89 m²
10　1,125.19 m²
11　44.4%(許容：60%)
12　82.5%(許容：160%)
13　ゲストハウス
14　地上 3 階
15　最高高さ 13.31 m　軒高 10.31 m
16　1・2 階：鉄筋コンクリート造
　　3 階：鉄骨造
　　杭・基礎：直接基礎
17　空調設備　空調方式：マルチヒートポンプエアコン
　　　　　　　熱源：空気熱源ヒートポンプユニット
　　衛生設備　給水：加圧給水方式
　　　　　　　給湯：中央式
　　　　　　　排水：自然流下　ポンプアップ
　　電気設備　受電方式：3φ3W 6,600 V（高圧受電）
　　防火設備　消化：消化器
　　　　　　　その他：自動火災報知器　非常照明誘導灯
18　外部仕上げ
　　屋根　ステンレス t＝0.4 mm 溶接工法
　　　　　ルーバー：ステンレス t＝1.5 mm フッ素樹脂焼付塗装
　　外壁　御影石（加平）水磨　アルミパネル t＝2 mm フッ素樹脂焼付塗装
　　開口部　アルミサッシ　ステンレスサッシ
　　外構　御影石（ベルデフォンテン）ジェットバーナー仕上
　　内部仕上げ
　　ホール　床・壁：御影石（ビアンコカラーラ）本磨
　　　　　　天井：PB　EP
　　2 階ラウンジ　床：フローリング（アサダ）
　　　　　　壁：大理石（レッドトラバーチン）本磨
　　　　　　天井：PB　クロス
　　寿司コーナー　床：御影石（ベルデフォンテン）ジェットバーナー仕上
　　　　　　壁：珪酸カルシウム板の上サクラ練付
　　　　　　天井：PB　スウェード塗装
　　3 階ラウンジ　床：強化合わせガラス t＝15 mm＋10 mm（裏面フロスト加工）
　　　　　　壁：アルミサッシ（強化ガラス t＝15 mm）
　　　　　　天井：ルーバー　ステンレス t＝15 mm フッ素樹脂焼付塗装
19　建築：竹中工務店　担当＝拓殖勝，会川文雄
　　空調・衛生：高砂熱学工業　担当＝平賀富雄
　　電気：きんでん　担当＝高木秀之
　　造園：サイトデザイン　担当＝木下正己，篠原要
　　家具製作：ナショナルインテリア　イデー　ワタナベデザイン室

17　給水：水道直結（ブースタ）式
　　給湯：局所式
　　排水：合流式
　　消火設備：連結送水管，消化器
18　外部仕上げ
　　屋根　コンクリート直均しの上アスファルト防水
　　外壁　45 2 丁掛け磁器質タイル（一部吹付けタイル）
　　開口部　アルミサッシ電解 2 次着色
　　外構　インターロッキング
　　内部仕上げ
　　エントランスホール　床：300 角磁器質タイル
　　　　　　壁：PB t＝12.5 EP
　　　　　　天井：珪酸カルシウム板 t＝6 EP
　　共用廊下　床：外部用長尺塩ビシート t＝12.5
　　　　　　壁：アクリル樹脂プラスター吹付け仕上げ
　　　　　　天井：リシン吹付け
　　住戸　床：フローリング　カーペット　長尺塩ビシート
　　　　　壁，天井：ビニルクロス
19　フジタ

■ 高柳町陽の楽家（たかやなぎちょう ひかりのらくや）
01　新潟県刈羽郡高柳町大字萩ノ島字前田
02　1998 年 2 月～1999 年 7 月
03　1999 年 11 月～2000 年 4 月
04　隈研吾建築都市設計事務所　担当＝隈研吾，原田真宏*
05　構造：中田捷夫研究室　担当＝中田捷夫，小川民子
06　設備：森村設計　担当＝金井誠，上杉一浩
07　電気：森村設計　担当＝金井誠，上杉一浩
08　－
09　86.71 m²
10　87.88 m²
11　－
12　－
13　集会施設
14　地上 2 階
15　最高高さ 7.76 m　軒高 2.48 m
16　木造　基礎：布基礎
17　空調設備　空調方式：空冷ヒートポンプ AC 方式
　　　　　　　熱源：電気
　　電気設備　受電方式：低圧受電

18　外部仕上げ
　　屋根　茅葺き
　　軒裏　米ツガ縁甲板本実目透張り
　　外壁　モルタル金ゴテ押えのうえ和紙貼り　モルタル金ゴテ押え
　　外まわり建具：スチールサッシ　和紙太鼓貼りガラス障子
　　床　モルタル金ごて押え t＝20
　　内部仕上げ
　　集会場　床：化粧合板 t＝15 下地　厚手和紙貼り
　　　　　　壁：化粧合板 t＝12 下地　和紙貼り
　　　　　　天井：直天
　　キッチン　床：ナラムク材フローリング 75 w
　　　　　　壁：ケイカル板 t＝8 のうえ AEP
　　　　　　天井：ケイカル板 t＝6 のうえ AEP
　　ロフト　床：直天
　　　　　　壁：ナラムク材フローリング 75 w
19　永井工務店　担当＝永井博
　　和紙製作：担当＝小林康生
　　和紙施工：クリエイティブ・ウッド・ファクトリー・ケイ
　　　　　　　担当＝栗原太，高橋裕美

■ 高崎駐車場
01 群馬県高崎市旭町
02 1999年4月～1999年11月
03 1999年12月～2001年3月
04 隈研吾建築都市設計事務所　担当＝隈研吾，横尾実
　　アール・アイ・エー　担当＝仁科和久，佐貫晴己，佐伯美奈子
05 構造：アール・アイ・エー　担当＝杉山満，中野正英
06 設備：森村設計　担当＝今正俊
07 電気：森村設計　担当＝鈴木任
　　監理：隈研吾建築都市設計事務所　担当＝隈研吾，横尾実
　　　　　アール・アイ・エー　担当：佐貫晴己，佐伯美奈子，岩上重信
08 5,942.00 m²
09 4,451.67 m²
10 29,702.30 m²
11 74.91%（許容：90%）
12 399.89%（許容：600%）
13 駐車場
14 地上7階　塔屋1階
15 最高高さ　26.05 m
16 鉄骨造　杭・基礎：杭基礎　オールケーシング工法
17 空調設備　空調方式：空冷ヒートポンプエアコン方式
　　衛生設備　給水：加圧給水ポンプ方式
　　　　　　　給湯：個別給湯方式
　　　　　　　排水：分流方式
　　電気設備　受電方式：高圧受電方式
　　　　　　　設備容量：3φ100 kV　1φ75 kV
　　　　　　　契約電力：165 kVA
　　防災設備　消火：消化器　移動式粉末消火　連結送水管
　　　　　　　排煙：自然排煙
　　その他　　昇降機：乗用エレベータ（ロープ式機械室レス 13人乗　60 m/min×4台）
　　　　　　　特殊設備：駐車管制設備　ドレンチャー設備
18 外部仕上げ
　　屋根　コンクリートコテ押さえの上ウレタン塗膜防水
　　外壁　着色プレキャストコンクリート　ルーバーの上フッ素樹脂塗装　ガラスルーバー
　　内部仕上げ
　　駐車場　床：防塵塗装（防滑工法）
　　　　　　天井：デッキプレート素地
　　1階エレベータホール　床：磁器質タイル
　　　　　　　　　　　　　壁：PB t=12.5 mmAEP　アルミリブパネル
　　　　　　　　　　　　　天井：岩綿吸音板 t=12.5 mm
19 建築：井上工業・冬木工業・信澤工業特定建設工事共同企業体　担当＝飯塚日出喜
　　空調・衛生：藤田エンジニアリング　担当＝田村佳丈
　　電気：セイモー・アイテク・神明電気共同企業体　担当＝小金澤功
　　外構：富田屋　担当＝服部功
　　植栽：新日本造園　担当＝千明久幸

収録作品データ
■ 名称
01 所在地
02 設計期間
03 工事期間
04 設計
05 構造設計
06 設備設計
07 コンサルタント
08 敷地面積
09 建築面積
10 延床面積
11 建ぺい率
12 容積率
13 用途
14 規模
15 最高高さ
16 構造
17 設備
18 主な仕上げ
19 施工
＊＝元所員

■ 銀山温泉共同浴場「しろがね湯」
01 山形県尾花沢市銀山新畑北
02 2000年11月～2001年3月
03 2001年4月～2001年7月
04 隈研吾建築都市設計事務所　担当＝隈研吾，後藤主太＊，中村拓志＊
05 構造：青木繁研究室　担当＝牧野里美
06 設備：大場電気設計事務所　担当＝大場和敏
07 監理：隈研吾建築都市設計事務所　担当＝隈研吾，中村拓志＊
08 71.53 m²
09 37.48 m²
10 63.24 m²
11 52.40%
12 88.41%
13 共同浴場
14 地上2階
15 最高高さ　5.36 m　軒高　5.21 m
16 鉄筋コンクリート造　一部鉄骨造　杭・基礎：ベタ基礎
17 衛生設備　給水：上水道直結方式
　　　　　　給湯：温泉水圧送管直結方式
　　　　　　排水：下水道放流，浴槽の湯のみ河川放流
　　電気設備　受電方式：低圧受電方式
　　防災設備　消火：誘導灯設備　消化器設備
　　　　　　　排煙：跳ね出し式排煙ハッチ
18 外部仕上げ
　　屋根　フッ素樹脂溶融アルミニウムメッキ鋼板 t=0.4 mm 立はぜ葺
　　外壁　無双格子（ベイヒバ）60×60 mm　60×85 mm キシラデコール　フロートガラス t=10 mm
　　　　　コンクリート打放し AEP
　　外構　富沢石 t=30 mm ダイヤ切削（幸富石材）
　　内部仕上げ
　　待合室　床：ヒノキ縁甲板 t=15 mm キシラデコール
　　　　　　壁：木製縦格子（ベイヒバ）キシラデコール
　　　　　　天井：コンクリート打放し AEP
　　脱衣室1　床：ヒノキ縁甲板 t=15 mm キシラデコール
　　　　　　壁：コンクリート打放し AEP
　　　　　　天井：コンクリート打放し AEP　太鼓貼障子：アクリル製人工和紙 t=1.5 mm（ワーロン）
　　　　　　　　　アクリル製人工和紙押縁 t=1.5 mmW=20 mm（ワーロン）
　　浴室1　床：富沢石 t=30 mm ダイヤ切削（幸富石材）
　　　　　　壁：富沢石 t=20 mm ダイヤ切削（幸富石材）
　　　　　　天井：木毛セメント板 t=12 mm キシラデコール
　　　　　　建具：木製建具　アクリル製格子引戸サンドブラスト加工
　　脱衣室2　床：ヒノキ縁甲板 t=15 mm キシラデコール
　　　　　　壁：コンクリート打放し AEP
　　　　　　天井：木毛セメント板 t=12 mm キシラデコール
　　　　　　太鼓貼障子：アクリル製人工和紙 t=1.5 mm（ワーロン）
　　　　　　押縁：アクリル製人工和紙 t=1.5 mm W=20 mm（ワーロン）
　　浴室2　床：富沢石 t=30 mm ダイヤ切削（幸富石材）
　　　　　　壁：富沢石 t=20 mm ダイヤ切削（幸富石材）
　　　　　　天井：木毛セメント板 t=12 mm キシラデコール
　　　　　　建具：木製建具　アクリル製格子引戸サンドブラスト加工
19 建築：本間建設　担当＝本間一昭
　　衛生：マルニシ　担当＝佐藤雄二
　　電気：渡部電工社　担当＝阿部誠一

■ GREAT (BAMBOO) WALL
01 中華人民共和国・北京郊外
02 2000年12月～2001年4月
03 2001年4月～2002年4月
04 隈研吾建築都市設計事務所　担当＝隈研吾，宮原賢次，高橋義和＊，Budi Pradono＊，石橋徹平＊，須貝重義
05 構造：中田捷夫研究所　担当＝中田捷夫，小川民子
06 設備：Beijing Third Dwelling Architectural Engineering Company　担当＝Mr Yangzenghui
07 監理：隈研吾建築都市設計事務所　担当＝Budi Pradono＊
08 1,931.57 m²
09 719.18 m²
10 528.25 m²
11 37.2%
12 27.3%
13 別荘
14 地下1階　地上1階
15 最高高さ 5.83 m　軒高 5.04 m
16 鉄筋コンクリート造　一部鉄骨造　杭・基礎：布基礎
17 空調設備　熱源：ガス
　　衛生設備　給湯：ガスボイラー　Hot Water 方式
18 外部仕上げ
　　屋根　フッ素コーティング鋼板縦はぜ葺き
　　外壁　コンクリート打放し＋ペイント＋竹ルーバー
　　内部仕上げ
　　リビング・ダイニング・キッチン　床：ローカル　スレートストーン
　　　　　　　　　　　　　　　　　　壁：PB t=9.5 mm＋和紙
　　　　　　　　　　　　　　　　　　天井：竹ルーバー
　　廊下　床：ローカル　スレートストーン
　　　　　壁：PB t=9.5 mm＋和紙
　　　　　天井：竹ルーバー
　　客室　床：畳＋竹フローリング
　　　　　壁：PB t=9.5 mm＋和紙
　　　　　天井：PB t=9.5 mm
19 建築：Beijing Third Dwelling Architectural Engineering Company　担当＝Mr Yangzenghui
　　空調：No A/C design service
　　電気：Yan Qin Gongdian Ju

■ 海／フィルター
01　山口県小野田市きららビーチ焼野
02　2000年5月〜2000年8月
03　2000年9月〜2001年3月
04　隈研吾建築都市設計事務所　担当＝隈研吾，横尾実，白浜誠，中村拓志*
05　構造：青木繁研究室　担当＝牧野里美
06　設備：森村設計　担当＝鈴木幸正，吉田宗
07　監理：隈研吾建築都市設計事務所　担当＝隈研吾，横尾実
　　電気：森村設計　担当＝伊藤道博，杉本倫成
　　照明：松下電工東京照明エンジニアリングセンター　担当＝田中晴美
　　ロゴデザイン：ヨシイ・デザインワークス　担当＝吉井純起
08　4,028.35 m²
09　521.67 m²
10　458.59 m²
11　12.94%（許容：60%）
12　11.38%（許容：200%）
13　飲食店
14　地上2階
15　最高高さ 6.65 m　軒高 6.18 m
16　鉄筋コンクリート造　木造　鉄骨造　杭・基礎：直接基礎
17　特殊設備：ダムウェイター（30 m/min）
18　外部仕上げ
　　屋根　溶融アルミメッキ鋼板 0.4 立ハゼ葺
　　軒裏　TJIジョイスト現しキシラデコール塗装
　　外壁　鉄筋補強三孔レンガブロック縦積　溶融アルミメッキ鋼板 厚0.4 立ハゼ葺
　　開口部　ステンレス製アクリルクリア塗装　アルミサッシ電解着色
　　内部仕上げ
　　1階レストラン　床：イエローパインフローリング（ボード洗い出し）ウレタン塗装
　　　　　　　　　壁：OSB木摺貼
　　　　　　　　　天井：TJIジョイスト表し
　　2階個室　床：イエローパインフローリング（ボード洗い出し）ウレタン塗装
　　　　　　　壁：コンクリート打放し AEP 薄塗り
　　　　　　　天井：コンクリート打放し AEP　OSB木摺
19　建築：富士産業・佐藤工業共同企業体　担当＝安本孝雄，島崎直哉，竹川孝一，菅原呂典，烏生秀樹
　　空調：カンダン　担当＝山下治男　エネックス　担当＝高橋建造
　　衛生：カンダン　担当＝山下治男
　　電気：中電工　担当＝中木祐二
　　外構：日立建設　担当＝中村和義
　　植栽：大木芳樹園　担当＝大木英昭
　　家具：富士商東京支店＋天童木工　担当＝池田信雄，菅沢光政，佐藤功，永坂英樹
　　サイン：富士商東京支店＋サインシステム＋オーバーレイ　担当＝池田信雄，松本博，宮井敬三
　　レンガ：ワールドブリック　担当＝山村大介
　　厨房機器：フジマック　担当＝三木章生，兼子正幸

■ 安養寺木造阿弥陀如来坐像保存施設
01　山口県豊浦郡豊浦町
02　2001年2月〜2002年2月
03　2002年3月〜2002年10月竣工予定
04　隈研吾建築都市設計事務所　担当＝隈研吾，横尾実，小川博央，藤原徹平
05　構造：中田捷夫研究室　担当＝中田捷夫，小川民子
06　設備：森村設計　担当＝相川道男，池田庄弘
07　監理：隈研吾建築都市設計事務所　担当＝隈研吾，小川博央
08　2036.75 m²
09　107.89 m²
10　63.23 m²
11　25.11%（許容：80%）
12　19.00%（許容：240%）
13　寺院
14　地上1階
15　最高高さ 7.75 m　軒高 7.40 m
16　RC造（一部鉄骨造）
17　-
18　外部仕上げ
　　屋根　溶融アルミメッキカラー鋼板 t=0.4　立てはぜ葺き
　　外壁　版築ブロック積み，杉板 t=15 縦羽目板貼りキシラデコール塗装
　　開口部　ステンレスサッシ，スチール扉，防火シャッター
　　外構　植栽：クマ笹
　　内部仕上げ
　　1階　収蔵庫　床：杉縁甲板 t=20 ウレタン塗装
　　　　　　　　壁：杉縁甲板 t=15 キシラデコール塗装
　　　　　　　　天井：土天井（竹小舞の上土塗り左官仕上げ）
19　建築：岡崎建設
　　左官：久住章，福田左官店
　　電気：中電工

■ PLASTIC HOUSE
01　東京都目黒区
02　2000年8月〜2001年8月
03　2001年11月〜2002年5月
04　隈研吾建築都市設計事務所　担当＝隈研吾，中村拓志*
05　構造：KAJIMA DESIGN
06　設備：KAJIMA DESIGN
07　監理：隈研吾建築都市設計事務所　担当＝隈研吾，中村拓志*
08　151.30 m²
09　83.34 m²
10　172.75 m²
11　55.08%（許容：60%）
12　114.18%（許容：150%）
13　一戸建住宅
14　地下1階　地上2階　塔屋1階
15　最高高さ 6.95 m　軒高 6.69 m
16　鉄骨造　杭・基礎：杭支持（H鋼杭）
17　空調設備　空調方式：個別空調方式
　　　　　　　熱源：電気ヒートポンプ
　　衛生設備　給水：直結方式
　　　　　　　給湯：個別給湯方式（ガス湯沸器）
　　　　　　　排水：合流方式
　　電気設備　受電方式：低圧受電方式
　　　　　　　設備容量：14 kW
　　　　　　　契約電力：30 kW
　　その他　温水式床暖房設備
18　外部仕上げ
　　屋根　シート防水＋ウッドデッキ（ヒノキ t=20 mm の上キシラデコール塗装）
　　外壁　FRPパネル t=4 mm（旭ガラスマテックス）
　　開口部　スチールサッシ（鐵矢工業）　アルミサッシ（新日軽）
　　外構　FRP製角パイ 100×22 mm
　　内部仕上げ
　　地下1階バスルーム　床：コンクリート金ごて押え
　　　　　　　　　　　壁：ポリカーボネイト角波方立ての上 FRPパネル t=4 mm 張（旭ガラスマテックス）
　　　　　　　　　　　天井：ケイカル板パテしごき VP の上 FRPパネル t=4 mm 張（旭ガラスマテックス）
　　1階リビング・ダイニング・キッチン　床：コンクリート金ごて押えの上防塵塗装
　　　　　　　　　　　　　　　　　　　壁：PB t=12.5 mm ジョイント処理の上 AEP
　　　　　　　　　　　　　　　　　　　天井：PB t=9.5 mm ジョイント処理の上 AEP
　　2階ベッドルーム　床：オークフローリング t=15 mm 白染色の上ふき取り（ADワールド）
　　　　　　　　　　　壁：透光性断熱材 t=10 mm の上 FRPパネル　突き付けポリカビス止め（旭ガラスマテックス）PB t=12.5 mm ジョイント処理の上 AEP
　　　　　　　　　　　天井：PB t=9.5 mm ジョイント処理の上 AEP
19　建築：鹿島建設東京支店
　　空調・衛生：小泉住産
　　電気：多田エンタープライズ
　　内装・家具：イケヤ

■ 蓬莱古々比の湯（ほうらい ここひのゆ）
01　静岡県熱海市
02　2000年3月〜2002年9月
03　2002年9月〜2003年1月予定
04　隈研吾建築都市設計事務所　担当＝隈研吾，横尾実，中村拓志*
05　構造：青木繁研究室　担当＝藤田実
06　設備：ウォーターワークスワタナベ　担当＝渡辺功
07　監理：隈研吾建築都市設計事務所　担当＝隈研吾，中村拓志*
08　-
09　43.88 m²
10　20.00 m²
11　-
12　-
13　公衆浴場
14　地上1階
15　最高高さ 2.76 m　軒高 2.48 m
17　未定
18　仕上げ
　　屋根：ポリカーボネート波板 t=3.2
　　床：桧縁甲板 t=15
　　外部周り建具：木製
19　守屋建業，ウォーターワークスワタナベ，鈴木電気商会，
　　福井土木，アダチ，モリボー，谷口建具店

■ N美術館
01　長崎県長崎市常盤・出島地区
02　2001年11月〜2002年10月
03　2005年春　開館予定
04　隈研吾建築都市設計事務所　担当＝隈研吾，浅古陽介*
05　構造：-　担当＝-
06　設備：-　担当＝-
07　監理：隈研吾建築都市設計事務所　担当＝隈研吾
08　約8,300 m²
09　約5,800 m²
10　約9,900 m²
11　約69%（許容：80%）
12　約119%（許容：400%）
13　美術館
14　地上2階（一部3階）
15　最高高さ 22.7 m　軒高 21.05 m
16　RC・SRC・S
17　空調設備　空調方式：全空気方式
　　　　　　　熱源：ガスボイラー×2
　　衛生設備　給水：ポンプ圧送方式
　　　　　　　給湯：個別式
　　　　　　　排水：屋内合流方式　再利用装置
　　電気設備　受電方式：高圧受電方式
　　　　　　　（3相3線6600V1回線受電）
　　　　　　　設備容量：1700 kW
　　　　　　　契約電力：700 kW
18　外部仕上げ
　　屋根　アルミパネル　屋上緑化
　　外壁　花崗岩水磨き
　　開口部
　　外構　植栽：コウライ芝，ヘデラヘリックス
　　内部仕上げ
　　床：花崗岩水磨き，フローリング
　　壁：木リブ化粧壁（展示室：ガラスクロス）
　　天井：木化粧ルーバー
　　　　　（展示室：木化粧ルーバー，光天井）
19　未定

隈研吾（くま けんご）

経歴

| | |
|---|---|
| 1954 年 | 神奈川県横浜生まれ |
| 1979 年 | 東京大学建築学科大学院修了 |
| 1985-86 年 | コロンビア大学客員研究員 |
| 1990 年 | 隈研吾建築都市設計事務所設立 |
| 1997 年 | 日本建築学会賞受賞 |
| 1998-99 年 | 慶應義塾大学環境情報学部特別招聘教授 |
| 2001-09 年 | 慶應義塾大学理工学部教授 |
| 2009 年 | 東京大学教授 |

主な作品

| | |
|---|---|
| 1988 年 | 経堂グレーチング |
| | 伊豆の風呂小屋 |
| 1989 年 | GT-M |
| 1991 年 | RUSTIC |
| | マイトン・リゾート |
| | ドーリック |
| | M2 |
| 1992 年 | 鬼ノ城ゴルフ倶楽部 |
| 1994 年 | MAN-JU |
| | 梼原町地域交流施設 |
| | 亀老山展望台 |
| 1995 年 | ベニス・ビエンナーレ'95 日本館会場構成 |
| | 水／ガラス |
| 1996 年 | ガラス／影 |
| | 森舞台／宮城県登米町伝統芸能伝承館 |
| | 川／フィルター |
| 1997 年 | 劇場の反転 |
| 1998 年 | 本州四国連絡橋淡路サービスエリア |
| | 梅田病院 |
| 1999 年 | 森／スラット |
| | 北上運河交流館 |
| 2000 年 | 馬頭町広重美術館 |
| | 高柳町陽の楽家 |
| | 作新学院大学新学部・図書館・体育館 |
| | 幕張集合住宅 |
| | 石の美術館 |
| | 那須歴史探訪館 |
| 2001 年 | 茨城県県南総合防災センター |
| | 高崎駐車場 |
| | 海／フィルター |
| | 銀山温泉共同浴場「しろがね湯」 |
| | Jキッズ ルミネ北千住保育園 |
| | 日光警察署中宮祠交番 |
| 2002 年 | GREAT (BAMBOO) WALL |
| | PLASTIC HOUSE |
| | 安養寺木造阿弥陀如来座像保存施設 |
| | ADK 松竹スクエア |

受賞

| | |
|---|---|
| 1994 年 | 通産省選定グッドデザイン賞施設部門「梼原町地域交流施設」 |
| 1995 年 | JCD デザイン賞'95 文化・公共施設部門最優秀賞「亀老山展望台」 |
| 1997 年 | 日本建築学会賞「森舞台／登米町伝統芸能伝承館」 |
| | AIA ベネディクタス賞「水／ガラス」 |
| | 新いなかデザイン賞大賞受賞「梼原町地域交流施設」 |
| 1999 年 | ボストン・ソサエティ・オブ・アーキテクツ・アンビルト・アーキテクチャー・デザイン・アワード受賞 |
| 2000 年 | 東北建築賞作品賞受賞「川／フィルター」 |
| | インター・イントロスペースデザインセレクション'99 大賞「北上運河交流館」 |
| | 栃木県マロニエ建築賞「石の美術館」 |
| | 林野庁長官賞「馬頭町広重美術館」 |
| 2001 年 | インターナショナル・ストーン・アーキテクチャー・アワード「石の美術館」 |
| | 村野藤吾賞、建築業協会賞「馬頭町広重美術館」 |
| 2002 年 | スピリット・オブ・ネイチャー 国際木の建築賞 |

著書

『10 宅論』（ちくま文庫、1990 年）
『新・建築入門』（ちくま新書、1994 年）
『建築的欲望の終焉』（新曜社、1994 年）
『建築の危機を超えて』（TOTO 出版、1995 年）
『反オブジェクト』（筑摩書房、2000 年）

### 隈研吾建築都市設計事務所所員

隈　研吾

| | | |
|---|---|---|
| 細村　研一 | 齋藤　望美 | 後藤　哲夫 |
| 横尾　実 | 平林　政道 | 坂野　由典 |
| 弥田　俊男 | **元所員** | 佐藤　美香子 |
| 宮原　賢次 | | 佐藤　由香子 |
| 大野　三太 | 青山　玲 | 澤田　佳久 |
| 小川　博央 | 浅古　陽介 | 新津保　朗子 |
| 白浜　誠 | 安藤　篤史 | 瀬木　博重 |
| 阿知波　修二 | 安藤　貴昭 | 高橋　義和 |
| 藤原　徹平 | 石上　裕 | 竹石　吉孝 |
| 野口　恵美子 | 石橋　徹平 | 田中　英之 |
| 須貝　重義 | 泉　勝彦 | 築野　津恵 |
| 宮澤　一彦 | 岩坂　京子 | 豊島　浩次 |
| Katinka Temme | 岩本　昌樹 | 樋野　真理子 |
| 松島　忍 | 太田　秀俊 | 中村　拓志 |
| 山田　康司 | 大槻　直美 | 馬場　美佐緒 |
| 黒田　哲二 | 押尾　章治 | 原田　真宏 |
| 池口　由紀 | 小田　達也 | 藤枝　隆介 |
| 馬場　英実 | 小幡　亮太郎 | 藤掛　奈美 |
| 坂本　英史 | 加藤　匡毅 | 松田　達 |
| 大庭　晋 | 金原　孝興 | 三原　久仁子 |
| 秋山　弘明 | 河原田　千鶴子 | 宮川　昌己 |
| 神田　剛 | 後藤　圭太 | 安河内　進 |
| 水野　清香 | 後藤　武 | Budi Pradono |
| 澤　真鈴 | | |

### 写真撮影 (59 頁, 125 頁を除く)

畑　拓（彰国社）

本書は、2002年11月に「ディテール別冊」として刊行いたしましたが、この度、多くの再刊の要望に応え、ここに単行本として新たに刊行いたしました。

---

**隈研吾／マテリアル・ストラクチュアのディテール**

2003年 8月20日　第1版　発　行
2009年 6月10日　第1版　第4刷

|  |  |
|---|---|
| 編著者 | 隈研吾建築都市設計事務所 |
| 発行者 | 後　藤　　　武 |
| 発行所 | 株式会社　彰　国　社 |
|  | 160-0002　東京都新宿区坂町25 |
|  | 電話 03-3359-3231（大代表） |
|  | 振替口座　　00160-2-173401 |

著作権者との協定により検印省略

自然科学書協会会員
工学書協会会員

Printed in Japan

©隈研吾建築都市設計事務所　2003年

ISBN 4-395-11112-2 C3052

製版・印刷：真興社　製本：誠幸堂

http://www.shokokusha.co.jp

本書の内容の一部あるいは全部を、無断で複写（コピー）、複製、および磁気または光記録媒体等への入力を禁止します。許諾については小社あてご照会ください。